학 병

학병

2008년 9월 5일 초판 인쇄
2008년 9월 10일 초판 발행

지은이 ● 손종영
책임교정 ● 박경룡
펴낸이 ● 이찬규
펴낸곳 ● 북코리아
등록번호 ● 제03-01157호
주소 ● 121-802 서울시 마포구 공덕동 115-13번지 2층
전화 ● (02) 704-7840
팩스 ● (02) 704-7848
이메일 ● sunhaksa@korea.com
홈페이지 ● www.sunhaksa.com

ISBN 978-89-92521-86-4 (03340)

값 15,000원

학 병

學

병

학병 손종영의 생생한 역사 증언

兵

북코리아

　나는 1941년에 경성고등상업학교(현재의 서울대학교 경제학부)에 입학하였고, 1년간 휴학을 하는 바람에 1944년에 학병(學兵)으로 일본군에 끌려갔다. 그 학교 재학생 약 20명이 학병 해당자였는데, 학병을 지원하지 않으면 일본도(日本刀)로 죽이겠다는 위협에 이기지 못해 모두 지원서에 서명했다.

　1944년 1월에 일본 기타 쿠슈(復仇洲) 야하다 제철소 방위부대에 편입되어 학병생활을 시작했다. 마음 좁은 일본의 무지한 병사들한테 많이 맞고, 싸우다 몰매까지 맞았다. 그러다 대대장의 특별한 고려로 갑종 간부후보생이 되어 지바 고사포학교에서 1년 동안 고생을 하고 졸업하자, 원자탄이 투하되어 제대했다. 중대장, 대대장의 후의로 일본군 소위까지 되었지만, 그것 때문에 대부분의 학병과 그 후에 징집된 사병들보다 1년 반을 더 훈련 받느라고 고생을 많이 했다. 1945년 9월

말에 그 지긋지긋한 일본군대에서 제대하여 귀국했다.

귀국했더니 고향인 강원도 양구가 이북으로 편입되었다고 해서 놀라고 낙심했다. 억지로 38선을 넘어서 귀가했는데, 얼마 후에 면사무소에서 문둥광산의 반장으로 일하던 면사무소의 기록과장 밑에서 일하라는 명령 같은 것을 받고, 부랴부랴 이남으로 고생을 하면서 도망해 내려반가웠다.

이남으로 와서 미군정 춘성군수의 통역을 1년 하다가, 여러 가지 불미한 일을 보고 그 일이 싫어져서, 강원고등중학교의 영어교사로 부임했다. 그 일은 젊은 학생들을 가르치는 것이어서, 뜻있는 일이라고 생각하고 좋은 생활을 하고 있었다.

1948년 그 해 봄에 기적적으로 크리스찬이 되었는데, 우연히 미국유학의 길이 열려서 미국에 왔다. 미국에 와서도 여러가지 좋고 나쁜 경험을 많이 하고, 미국도 인간사회라는 것을 실감하게 되었다.

3년 공부한 후에, 또 우연히 미 국방외국어대학의 한국어교수로 채용되어 45년 동안 그 곳에서 일했다. 열심히 일한 덕분인지 과장으로 거의 40년 그리고 연구평가부장으로도 5년 동안 일했다. 그래서 우리나라(당시 노태우 대통령)가 주는 국민포장도 받고, 미국 클린턴 대통령한테서 감사장도 받았다.

은퇴 후, 시간이 많아서 그런지 학병 때의 일이 자주 머리에 떠올라 기어코 이 책을 쓰기로 했다. 그래서 엄밀히 말하면 이 책은 소설이라기 보다는 수기라고 해야할 것이다.

일본의 메이지 왕(1868~1912)은 19세기 말 일본의 봉건제도를 폐지하고 서양의 문명도입을 시작했다. 그는 그 때 이미 일본 국위신장이라는 명목으로 조선, 중국과 동아시아의 식민지화를 계획하고 있었다. 그래서 메이지 왕이 일본 외국침략의 설계자인데, 이것을 아는 사람이 별로 많지 않았다.

오키나와(沖繩)는 1879년까지 중국과 일본에 충성을 서약하고 있었는데, 그 해에 일본이 압력을 가해서 중국에 충성 서약을 포기하게 하고 일본영토로 편입해 버렸다. 오키나와는 원래 작은 고장이어서 일본화가 쉬웠다.

메이지 왕과 그를 비롯한 일본의 위정자들은 조선을 다른 동남아시아의 섬들(타이완·오키나와)처럼 쉽게 마음먹은 대로 식민지가 될 것으로 생각하였다. 즉 초등학교에서 1학년부터 일본말을 배우고 쓰게 하는 우리말 말살정책, 또 시골의 면 단위에까지 왜경(일본경찰)을 두세명씩 배치하여 동네일까지 간섭·지휘하려고 했다. 그러나 조선은 쉽게 자기들 마음대로 식민지화가 어렵다는 것을 깨닫게 되었다. 즉 자기들 생각이 오산임을 알게 되는데는 그리 오래 걸리지 않았다.

학병도 그런 흉책의 하나였다. 나는 그것이 흉책이라는 것을 알았지만 학병으로 끌려가고 말았다. 학병은 학도병(學徒兵)이라고도 했다. 그러나 문제는 나는 일본사람이 아니었다. 나는 한국 중동부 산악지대에 있는 벽촌에서 자라나, 공립전문학교를 다니는 조선학생이었다. 때와 장소를 잘못 타고 났다고나 할까? 나는 일본이 조선을 식민지화하고 그 괴뢰들이 독재정치와 착취를 위하여, 자기네 자식들을 교육시키려고 만든 학교에 들어가서 일본아이들하고 경쟁하고 있었다. 지금 돌이켜보면 그것이 나의 큰 오산이었다는 것을 알지만, 그 때 나는 나이가 어려서 그것이 그리 나쁘다는 생각이 들지 않았다. 그리고 그것이 그 때 일반인들의 소원이기도 했다.

나는 1944년 1월부터 1945년 9월 말까지 학병으로 일본육군에 끌려가서, 천신만고 끝에 돌아왔다. 어떤 때에는 삶과 죽음의 갈림길을 헤매기도 했다. 일본열도의 제일 큰 섬인 혼슈(本州)와, 그 서남의 끝에 규슈(九州)라는 큰 섬에 갔다 왔는데, 무슨 사선이냐고 의아하게 생각하는 사람들도 있겠지만, 이 수기를 끝까지 읽으면 이해할 수가 있을 것이다. 일본인들은 또 혼슈의 다른 말인 나이치(內地)라는 말도 많이 썼다. 물론 우리는 이 말을 지금은 쓰지 않는데, 이 말이 후에 나오기 때문에 여기서 말해 둔다.

이제 거의 반세기 전의 일에 관한 수기를 쓰고 있는데, 이 에피소드들은 내가 체험한 일이고, 조금도 없었던 일을 조작하거나 지어낸 것은 없다. 다만 인명, 지명, 부대명들은 잊은 것도 있고, 또 여러가지 이유로 가명을 사용하는 것이 좋겠다고 생각해서 그렇게 한 것도 있다. 그 밖에 만약 내가 조금이라도 조작한 것이 있으면 수기가 아니고 픽션에 지나지 않을 소설에 불과할 것이니까 남겨둘 만한 가치가 없다. 극히 일부나마 일본 제국주의자들이 우리 민족을 핍박한 역사의 일편을 남기고 싶지, 소설을 남기고 싶지는 않다. 그런 뜻에서 이 책이 조금이라도 역사적 가치가 있으면 다행이라고 생각한다. 근래에 우리가 일제강점기의 억울한 생활상을 쓴 기사도 몇 군데에서 읽었다.

요즈음 한국의 젊은이들은 자기들의 아버지나 할아버지들이 일제강점기에 겪은 쓰라린 역사를 잘 모르는 것 같은데, 그것은 몰라서 그렇거나, 그렇지 않으면 눈 앞에 크게 그림을 그려 주지 않아 관심이 없어서 그런지 모르겠다. 그뿐만 아니고, 한국에서는 성인들도 해방 직후부터 지금까지 일본군에 갔다 온 학병에는 관심도 없고, 또 학병이라는 말도 잘 쓰지 않는다. 그 이유의 하나는 몇몇 학병들이 귀국 직후 서울에서 학병회를 결성했는데, 그것이 공산단체로 간주되어 정부와 서북청년회의 기습을 받고 흔적도 없이 사라져 버린 것이다. 그것은 소수의 학병이 한 일이지만, 사람들이 다른 학병들까지도 색안경을 쓰고 보게 된 것이다. 그 후에도 오랫동안 사람들이 '학병'이라는 말을 기피했다.

이 기쁘지도 않은 추억의 수기는 1944년부터 1948년 여름까지를 썼다. 그 이유는 내가 그 때까지도 학병의 나쁜 기억을 지워 버리지 못했고, 그 해 7월 초에 미국 유학을 떠나면서 그것이 어느 정도 청산되었기 때문이다. 이 책에는 또 내가 크리스찬이 되어 미국에 도착할 때까지의 이야기도 썼다. 그것은 내가 일본에서 귀국한 후, 3년도 안되어 크리스찬이 되었고, 그 후에 또 몇 달이 안되어 미국 유학의 길에 올랐는데, 그제서야 나의 학병으로서의 고충이 많이 사라졌기 때문이다. 이런 관계로 이 수기를 읽고 크리스찬이 되는 사람이 있으면 감사하겠지만, 이 책은 물론 선교 목적으로 쓴 것이 아니다. 다시 말하면 소설이 아닌 이 수기를 써 놓으려 하는 이유 중에서 제일로 꼽히는 것은, 내가 죽기 전에 나의 기이한 경험을 남겨 고국의 여러분에게 일본제국주의자들이 우리를 식민지화했을 때에 이런 일도 있었다는 것을 알려 주고 싶은 것이다. 그 밖의 이유는 모두 부수적인 것이다.

이 수기에서 해방 전의 한국을 '조선'이라고 했다. 그 이유는 1948년 7월에 내가 미국으로 떠났을 때, 남한은 아직 미군정하에 있었으므로 '한국'이라는 말이 없었고, 그런 말이 있는지조차 모르는 사람이 많았던 것 또한 사실이다. 지금도 이북에서는 '조선'이라는 말만 쓰고 있다. 또 이북에서 경험한 에피소드도 나오니까, 그 때의 분위기와 실감을 회고하고, 당시의 실상을 전하고 싶어 '조선'이라는 말을 쓰기로 했다. 해방 후의 남한에 관해서는 물론 '한국'이라는 칭호를 쓰는 것이 옳다고 생각한다.

문제는 '조센(조선)'이라는 말인데, 이것은 일본사람들이 보통 우리를 경멸하여 쓰는 말이고, 또 오늘까지도 북한이 그 국호에 '조선'이라는 말을 쓰기 때문에, 우리가 '동무'라는 말을 잘 쓰지 못하게 된 것이나 마찬가지로, 그 말을 쓰는 것을 기피하는 사람들이 많았다. 우리가 '한국'이나 '조선'이란 말에 신경을 쓰게 된 것이 우리의 운명인 동시에, 비극이 아니라고 할 수 없다.

일본인들은 일본을 둘로 나눠 하나를 민주공화국, 또 하나를 독재국으로 만들고, 그 상태가 반세기 이상 지속되면 어떨지 생각해 봐야 할 것이다. 일본에게 한반도 분단의 책임이 없다는 것은 말도 안 된다. 또 이 수기 여기저기에 '왜(倭)놈'이니, '미국놈'이니 하는 말을 썼는데, 우리도 그것을 탈피해야 할 것이다. 나는 지금은 그런 말을 가급적 사용하지 않는다. 그럼에도 불구하고 그런 말을 이 책에 쓴 이유는 앞에서 말한 바와 같이, 그 때의 한반도 전체의 분위기와 우리의 감정을 현실적으로 묘사하고 싶어서 사용한 것이다.

일본군에 갔다 온 조선학병은 한 2,000명쯤 된다는데, 한국에서는 학병을 사람들이 다 잊은 것 같다. 나는 책이나 잡지에 학병 이야기는 전에 한두어 개 짧게 쓴 것밖에 본 일이 없다. 그것들은 내가 경험한 것과 너무도 다르기 때문에 이 책을 내려는 것이다.

또 이 수기에서는 별로 흥미 없는 일본군대의 일상생활이나 훈련사항을 쓰지 않고, 나의 체험 중 머리에서 사라지지 않는 사건이나 에피소드를 중심으로 쓴 것이어서, 좀 극적이 아닌가 하는 생각이 들지만, 지금 돌이켜 보면 나의 학병생활은 반복하는 비상한 희비극의 연속이었다는 것을 새삼스럽게 느끼게 된다. 물론 희극은 극소수이고, 비극이 태반이었다.

차 례

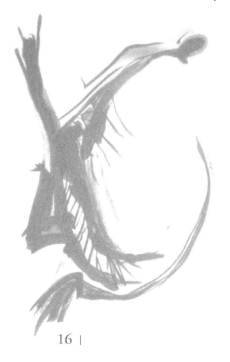

01.
기로에 선 조선-1940년대

　나는 여기서 그 때의 학생들의 좌익경향을 설명할 필요가 있다고 생각한다. 그 때 전문학생과 대학생들이 몇천명 밖에 안 되고, 중학생까지 모두 포함해도 1만 5,000명 정도여서, 이들과 수만 명에 불과한 중·고등교육을 마친 사람들은 모두 인텔리로 간주되고 있었다. 그래서 그들의 영향력은 대단했다. 이 때에 우리 백성의 80%가 문맹이었다는 것을 알면 이해될 것이다. 조선이 음모와 사기에 의해 1910년에 국권을 잃은 것은 주지의 사실이다. 이 사실을 한반도에서는 잘 알고 있지만 일본에서는 이것을 합리화하려는 사람이 많으니 참 불쌍한 인간들이다. 여하간 한반도의 문맹도 그들의 우민정책의 하나였다. 어떤 엉뚱한 일본인들이 우리를 무엇으로 알고 자신들의 조선침략이 결국은 조선에 도움이 되었다고 괴상한 말을 하고 있으니 참 한탄할 일이다. 이 책을 읽으면 그것이 허위적 망언이라는 것을 알 수 있다.

나라를 잃은 후에 독립지사들은 자연 두 파로 나뉘었다. 한 파는 소련과 중국이나 그 때의 일제가 조작한 만주국으로 망명한 독립지사들이었고, 또 다른 한 파는 미국으로 건너간 지사들이었다. 전자는 후자에 비해 거리가 가까운 관계로 숫자가 훨씬 더 많았다. 그리고 우리는 체제를 막론하고 이웃의 큰 나라만이 조선을 일본의 무자비한 통치에서 해방시켜 줄 수 있다고 믿었고, 또 그것이 옳다는 것을 그 후의 역사가 증명해 주었다. 그러나 불행히도 그들은 우리를 결국 남북으로 분단해서 수백만 명이 전사하고, 북한에서는 수백만 명이 옥사하고 또 수백만 명이 아사하는 등 역사상 최악의 인간지옥을 초래하는 데 역할을 한 것은 부인할 수 없다. 이런 짓을 자행한 북한의 독재자를 지지하는 자들이 있다고 한다면 그들은 20세기의 스탈린 추종자라고 볼 수밖에 없다.

일본은 그 때 지금과 같이 군주체제와 자본주의제도를 표방했었고, 한국을 무력과 간계로 점유한 후에, 압력과 권력으로 조선을 착취하기 시작했다. 총독들은 철권으로 조선을 통치하여, 여러가지 흉계로 남쪽의 농민들을 농토에서 몰아내고 함경도의 험한 산악지대와 만주로 강제 이주시켰다. 그들이 쫓겨난 지역은 일본식민정책의 선두기관인 동양척식회사를 설립해서 관리하고 있었다. 물론 유사한 짓을 다른 지역에서도 많이 자행했다.

중국은 1920년대에 장제스 영도하에 자본주의체제를 갖추고 있었고, 마오쩌둥의 팔로군은 1930년대에 북부지방을 장악하고 장제스의 중앙정부에 도전하고 있었다. 소련은 1917년부터 무자비한 공산당의 통치하에 있었다. 이런 곳으로 도피한 우리 독립지사들은 그 나라의 주의와 사상을 채택하지 않을 수가 없었다. 중국, 소련, 일본이 조작한 만주국에 간 지사들은 공산주의와 독재체제에 물들었고, 미국으로 간 사람들은 물론 자본주의와 자유를 신봉했다.

제2차세계대전 후에 크지도 않은 한반도는 미국과 소련, 두 강국에 의해 분단되고, 이 두 나라는 정반대인 자신들의 체제를 한반도에 수립하고 말았다. 자본주의는 성격상 자유를 바탕으로 했고, 소련은 공산주의의 미명하에 악질의 독재와 강압적 국가계획경제를 시행하기 시작했다.

미국인들도 모르는 사람들이 많은데, 그들의 대통령 루스벨트가 1945년 2월 얄타회담에서 비공식적으로 한반도를 38선에서 분단하기로 합의한 바가 있다. 불행히도 그들은 우리 겨레한테는 무엇을 원하는지 묻지도 않았다. 그 비극적 결과는, 그 후 반세기 이상 계속된 남북대결과 한국전쟁이었다. 물론 미국은 한반도를 영원히 분단할 의사는 없었으나, 스탈린의 의도도 모르고 그 합의사항을 채택했던 것이다. 스탈린이 처음부터 한반도의 공산화를 계획하고 있었던 것은 주지의 사실이다. 여기서 첨부하고 싶은 것은 스탈린은 김일성의 남침에 동의하고, 그것을 지원해 주고, 많은 수의 공군과 약간의 육군까지도 북한에 파견했었다. 그리고 마오쩌둥을 한국전쟁에 참가하도록 설득한 것도 스탈린이었다.

수년 동안 친북 선동가들은 한국이 북한을 급습하고 북진했다는 북침설을 외쳤는데, 참 가소로운 일이다. 남침설을 증명하는 서류가 나오니까 이들은 할 수 없이 잠잠해졌다. 몇해 전에 소련 기록보관소에서 발견된 서류에 의하면 김일성하고 스탈린이 남침을 같이 계획했다는 것이었다. 친북 선동가들이나 좌익분자들은 북한의 선전을 맹목적으로 순종하는 괴뢰에 불과하다. 이 사람들이 하는 짓은 이해하기가 어렵고 그들이 원하는 것이 무엇인지 모르겠다. 절대독재체제? 북한의 절대계층제도? 공산지도자들의 부유한 생활? 하루 두 끼의 식사? 그들은 자칭 인텔리라고 자칭하고 있는데, 북한의 현실과 또 자기 자신을 잘 지켜보아야 할 것이다. 남한과 미국, 기타 국가에 있는 이 선동가들이 북한이 그렇게 좋은 나라라면 마땅히 북한에 가서 살아야 할 것이다. 한반도의 분단 문제를 다시 보면, 1943년에 영국, 미국과 중국이 카이로회담에서 일본이 제2차 세계대전에서 패퇴한 후에 한반도를 독립국가로 만든다고 합의했다. 그러나 그들은 이것을 1945년 포츠담선언에서 재확인했지만 그들이 이것을 시행했는가?

그들은 자기들 국내에 있는 조선 독립지사들을 도와, 조선을 일본의 멍에로부터 해방해야 할 도의적 의무가 있었다. 그러나 앞에서 말한 것 같이 영국, 미국, 그리고 소련은 1945년에 일본군을 무장해제한다는 구실로 한반도를 38도선에서 양단하고, 남쪽은 미군이, 북쪽은 소련군이 점령한다는 것을 비밀리에 합의했다. 소련은 이것을 이용해서 일본이 항복하기 8일 전에 대일본 선전포고를 하고 신속히 북한에 진입했다. 그리고 공산독재정부를 즉시 설립했다. 미국은 일본 항복 후 곧 남한에 진입해서 자기들의 군사정부를 수립했다. 사상적으로 정반대인 이 두 나라가 임의로 상극되는 두 정부를 한반도에 수립했으니, 그 후에 일이 잘 될 리가 없다.

미국은 38도선이 합의된 일본군 무장해제선이지 장기적인 남북분단의 경계선이 아니라고 주장해 왔다. 그 반면에 소련은 이것을 완전히 무시해 왔다. 미국은 소련의 흉계를 모르고 완전히 오산을 하고 만 것이다. 이 두 나라는 기어코 이 작고 좁은 한반도에서 3년간의 치열한 현대 강철전을 초래하고 말았다.

세계는 지난 1세기 동안 이런 반공투쟁을 목격했는데, 소련의 붕괴 때문에 이러한 긴장상황이 완화되었다. 그러나 동유럽 공산체제 붕괴의 여파는 중국이나 북한에 미치지 못하고 있다. 그래서 북한 사람들은 수백만명의 희생자와 풍부하지도 못한 자산을 파괴당한 후, 기아와 공포에 허덕이고 있다. 남북 분단과 한국전쟁은 남북의 사회구조를 거의 다 파괴할 뻔했다. 어떤 사람들은 한반도가 완전독립된 것처럼 말하는데, 그것은 물론 말도 안 되는 허위 주장에 불과하다. 이 해결은 오직 하느님만이 가능하시고, 우리 인간들은 그것이 불가능한 것으로 보인다.

그 시절 국내의 학생들도 양 체제를 지지하는 두 파로 갈리어 있었다. 다행히도 표면상으로는 이 두 파 사이에 격렬한 경쟁이나 투쟁이 벌어지지 않았다. 원래 두 파 모두 독립을 원하는 학생들의 모임이어서, 경제체제는 2차적 문제였기 때문이다. 국내에 있는 조선학생들은 물론 일본학생들도 이 두 체제의 책을 읽었으며, 그 사상을 모르면 토론에 참여할 수가 없었다. 또 두 종류의 책을 안 읽는 사람들은 깊이가 없는 학생으로 간주되고, 많은 비난과 멸시를 받았다.

그 후 사회학자들이 연구한 결과, 일본학생들은 좌경화되거나 좌경인 척 하다가, 일단 취직을 하면 그 직장의 충실한 사람, 이른바 사회학에서 말하는 조직인(organization man), 또는 직장인으로 변신하며, 대부분이 중앙노선이나 우익을 지지하고, 소수는 극단적 보수파나 국수파로 변신한다는 것이다.

그 반면에 국내의 조선학생들은 취직도 여의치 않았고, 친일파가 아니면 좋은 직위에 오를 수도 없었다. 그래서 일본 보수파나 일본 국수파처럼 변신하는 사람도 있기는 했지만 극소수였다. 이 극소수는 물론 친일파로 낙인찍혀 우리 사회에서 소외당했다. 그래서 졸업 후에 좌경으로 그냥 남는 조선학생들이 비교적 많았다. 공산주의에 대해서 공부도 하고 공산독재라는 말을 듣기도 했지만 직접 체험을 해 본 일이 없는 것이 그 큰 이유였다. 그리고 우익이나 보수파는 친일파가 되는 사람들이 많았기 때문에, 그런 것이 싫어서 그냥 좌경으로 남는 사람도 적지 않았지만, 내가 보기에는 그 대부분은 충실한 공산주의자가 아니었다. 친일파는 비교적 좋은 직장을 얻었으나 그들도 관리직 중간 이상은 진급하지 못했다.

독립을 위해 독립지사들을 도와 준다는 국가들이 결국 한반도를 양분하고, 수백만명의 동포가 희생이 되었고, 국토가 초토화되고, 수천조원의 피해를 보게 되었다. 그럼에도 불구하고 아직도 완전히 통일된 국가를 이루지 못하고 있는 큰 비극을 자아냈다. 나라를 찾았느니 뭐니 하지만, 광복을 완전히 찾으려면 수십 년이 더 걸릴지도 모르겠다.

주지의 사실이지만 일제강점기에는 서울을 경성(京城)이라고 했다. 학교 재학시 경제를 공부하지 않을 수도 없는 처지여서, 공산주의의 바이블이라는 카알 마르크스(Karl Marx)의 『자본론(Das Kapital)』과 자본주의의 고전이라는 애덤 스미스(Adam Smith)의 『국부론(The Wealth of Nations)』 같은 책도 읽어야 했다. 그러나 나는 솔직히 말하면 그 둘 중의 어느 이론이 좋은지 알지 못하고, 제러미 밴덤(Jeremy Banthem)과 존 스튜어트 밀(John Stuart Mill)이 주장한 공리주의(utilitarianism)의 모토인 '최대다수의 최대행복'이 제일 좋은 것 같다는 생각을 했다. 공산주의나 자본주의는 방법론이고, 공리주의는 인류의 최종목표를 표방하고 있다고 생각했기 때문이다. 그러나 이상적 최종목표는 틀림이 없으나 방법론은 틀릴 수가 있으니까, 방법론은 더

신중히 연구해야 할 것이라고 결론을 내리고 있었다. 여기서 참고적으로 첨부하면 나는 전쟁 후 기독교인이 되어서, 방법론이나 최종목표의 설립에도 기독교 원리에 어긋나면 안 된다는 소신을 갖게 되었다. 지금 한국에는 이렇게 생각하는 사람들이 많을 것이다.

세계의 개벽과 인류의 탄생이 일본에서 시작되었고, 인류의 요람지가 일본의 중부에 있는 나라(奈良)라고 어처구니없는 주장을 하고, 그것을 신앙처럼 믿는 사람이 수백만명이 되는 좁은 섬나라 일본이니만치 그럴 수도 있겠지만, 그런 나라가 선진국이니, 문명국이니 하며 대국으로 자처하려고 하는 것도 가소로운 일이다. 나는 일본이 그런 자세를 탈피하지 못하는 한 세계의 지도국으로 행세하려고 하는 것도 타당치 않다고 생각하고, 또 새로운 세상이 그것을 허용치 않을 것으로 믿는다. 대국이 되려면 대국다운 길을 걸어야 할 것이다.

요즘 '정신대 문제'가 크게 부각되는 가운데, 히로히토(裕仁) 왕이 정신대 창설을 명령했다는 문서가 발견되어, 일본정부도 어쩔 수 없이 배상문제를 논의하는 것 같은데, 지금까지도 아무 배상을 안 하고 있는 모양이다. 또 히로히토 자신이 자기는 신(神)이 아니라고 고백한 이상, '천황'이라는 말도 타당치 않다고 본다. 적당히 인간적이고 민주적인 말로 고쳐야 할 것이다. 가만히 생각하면 히로히토 왕이 자기는 신이 아니라고 실토했던 안 했던 그것이 문제가 아니다. 인류역사상 가장 발전했다는 21세기에 천황, 즉 '하늘의 황제'라는 말을 쓰는 것 자체가 몰상식한 일이다.

그래서 이 책에서는 가능한 한 왕(王)이라는 말만 쓴다. 사실 나는 늘 '히로히토'도 전범이며, 전범으로서의 응분의 처단을 받았어야 했다는 의견에 동의한다. 그래야만 일본이 진실로 겸허한 노선을 밟고, 인류가 받아들일 수 있는 윤리적 국가로 재생했을 것이라고 믿는다. 그러니까 일본은 이 점에서도, 아직 미흡 천만이라고 볼 수밖에 없다.

나는 정신대를 만난 일도 없지만, 만났으면 모두 한 핏줄의 여자로 사랑하고, 그 중의 한 사람을 이성으로서 지극히 사랑했을 것이다. 내가 애국자나 특수한 인간이어서가 아니라, 내 몸을 돌고 있는 피가 그렇게 하도록 유도했을 것이다. 나는 내 피가 특별한 피가 아닌 것은 잘 알고 있다. 그러나 내가 지닌 피는 내가 어찌 할 수 없는 것이며, 나는 그것을 부정하거나 수치스럽게 생각할 이유도 없고, 또 그럴 필요도 없다. 우리의 피는 고대에 몇가지의 피가 혼합한 것은 사실이지만, 20여 세기 동안 한반도에서 정화된 자랑할 만한 피가 아닌가? 나는 한반도에서 태어난 인간으로서 그것에 충실해야 하며 더럽히면 안 된다고 생각하고, 또 그렇게 살려고 노력해 왔다. 그래서인지 모르겠지만 나는 '알렉스 헤일리(Alex Haley)'의 『뿌리(Roots)』라는 책에 나오는 줄거리를 가끔 생각하고, 인간의 뿌리라는 것을 생각해 보는데, 그가 말하는 이른바 '뿌리'와 내가 말하는 '피'는 흡사한 것이라고 생각한다. 우리는 이것을 어찌 더럽힐 수 있겠는가?

내가 각별한 애국자라기보다, '애혈가'라는 것은 이미 말했다. 이 수기를 읽고 내가 친일파라든가, 현세의 풍조에 아부하는 사람이라는 의견을 가지는 독자가 있다면, 그것은 나의 본의가 아니고, 내가 그런 말을 듣는다면 이 책을 쓰지도 않았을 것이다. 나는 아무도 무서운 사람이 없지만, 그런 비판을 듣는 것은 원치 않고, 내가 죽기 전에 자진해서 내가 못된 일본제국 독재하에 고생한 희귀한 생애의 일부를 솔직히 써서 남기고 싶다는 것을 또다시 다짐한다.

02.
졸업 전 동창생의 죽음

일제의 악랄한 세태의 일편을 소개할 목적으로 내가 경험한 일화 두어 개를 간단히 말해보겠다.

내가 원산상업학교를 졸업하기 전에 '원산역 사건'이 발생했다. 원산역의 조선계 종업원들이 독립운동을 하다가 발각되어, 일본경찰에 잡혀가서 심한 고문을 받다가 죽은 사람도 있었고, 해방 때까지 고된 감옥생활을 한 사람들도 있었다. 그런데 그들과 원산상업학교 학생들이 서로 연락하고 있었던 모양이었다. 또 내가 기억하기에는 우리학교의 조선학생들이 구지라회(고래회)를 만들었는데, 내가 보기에는 대단치도 않은 모임이었다. 그것은 친목회 같은 것이지만 이름 때문에 원산역 사건이 터지면서 이것도 무슨 관련이 있나 하고 조사를 받았다. '고래'라는 이름은 물론 '고려'에 가까운 발음을 딴 것이어서, 일본경찰의 앞잡이 조선계 형사들 귀에 거슬리지 않을리가 없었다.

30명 가까운 우리 동기와 후배가 경찰에 끌려가서 서너 주일 고문을 받고 있었다. 나는 몸이 작고 조용하고 교제도 넓지 못해서 일본경찰의 안중에 들지도 않았다. 그러나 끌려간 동기나 후배가 고문을 받다가 친한 사람의 이름을 부르는 바람에 끌려가서 고생을 하는 동기와 후배들도 있었다. 그래서 우리는 매일 매시 전전긍긍하고 있었다. 우리 집에서도 밤중에 문이 흔들리기만 해도 나를 체포하러 온 줄 알고 온 식구가 덜덜 떨고 있었다. 다행히도 내 이름은 동기니 후배들의 입에서 나오지 않았다. 그러나 그들의 고문이 계속하는 한 내 마음도 괴롭기는 마찬가지였다.

　　그런 와중에서도 나는 4학년 종합성적이 1등이어서 경성고등상업학교에 무시험 추천을 받을 자격이 있었지만, 5학년 1학기 때에 일본선생에게 억울한 기합을 받은 결과, 그것은 수포로 돌아가고 입학시험을 보아야 했다. 아주 못생긴 일본선생이 하나 있었는데 '다코(문어)'라는 별명의 선생이었다. 이 선생이 하루는 나한테 엉터리없는 트집을 잡아서 기합을 주었다. 그리고 그 선생이 자기가 가르치는 과목의 점수를 20점이나 깎아서, 나의 1학기 평균성적이 많이 떨어져 졸업 6개월을 남기고 시험준비 공부를 시작해야 했다. 물론 이것은 너무도 짧은 시간이었지만, 형편상 하지 않을 수 없었다. 참고적으로 말하면 상업학교 학생의 절반이 조선학생이었는데, 중국어를 가르치는 선생만 조선사람이고 20여 명은 모두 일본사람이었다.

　　젊은 사람들을 위해서 첨부하면, 이 시대의 남자 중등교육은 5년제이었고 전문교육은 3년이었다. 그 때에는 '대학교'는 없었고 모두 '대학'이라고 했는데, 일본에서는 지금도 그냥 '대학'이라고 한다. 남자의 대학과정은 초등교육 6년 후에, 중등교육 5년을 거쳐 5년을 더하는 것이니까, 햇수로 보면 지금의 중등교육하고 대학과정을 합한 것과 같다. 일본과 한국의 전 교육제도는 서양식이었는데, 지금은 미국식이다. 나는 앞에서 말한 것 같은 사정으로 전문학교 입학시험준비도 아주 늦게 시작했고, 또 입학시험 수주일 전에 원산역 사건과 구지라회 사건 때문에 마지막까지 공부도 제대로 못해서 합격은 불가능하다고 생각해, 낙방하면 다른 전문학교의 입학시험을 치려고, 그 학교의 지원서를 부랴부랴 제출해 놓았다.

그 때에는 조선계 전문학교는 모두 조선학생만을 위한 사립학교였는데, 학생들은 졸업 후에 취직이 잘 되는 관립학교를 선호해서 먼저들 지원했었다. 관립학교의 교수들은 모두 일본사람으로 내가 관립학교를 먼저 선택했으니, 나는 애국자라고 자처하기가 어려운 것이 아닐까 한다. 나는 고등상업학교 입학시험 준비를 제대로 못했지만, 강원도 북한강 산중에 있는 백부님 양조장에 숨어 있다가, 서울에 가서 입학시험을 보아야 했다. 그 바로 이튿날 동창생들을 마지막으로 보고 싶어서, 원산에 가서 상업학교의 졸업식에 참석하고, 졸업식이 끝나자 동창생들을 만나서 이야기를 한 후에, 또 백부님의 벽촌으로 피신하였다. 동창생들이 고문을 받다가 내 이름을 부르면 즉시 잡힐 터이니까 도망가지 않을 수가 없었다. 그렇게 하여 나는 서울에 가서 입학시험을 보아야 했다.

다행히 고등상업학교 입학시험문제는 모두 내가 공부했던 내용 중에서 나왔다. 나는 앞에서 말한 사정으로 해야 할 공부를 제대로 못하고, 내가 중요하다고 생각한 것만을 잘 공부해 두었다. 그래서 글을 쓰는 실력과 사고방식을 보려는 것이라고 생각하고, 답안지를 논리 정연하게, 될 수 있는 대로 유식한 말을 구사해서 작성하였다. 그 때의 대학은 입학시험에서 서양의 삼단논법 같은 것을 이용해서 논리적으로 답을 쓰는 것을 선호했다. 그래서 나는 우리가족이 원하던 하늘의 별따기 같다는 그 학교의 입학허가를 받아냈다. 나는 동창생에 비하면 참으로 운이 좋았다. 경찰에 끌려간 동창들은 심한 고문을 몇 주일 받은 후에 풀려 나왔다. 그 중 한 사람은 먼저 귀가를 시켰지만, 유치장에서 너무 맞아 며칠 후에 죽고 말았다. 거의 죽게 되니까 경찰이 그를 집에 가서 죽으라고 풀어준 것이었다. 그들도 인간이었던가? 그 가족의 원통함과 비통함은 말할 나위도 없었고, 우리 동기 동창들의 애절한 마음은 이루 형용할 수가 없었다.

경찰에서 풀려난 학생들은 졸업도 못하고, 그 후 여러가지로 고생을 무척 많이 했다. 그 때에 믿어지지 않았고 분통한 것은 조선인 순사와 형사의 행패였다. 그 때에는 순경을 순사라고 불렀다. 조선인 순사들이 우리 동기 동창을 고문하는 데 전적으로 활약했고, 혹독하기가 일본순사의 몇 배였다고 하는 것을 풀려나온 동기 동창들한테서 들었다. 그런 일을 잘 모르던 우리는 배신감과 분노에 싸였고, 그것을 억제하기가 매우 힘들었지만 손가락을 물고 참을 수밖에 없었다. 우리 어린 학생들도 약소민족의 뼈저린 큰 비애를 처음 느끼게 되었다. 분통하기가 한이 없었지만 속수무책이고, 그저 앉아서 한탄이나 할 수밖에 없었다.

이런 일이 조선 여러 곳에서 있었으며, 또 심하기가 이것보다 몇 배 더한 데가 많았다고 하니 참 엄청난 일이었다. 이런 고문의 전체적 진상이 조사되고 발표되기를 바라며, 그 진상은 우리 상상 이상일 것이고 참혹한 것은 말 할 나위도 없다.

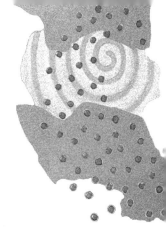

03.
다이요오 이스레바 겐코 아카루시
(태양이 뜨면 천지가 밝다)!!

　경성고등상업학교에서는 경영학과 경제학을 모두 가르치고 있었는
데, 광복 후에 서울대학교의 상과대학으로 편입되었다. 그러나 광복
후 상과대학의 학생들이 너무 오랫동안 반독재정부운동을 격렬하게
하는 바람에, 박정희 정부가 미국식으로 경영대학으로 만들고, 경제학
은 인문대학에서 가르치도록 개편하였다. 나는 그 전에 고등상업학교
를 다녔으니까, 경제학도 필수과목이므로 그것도 공부해야 했는데, 일
본교수들은 공산경제체제는 간단히 언급만 하고 별로 심도있는 강의
는 하지 않았다. 일본정부는 공산주의를 강압하면서 공산주의자나 좌
익분자들을 탄압하고, 마르크스 주의의 책도 일절 읽지 못하게 했다.
그러나 우리학교의 학생들은 도서관에서 공산주의에 관한 책을 빌려
볼 수 있었다. 물론 서점이나 조선계 학교에서는 그런 책들을 다 압수
해 갔지만, 관립학교에서는 그것들을 도서관에 보유하고 학생들에게

빌려 주었다. 그러나 조선학생들은 사상범으로 몰릴까봐 감히 그런 책을 보는 사람이 많지 않았다. 그런 책을 가지고 있는 조선사람을 잡으면 혹독하게 고문하고 투옥을 했기 때문이다. 일본식민정부는 이런 사람들이 중국이나, 소련정부나, 망명한 독립지사들과 연락이 있을까봐 감시를 철저히 하였다.

나는 학문적 호기심으로 학교도서관에서 좌익사상의 책을 빌려다가 읽었다. 하루는 사직동의 하숙집에 돌아가니까 우리학교 신키(新木) 학생과장이 왔다갔다고 해서 속으로 '아차!' 했다. 이것은 사실 여간 가슴조리는 일이 아니었다. 당시 나는 가와가미 하지메(河上肇)라는 일본경제학자가 마르크스의 공산경제설을 지지하며 쓴 '자본론'이라는 책을 학교도서관에서 빌려다 읽고 있었다. 그것을 전날 밤에 읽다가 책상 위에 그냥 펴놓고 등교했는데 신키 교수가 그것을 본 것이었다.

그 때에는 교수가 지도하는 학생의 방도 마음대로 뒤질 수 있었다. 그런 책을 읽다가 형무소(교도소)로 간 학생이 있다는 말도 듣고 있을 때여서 나의 고민이 이만 저만이 아니었다. 신키 교수가 경찰에 한마디만 하면 나는 학교에서 추방당할 뿐만 아니라, 형무소 신세를 졌을 것이다. 요사이는 형무소라는 말도 잘 안 쓰는 것 같은데, 그 때에는 일반사람들은 형무소라는 말보다 감옥이라는 말을 더 많이 썼다. 나는 곧 경찰에 끌려가리라고 생각하고 며칠 동안 고민하고 있는데 아무 일이 없어 이상하다고 생각하고 있었다. 그 때에는 우리와 달라서 일본학생들이 좌익사상 책을 읽는 것은 별로 단속하는 것 같지 않았다. 그러나 나는 물론 일본학생이 아니었다. 그 후 또 며칠이 지났는데 신키 교수가 저녁에 자기 집으로 저녁식사를 하러 오라고 해서 또 놀랐다. 선생이 조선학생을 자기 집에 초대한다는 것은 지극히 드문 경우였고, 특히 조선학생이 일본선생의 집에 초대된다는 것은 생각조차 못할 일이어서, 이 선생이 나를 어쩌려고 이러나 하며 걱정하지 않을 수 없었다. 그러나 나를 저녁식사에까지 초대하다니 나쁜 징조는 아니라는 생각도 들었다. 뭐 좋은 이유가 있겠지 하고 마음을 진정시키려고 했지만, 그 교수의 진의는 짐작도 할 수가 없었다.

나는 약속한 날 신키 교수의 집에 갔다. 그 집은 크지는 않았지만, 좋은 지역에 있는 일본식의 아담하고 깨끗한 집이었다. 부인도 전형적인 일본부인이었고, 퍽 친절하게 나를 대해 주었다. 음식은 물론 화식이었는데, 요리 대접을 잘 받았다. 일본음식은 우리 식성에는 싱거운데 그 때의 음식은 맛이 있었다. 일본식인지 부인은 우리와 같이 식사를 하지 않았다. 식사를 하면서 여러가지 이야기를 하고, 또 식사가 끝난 뒤에 한 두어 시간 동안 여러가지 이야기를 했지만, 웬일인지 신키 교수는 내가 보던 책 이야기는 꺼내지도 않았다.

또 며칠 후에 신키 교수가 시내에 있는 일본절 앞에서 다시 만나자고 해서, 이번에는 말로라도 고문을 당할 것 같았다. 그래서 나는 각오를 단단히 하고 만나자는 일본절 앞으로 갔다. 그랬더니 이런저런 이야기 하다가 그가 기어코, '다이요 이스레바 겐코 아카루시!(해가 뜨면 천지가 밝다!)' 라고 했다. 이 말의 표면적 뜻은 알겠지만, 신키 교수가 별안간 불교철학의 한 구절 같은 말을 인용해서, 그가 무엇을 말하려고 하는 것인지 알 수 없었다. 그래서 나는 물어 보지 않을 수 없었다.

"그게 무슨 뜻입니까?"

"그 말의 뜻은 자네도 알겠지만 여러가지로 해석할 수 있지 않은가? 한 가지는, 모든 것을 털어놓으면 마음이 가뿐하다는 말도 되네."

"그래요? 그런데 제가 고백해야 할 일이 있다는 말씀입니까?"

"잘 생각해 보면 알 게 아닌가?"

나는 그가 무엇을 원하는지 알 수가 없었다.

"글쎄요, 교수님께서 무슨 말씀을 하시는지 짐작도 못하겠는데요."

"책을 잘 생각해 보게."

"책이요? 무슨 책 말씀입니까?"

"무슨 책인지 자네가 잘 알거 아닌가?"

"저는 무슨 말씀을 하시는지 짐작도 못하겠는데요."

"그럼 잘 생각해 보고 다시 만나세."

나는 신키 교수가 왜 또 만나자고 하는지 알 수 없었다. 무슨 말을 하려고 하는지, 왜 솔직히 말해 주지를 않는지 답답했지만 그저,

"좋습니다. 그러시지요."

라고 대답할 수밖에 없었다. 나는 내가 하숙집에서 보던 책 이야기는 꺼내고 싶지도 않았다. 그 책 이야기는 그 교수가 말하기 전에는 내가 먼저 하지 않기로 결심하고 있었다. 그러나 내가 그 말을 꺼냈어야 했다. 그랬으면 후에 이 일이 더 잘 풀려 나갔을 것이다. 1년 후에 안 일이지만, 내가 그 때 용한 점쟁이와 상의했으면 일이 속히 잘 풀렸을지도 모르지만, 나는 그 때 전문학교 학생으로서 그런 것은 믿지도 않았다. 그런데 그는 책 한 권 이야기가 아니고 책 여러 권을 말하는 것 같았다. 내가 학교도서관에서 빌려서 본 책의 기록을 보고 그런 말을 하는 것 같기도 했다. 여하간 이렇게 말을 끝내고 우리는 헤어졌다.

내가 관립대학 도서관에서 그런 좌익서적을 빌려 보았으니까, 나는 아무래도 큰 봉변을 당할 것 같아서, 친한 동급생하고 신키 교수와 나눈 대화에 대해 상의해 봤다. 그랬더니 그는 나에게 시골로 도망하는 것이 좋겠다고 권고했다. 우리는 내가 사상범으로 잡혀서, 중세기

의 서양에서 하던 이단자 고문에 쓰던 스페인 고문이라는 혹독한 고문을 받는 것은 시간문제라고 생각했다. 그래서 나는 곧 한 의사한테서 '폐문임파선염'이라는 진단서를 끊어 1년의 휴학신청서를 제출했다. 미국과 달라 그 때 우리가 다니던 학교에서는, 한 과목을 1년 내에 설강을 하지 않아서 반 년 휴학은 할 수 없었다. 여하간 강원도 북한강 상류의 산골에 있는 백부님의 양조장으로 피신해 갔다. 거기는 내가 원산상업학교 졸업 전에 독립투사라고 잡혀간 동창생들이 내 이름을 부를까봐 도망해 간 곳이었다. 거기서 일을 도와 드릴 것이 있으면 도와 드리고, 독서와 천렵 같은 것을 하면서 한 해를 걱정 속에서나마 잘 지냈다. 그리고 시간만 있으면 그 동네의 소박한 사람들하고 이야기도 많이 했다.

그 동안 이상하게도 학교에서는 아무 소식도 없었다. 그 이듬해 복학을 했더니, 같은 원산상업학교에서 온 미쓰하라(光原)라는 일본동창생이 여러 학생들의 책을 훔쳐 팔아먹으면서 자기이름을 쓰지 않고, 내 이름을 썼다는 말을 누가 해주었다. 결국 미쓰하라는 추방을 당해 학교에서 보이지 않았다. 이런 희비극도 결국 내 운명으로 받아들일 수밖에 없었다.

8·15광복 후 내게 미국 유학의 행운이 찾아와 미국에 건너와서 몇 해 공부한 후, 거기서 취직을 하고 주저앉게 되었다. 나는 그 후 신키 교수가 해방 후, 도쿄(東京)의 어느 유명 대학 영어교수로 있다가 은퇴했다는 소식을 듣고 있었다. 한 30년 전에 한국에 가는 길에 도쿄에 있는 그 댁에 들러서 인사를 하고 여러가지 회고담을 나누었다. 그는 자기가 나 한테 끼친 누를 미안해 하는 눈치였다. 나는 물었다.

"왜 그 때 저를 사상범으로 집어넣지 않았습니까?"

"무슨 말씀이지요?"

이 때에는 그 교수도 나한테 반말을 쓸 수 없었던 모양이었다. 일본 말에도 반말 어법이 있다.

"제 책상 앞에서 가와카미(河上)의 책을 보시지 않았습니까?"

"어디에서요?"

"제 하숙집에서요."

"아, 그거요?"

그제서야 그 교수는 그 책 생각이 나는 모양이었다. 나는 또 되풀이 했다.

"왜 그 때 저를 사상범으로 집어넣지 않았습니까?"

"형이 아직도 잘 모르는 모양인데 나는 조선에서 태어났고, 조선사 람들을 좋아하지요."

"아, 그래요? 몰랐는데요."

"사실 나는 내 학생이나 아는 사람이 사상범으로 잡혀 들어가면, 경 찰에 가서 말을 잘해서 다 풀어 줬어요."

"아, 그래요? 저는 그건 전혀 몰랐습니다. 죄송합니다."

"아, 나는 그런 말을 많이 하지 않았지요."

"우리는 사실 그런 것을 들은 일이 없습니다."

"뭐, 대단한 일도 아닌데."

"왜요? 그것 참…… 진심으로 감사합니다."

나는 경의를 표하지 않을 수 없었다. 한국사람이면 모두 감사해야 할 일이다. 세상에 이런 에피소드가 많지 않을 것이며, 일본인 중에는 이런 존경할 만한 사람도 있다는 것을 새삼 느끼게 되었다. 이런 일화 도 내가 자라던 때에 세상이 빚어낸 희비극의 한 토막이 아닐 수 없다.

나는 그 때 그 교수가 일찍 나한테 미쓰하라 학생 이야기를 해 주었으면 내가 휴학을 안해도 좋았을 터인데, 하는 생각을 하면서도 그런 말을 꺼내지 못했다. 모두 지나간 일을 가지고 그를 힐책하는 것 같아서 그것을 거론할 용기가 나지 않았다. 나는 이 일화를 반세기가 지난 지금도 가끔 생각하고, 모순된 인간의 잔악성과 천사적 성품의 대조를 새삼스럽게 사색하며, 인간은 운명이라는 것의 지배를 탈피하기가 어렵다는 것을 경험을 통해서 뼈저리게 느끼고 있다.

이런 것을 우리만 생각하고 있는 것 같았지만, 서양의 학자들도 인간 성선설(high view of humanity)과 인간 성악설(low view of humanity)이라고 하며 이 설(說)들을 공부하고 있고, 그것은 동양철학에도 나오는 설과 비슷하다는 것을 알게 되었다. 그래서 인간이 보는 눈은 동서를 막론하고 근본적으로 유사하다는 생각도 해보았다. 내가 1945년 10월에 일본에서 귀국해서 1948년 7월 초에 미국으로 떠났는데 시일이 짧아서 그랬는지 모르겠지만, 내가 만난 극히 좋든가 나쁜 일본사람들처럼 극히 좋거나 나쁜 조선사람들은 2년 동안 만나지 못했다. 오래 고국에 있었으면 그런 사람들을 만났으리라고 믿는다.

이것은 다른 말이지만 간단히 언급한다. 지금 한국의 신문과 잡지에서는 '도오꾜오(東京)'를 '도쿄'라고 쓰고 '껭(縣)'을 '켄'으로 쓰고 있다. 일본어의 'g'가 문제겠지만 이것도 'ㄱ'에 점을 치든지 하면 간단히 해결될 것이다. 일본말을 아는 사람들이 한국에 많이 있을 터인데, 한글로 제대로 적을 수 있는 것을 일본어에는 없는 발음으로 쓴다는 것은 고쳐야 할 일이다. 영어의 발음을 한글로 쓰는 것도 이상한 것이 허다하니 신문, 잡지 기타 출판물의 발행자는 유의해야 할 일이다.

04.
학병령(學兵令)

　　1931년에 일본은 만주를 침입하고 만주국이라는 괴뢰국가를 세웠다. 장제스의 군대가 마오쩌둥의 공산군과 싸우는 것을 이용해서 일본은 북중국을 침공했다. 결국 이것이 이 두 파가 항일전을 하기 위해서, 임시나마 손을 잡게 만든 것이다.

　　일본군은 베이징 근처에 있는 노구교(蘆溝橋)에서 작은 사건을 조작하고, 그것을 구실로 1937년 7월 7일에 북중국을 침공하고, 중국 중부에 침입할 구실로 만들었다. 장제스의 정부군은 장차 팔로 공산군과 싸울 힘을 저축하기 위해, 항일전쟁에는 적극적이 아니었고 전과를 많이 올리지 못했다. 반면에 마오쩌둥의 팔로군은 200만 명의 일본군 51개 보병 사단과 치열하게 싸웠다.

　　1939년 9월에 유럽에서 전쟁이 발발했을 때, 일본은 아시아의 지도국이 될 계획을 세웠다. 그러면 전쟁을 해야 하는데, 필요한 전쟁물자를 확보하기 위해 그것이 풍부한 서양의 동남아 식민지에 무력침략을 시작했다. 그들은 원하는 지역을 '동아공영권(東亞共榮圈)'이라는 허구적인 미명을 붙였다. 유럽의 강국들은 자기들끼리 싸우느라고 바빴고, 일본은 1941년 4월에 소련과 중립조약을 체결했다. 그래서 태평양과 아시아에서 일본은 주로 미군하고 싸웠다. 일본은 1941년 7월 이른바 국왕이 주재하는 어전회의(御前會議)에서 미국과 전쟁을 하기로 결정하고 남태평양과 동남아로 돌진해 갔다.

1941년 10월에 도조 히데키(東條英機) 대장이 고노에(近衞) 대신에 총리직에 임명되었다. 1941년 11월 26일에 미국무장관 콜델 헐이 일본에게 중국과 인도차이나에서 철군하기를 강하게 요구했으나 일본은 물론 이것을 무시했다. 이 때 미국과 그 동맹국들은 동남 태평양지역에 훈련이 미숙한 장병 몇만 명과 구식 군용기 몇대밖에 없었다. 일본의 미국 진주만 급습은 야마모토(山本) 제독이 계획하고 나구모(南雲) 제독이 항공모함 적재 공습부대를 지휘해서 감행했다. 1941년 12월 7일에 일본은 항공모함 7척, 전함 2척, 순양함 3척, 구축함 4척, 항공기 369기를 파견했는데 그 항공기들이 2파로 진주만을 기습했다. 그들은 진주만 안에 있는 전함 8척, 순양함 3척, 구축함 3척, 수뢰 부설함 1척, 그 밖의 함선, 항공기 180대를 격침 또는 파괴했다. 또 2,300명의 미군이 전사하고 1,140명이 부상당했다. 미 항공모함 3척은 진주만 밖에서 기동연습을 하고 있는 중이어서 피해를 입지 않았는데, 그것이 후일 미태평양함대의 주축이 되었다. 그러나 이 기습이 미국 전국민을 항일전쟁으로 단합시키는 도화선이 되었다. 1942년 1월까지 일본은 동남아와 남태평양에 있는 여러 섬을 점령하고, 오스트레일리아 근처까지 내려갔으며, 그 해 2월에는 자바를 점령했다. 그 지역에는 영국군과 그 밖의 군대를 다 합해서 9만 명의 병력이 있을 뿐이었다.

도조라는 전쟁광을 선두로 하는 군국주의 일본은 제2차 세계대전에 참전 후, 태평양과 동남아시아에서 주로 미군, 그리고 2차적으로 영국군과 싸웠으나, 초기의 승리에도 불구하고 점차 패퇴하기 시작했다. 광적인 일본의 몇몇 군관계 지도자들은 종국적 승리를 외치고 있었다. 인구로는 일본의 10배가 넘고, 자원으로는 몇백만 배가 되며 기술적으로도 훨씬 앞선 유럽과 미국을 상대로 전쟁을 하면서, 최종 승리를 부르짖고 있던 일제가, 패전하기 시작한 것은 일본신문을 보아도 뻔했다. 미국은 단독으로 유럽과 아시아에서 전쟁을 하기 위해서 단기간에 1,600만 명을 급히 동원했고, 29만 6,000대의 비행기와 10만 2,000 대의 전차와 8만 8,000척의 함선을 생산해서 역사상 제일 큰 유럽과 아시아의 대전장에서 크게 승리했다. 이러한 큰 일을 단시일에 해낸 국가는 역사상 없었다.

일본은 이런 국력은 전혀 없었고, 또 도조와 그 일당은 이것을 모르는 우둔한 자였든지, 그렇지 않으면 그것을 오만하게 도외시한 것이다. 중국의 유명한 전략가 손자(孫子)를 비롯해 여러 군사전략가들은 '지피지기 백전백승(知彼知己 百戰百勝)', 즉 '적을 알고 나를 알면 100번 싸워도 모두 이긴다'라고 가르쳤고, 일본 3군의 사관학교에서 필경 이것을 가르쳤으리라고 생각한다. 그러나 광적인 일본군국주의자와 극단적인 민족주의자들은 이 전략의 제일 원칙을 무시한 결과, 미국과의 전쟁으로 비싼 교훈을 얻게 되었던 것이다.

과연 역사는 고대 석학들이 말한 바와 같이 반복한다. 그런 광적인 지도자가 한 세기마다 여러 사람씩 나왔으니 한탄치 않을 수가 없다. 교만과 무자비에 얽매인 군국주의 일본은 아시아대륙과 태평양 전지역을 2~3년 동안 전화에 몰아넣어 수천만 명을 살상하고, 인간의 손으로 만든 귀중하고 헤아릴 수 없는 가치의 재산을 파괴하고 말았다. 일본 자체의 인명손실과 재산파괴도 막심했다. 1942년 4월 18일에 유명한 둘리틀(Doolittle) 미군 폭격기가 도쿄를 공습했을 때에 그 피해는 크지 않았으나, 일본에게는 큰 충격과 공포를 안겨준 일종의 경고였다. 그러나 일본은 그것도 무시했다.

그 해 5월에 코랄해의 해전에서 일본은 대패하고, 일본군이 미군과 오스트레일리아 간의 통신로를 차단하려고 했으나 그 계획은 수포로 돌아가고 말았다. 이 해전은 수 일간 계속되어 쌍방에 피해가 많았으나 일본군이 대패하고 말았다. 그 후 일본은 7척의 항공모함을 포함한 92척의 군함과 기타 함선을 집결해서 미드웨이 제도(Midway Islands)를 점령하려 했다. 미군은 항공기 115대를 실은 항공모함 3척을 포함한 45척의 함선 밖에 없었다. 그러나 미군은 우수한 정보와 전술을 보유하고 있었다. 일본군은 1942년 6월에 공격을 시작했으나 4척의 중모함을 잃고, 그 밖의 손실이 커서 패퇴하고 말았다. 역사가들은 이 해전이 아시아전쟁의 전기였다고 한다. 1942년 7월부터 1943년 5월 사이에 일본군은 솔로몬, 파푸아, 마다가스카르, 알류산, 버마 등에서 패퇴하고 말았다. 연합군의 손해는 일본군의 손실보다 훨씬 적었다. 과달카날(Guadalcanal)제도의 전투가 아시아전쟁의 또 하나의 전기였다고 한다.

그 때 일제가 무슨 흉계인지는 모르지만, 마지막 몸부림으로 재학중인 전문학생과 대학생들까지 동원하려고, 1943년에 학병령을 선포하고 일본학생들을 징집하기 시작했다. 우리 조선학생들은 그저 일본학생들을 동원한다니까 안심하고 출정하게 된 일본학생들을 측은하게 생각하고 있었다. 이것이 큰 오산이었다는 것을 두어 달 후에 알게 되었다. 놀랍게도 이번에는 조선학생들을 동원한다는 법령을 발포했다. 이것은 조선사회를 뒤흔드는 전격적 충격이었고, 우리를 경악의 골짜기로 몰아넣었다. 불과 2,500명 정도밖에 안 되는 학병 적령기의 조선전문, 대학생들을 끌고가서 희생을 시키려고 하다니 이게 무슨 괴상한 짓인가! 1923년 12월 1일 전에 출생한 학생은 징병의 대상이 아니라고 좋아했는데, 결국 그 전에 출생한 학생들을 먼저 학병으로 끌고 가겠다는 것이었다. 그 후에 출생한 학생들은 징병 당하게 되어 있었다.

나는 1923년 11월 14일에 태어났으니, 내 운명도 참 기이하기도 하다. 나는 몇해 전에 도쿄를 방문하여, 신키 교수를 찾아뵈었을 때 그분도 그 당시에 징병당했다는 말을 듣고 놀랐다. 그 지경이니 우리를 학병으로 끌고간 것도 그럴 듯 싶었다. 여하간 그 교수도 겨우 일등병이었다고 하며 웃었다.

학병령에 의하면 학병은 지원제였다. 그러나 나는 지원하지 않은 일본학생은 보지 못했고, 일본정부는 우리 조선학생에게 모든 수단을 동원해서 압력을 가할 것은 뻔했다. 나는 이 때 경성고등상업학교에 재학중이었다. 그러나 그 때 조선에는 관립학교로서는 경성제국대학과 그 예과, 그밖에 고등상업학교, 고등공업학교, 법과전문학교, 고등농업학교, 그리고 고등광업학교가 있을 정도였다. 이 학교를 모두 합한 학생의 총수는 4,000~5,000명 내외였고, 그 중 조선학생은 그 5분의 1이 될까말까 했다. 그 밖에 보성전문학교, 연희전문학교, 숭실전문학교가 있었는데, 모두 조선계 남자 사립전문학교였다. 그 밖에 혜화전문학교, 명륜전문학교도 있었다고 하는데 나는 잘 모르는 학교였다.

이 모든 학교의 학생수도 통제되어 있어서, 학생수가 한 학교에 300~400명밖에 안 되었다. 그러므로 일본에 가있던 학생들을 모두 합해도, 고등교육을 받고 있던 조선학생의 총수는 5,000명도 넘지 않는다고 했다. 그 중에서 나이가 좀 어려서 징병으로 징집될 사람들을 제외하면, 학병 해당자는 2,500명 정도라고 했다.

참고로 덧붙이면 여자전문학교가 조선에 3~4곳 있었는데 모두 사립이고 조선계 학교였다. 여자중학교는 4년제이었고 여자전문학교는 3년 과정이었다. 그러니까 여자의 중고등교육은 모두 합해서 7년이었다. 이것은 일본 아이들을 위한 학교도 마찬가지였다. 이 7년과정을 밟은 어떤 여자들이 미국에 와서 자기들은 미국의 학사와 비등한 교육을 받았다고 기록한 것을 보았는데, 그것은 당치도 않은 말이다. 미국에서는 이 과정은 남녀 모두 같아서 10년이다.

그 때의 조선 인구는 13도를 합해서 3,000만 명이라고 했는데, 나는 그것보다 좀 많다고 믿고 있었다. 그 중에서 전문·대학생의 총수가 4,000~5,000명 정도라니! 이것은 전체 인구의 비율로 보면 불과 10만분의 1을 조금 넘을 정도밖에 안 된다. 특히 대학생의 수는 전문학생에 비하면 10분의 1도 안 되었으리라고 생각한다. 지금 한국의 대학생수는 비율로 보면 일본을 능가할 정도이며, 미국에 비해 많이 뒤떨어지지를 않는다고 하니, 그 때 일본이 교육적으로도 얼마나 조선을 통제하고 우민 정책을 썼는지 잘 알 수 있다. 이런 비참한 상태는 요즈음 젊은 세대는 이해하기가 어려 울 것이다. 한 통계에 의하면 한국의 인구 4,500만 명 중의 200만 명이 대학생이라니, 참 천양지차를 느끼지 않을 수가 없고, 한국의 교육열에 경탄할 수밖에 없다. 많은 외국인들, 특히 미국인은 일본이 계획적으로 한국인을 문맹인과 빈민으로 만든 것은 모르고, 한국인을 도외시하거나 업신여겨 왔다. 오늘날 한국의 젊은이들은 그 때와 지금의 천양지차를 느끼기가 어려울 것이지만, 그들의 행운을 하느님께 감사해야 할 것이다.

여하간 극소수이지만 우리 학병 해당자의 고민과 비관과 염세관은 절정에 달했고, 자포자기한 학생들도 적지 않았다. 나는 인간으로서 냉정히 생각을 하고, 언제든지 이성적으로 행동해야 하며, 또 모든 것을 막연히 하늘에게 맡길 수밖에 없다는 숙명론자처럼 되어 버렸다.

05.
메이지절(明治節)

　11월 3일인 메이지절은 메이지 왕(1868~1912)의 생일이다. 메이지 왕은 44년 동안 일본을 통치했는데, 명왕이라고 해서 그의 생일을 국경일로 정하고, 매년 그 날을 경축하고 있다. 19세기 말에 그는 일본의 봉건제도를 폐지하고 서양문명을 받아들이기 시작했다. 일본의 일반 시민들은 그를 명왕으로 모시고 있으나, 그는 그 때 벌써 일본 국위의 선양을 위해서 조선, 중국, 동남아의 침략과 식민지화를 계획하고 있었다. 그러니까 메이지왕이 외국 침략의 주동자이었는데 이것을 아는 사람이 많지 않다. 모두 그 후에 시작한 것으로 알고 있다.

　일본이 조선을 강점한 경위에는 몇가지 설이 있다. 그러나 최근 이종학이라는 서지학자가, 조선 강점의 사명을 띠고 조선에 파견된 데라우치(寺內)의 보고서를 교토(京都)의 일본정부 서류보관소에서 발견했는데, 그 보고서에 의하면 그를 파견한 장본인이 바로 이 메이지왕이었다. 데라우치는 후에 조선의 첫 총독으로 임명된 사람이다. 메이지왕은 조선 강점을 어전회의에서 결정하고, 내각을 통해 데라우치를 조선에 파견했다. 일본의 내각은 이 때에 '대한제국'이라는 우리의 국호를 '조선'으로 바꿔 버렸다.

데라우치는 1910년 7월 23일에 조선에 도착한 후, 간교한 수단으로 그 해 9월 22일에 메이지왕과 그 내각이 명한 경술국치의 사명을 달성했다. 그는 그의 사명을 달성하려고 거만하게 조선백성들을 위협, 통제하기 위해서 대한 정부의 허락도 없이 각도에 일본헌병부대를 배치했다. 또 안하무인격으로 그는 순종황제가 신하들과 강점문제를 상의하는 회의에서, 이완용이 자기가 지시한 대로 말을 하는지를 지켜보기 위해서, 일방적으로 자기의 서기를 그 회의에 파견했다. 그는 순종황제가 경술국치에 동의하지 않을 경우에는 순종을 위협할 계획을 하고 있었다.

데라우치의 보고서는 일본정부 서류창고에 묻혀 있어서, 우리는 물론 대부분의 일본사람들도 최근까지 이것을 모르고 있었다. 발견된 또 다른 서류에 의하면, 경술국치 서류에 순종황제가 옥새를 찍지 않고 친일파의 한 요원이 찍은 것이 발견됐다고 한다. 여하간 우리는 이런 것을 젊었을 때에는 알 리도 없었고, 학병령이 발표되자 지원 해당자들은 학교를 그만두고, 메이지절에 학교에 돌아와서 상의하기로 하고 뿔뿔이 흩어졌다. 나의 부모님은 사업상 다른 도시로 이사를 가는 중이어서, 나는 한강 상류에 있는 큰아버님의 양조장에 가서 수주일 쉬고, 약속한 대로 메이지절에 학우들을 만나러 학교에 돌아갔다.

그 때에는 교통이 불편해서, 보통 동대문에서 전차를 타고 성동역

앞까지 가서, 기동차라는 전철 비슷한 차로 옮겨 타고 한 8분쯤 후에 종암동이라는 임시정류장에서 내렸다. 그리고 흙길과 모래길을 20분쯤 걸어 교정으로 들어갔다. 교정은 수백 평의 벌판이 파란 잔디에 덮여 있었고, 바람 때문에 옆으로 멋지게 자란 소나무가 운동장을 둘러싸고, 여기저기 아름다운 풍경을 자아내면서 흩어져 있었다. 그 전원풍경은 지금의 종암동과는 비교도 되지 않는다. 내가 한 20년 전에 서울 종암동을 찾아가 보았더니, 그 아름답던 교정에는 3, 4층 건물들이 들어서 있고, 교사(校舍)는 서울대학교 사범대학 부속중학교로 변해 있었다. 섭섭한 마음을 금할 수가 없었다.

천고마비의 메이지절 날, 하늘은 우리 심정을 무시하듯 내려다 보고 있었고, 서늘한 바람은 우리를 감싸주듯 우리의 주위를 조용히 불고 있었다. 수양버들은 부는 바람에 조금씩 좌우로 움직이며 우리를 위안하는 듯했다. 날씨까지 나빴으면 우리 심기가 더욱 좋지 않았을 것이다. 나는 지금도 울적할 때에는 그 때의 청명했던 가을날씨를 생각한다. 특히 어려운 일이 있으면 그 때의 날씨를 가끔 생각하고 적지 않은 위안을 받는다.

10시에 시작한다는 메이지절 의식은 10시 반이 되어도 이상하게 시작하지 않았다. 그래서 조선학생들은 따로 여기저기 잔디 위에 앉아서, 막연한 장래를 한탄하며 신세타령을 하고 있었다. 일본학생들은 자기들끼리 앉아서 그들 나름대로의 한탄을 하고 있었을 것이다. 어떤 조선학생은 만주에 아는 사람이 있어서 그리 피신할 계획이라고 하며 낙관적 자세를 보였고, 또 한 학생은 중국에 친척이 있어서 그리로 간다고 안도의 표정을 짓고 있었다.

그 때 일본은 지금 중국의 동북지방인 만주에 만주국을 세워서 그 때의 만주는 중국의 일부가 아니었다. 일본은 그 흉계를 정당화하려고 1932년에 국제연맹(League of Nations)에 가서 자기들의 괴뢰인 만주국이 독립국가라는 승인을 받아냈다. 이 나라는 '마지막 황제(Last Emperor)'라는 영화로 유명해진 중국의 마지막 황제가 괴뢰 만주의 황제로 되어 있었다. 한 20년 전에 나는 만주에 갈 기회가 있어서 그의 궁전을 찾아가 봤는데, 가서 보니 그것은 자그마한 터에 세워진 허술하고 오래 된 2층 건물로, 검소한 방 20여 개로 이뤄져, 위엄이라고는 찾아볼 수도 없었다.

여하간 죄인이 만주에 가서 숨으면 조선 내에 숨는 것보다는 잘 발각되지 않았다고 한다. 그 두 학생은 만주와 중국으로 피신한다면서도 쓸쓸한 표정을 감추지 못하고 있었다. 그러나 같이 가자는 말은 한 사람도 하지 않아 좀 섭섭했다. 또 이상하게도 나를 위시해서 한 사람도 같이 가게 해달라는 말을 하지 않았다. 아니, 나로서는 그런 폐를 청할 만한 학우도 없었고, 같이 가자는 말도 안하는데 같이 가게 해달라고 하는 것도 유치한 일이라고 생각했다. 다른 학생들도 아마 그렇게 느꼈을 것이다. 인간은 아무리 어려워도 자존심과 자부심을 버리지 못하는 것 같았다.

06.
교정(校庭)에서

일본학생들이 무슨 생각을 했는지 이리로 온다. 동급생들이다. 그 자들이 와서 마주 앉으니까, 화제가 자연 다른 것으로 옮겨갔다. 일본학생들은 비교적 여자 이야기를 많이 했다. 이런저런 이야기를 하다가 일본학생 한 사람이,

"조혼도 문제야. 아무 것도 모를 때에 결혼을 시켜서, 민며느리 같은 비극이 꽤 많이 생기는 게 아니야?"

라고 하였다. 그는 민며느리 풍습을 아는 것 같았다. 한 조선학생이,

"그것은 부정할 수 없는 사실이지만, 지금은 그런 것은 극소수이고, 전보다는 요새 남녀 평균 결혼연령이 꽤 올라갔어. 남자는 22세 전후이고 여자는 20세 정도라고 봐도 좋을 걸. 그래도 조금 이를지도 모르겠지만."

라고 하니까 또 다른 조선학생이 말한다.

"나는 늘 생각하는데, 내지(일본)사람들이 결혼을 늦게 하는 이유는 병역관계가 아닌가 해. 조선도 징병제도가 실시되면 조혼이 적어지리라고 생각해. 결혼 후에 2, 3년씩 홀로 내버려두는 것도 불쌍하지 않아? 또 전쟁이 있으면 미망인이 될 가능성도 있고."

나도 덧붙였다.

"그것도 그렇긴 해. 징병이 없으면 나도 아마 23살쯤에는 결혼을 할 걸. 조혼, 조혼하지만 실은 뒤에서 나쁜 짓들을 하고 있지 않아."

그러니까 조선학생 또 하나가 말한다.

"내지에는 미망인도 많고 아가씨들도 많다는데 졸업하고 하나 얻으면 되지 않아?"

이어서 일본학생 한 명이 말했다.

"우리도 언제 징병 당할는지 모르니까, 한번은 좋은 날을 맞이하고 싶은데. 우리도 인간이니까. 암만 국가가 뭐니, 민족이 뭐니, 떠들어도 인간은 인간 아니야?"

그 때 일본인하고 말할 때에는 그들을 일본인이라고 하지 않고 나이치진(內地人)이라고 불렀고, 우리를 한토진(반도인, 半島人)이라고 불렀다. 그리고 우리는 보통 우리 자신을 조센진(조선인, 朝鮮人)이나 센진(鮮人)이라고는 하지 않았다. 일본학생들도 우리 앞에서는 그런 말을 피했다. 그것은 물론 일본인들이 우리를 아주 낮춰서 하는 말들이었기 때문이다. 일본인들이 우리나라나 우리 백성들을 멸시해서 10여 세기 동안 써 온 말들이다. 이것은 마치 우리가 일본이나 일본사람들을 왜(倭)국이나 왜(倭)놈이라고 불러온 것이나 마찬가지이다. 왜(倭)라는 한자는 중국의 한 고서에 처음 나왔는데, 이것은 난쟁이라는 뜻의 문자 왜(矮)와 비슷해서 그렇게 써왔다고 한다. 요즈음 일본 젊은

이들은 그들의 식생활이 많이 서양화해서 전보다 키가 좀 크다는 말도 있다. 여하간 왜나 왜놈이라는 말들은 지금도 꽤 보편적으로 쓰이고 있고, 없어지지는 않을 것이다. 물론 그런 말, 또는 그것 비슷한 말들은 온 세계에서 다 없어져야 할 것이다.

조세진은 우리를 멸시해서 써온 말인데, 이 말은 일본 내에 서는 인도의 카스트(caste)라는 세습적 계급제도의 제일 아래층에 있는 불가촉 천민(untouchables)과 비슷한 말이라고 할 수 있다. 해방 후에 북한의 국호에 '조선'이라는 말이 들어 있어서 남한에서는 이 말이 많이 쓰이지 않는데, 일본도 이것의 간접적인 책임이 있고, 우리 남북 분단문제와 우리말에 대한 피해까지도 많이 주었다. 통일 후에는 이것이 큰 두통거리가 될 것이다.

나는 히로히토 일왕이 제2차 세계대전의 제일 전범(戰犯)이며, 그에 합당한 처벌을 받았어야 한다고 생각한다. 그렇게 했으면 일본이 겸손한 인간미가 있는 나라로 다시 탄생했을 것이다. 나는 이것 때문에 맥아더(MacArthur) 장군을 존경하는 마음이 많이 줄었다. 나는 그가 일본왕을 존경하고 있지 않았나 하는 생각까지 하게 된다.

여하간 평소 총검부에 있고, 너무도 충성심이 많다는 이 일본학생이 이런 말을 해서 놀랐다. 이 자는 키가 나보다 작고, 얼굴이 둥글고, 눈가에 앙심이 다닥다닥한 것처럼 보이는 사람이었다. 왜 이 자가 그런 말을 하는지 그의 심리를 이해하기가 힘들었다. 그래서 나는 그의 속을 떠보고 싶었다.

"그럼 하나 소개해 줄까?"

"그래도 좋은데, 요는 나도 나 자신의 행복을 원해. 한 번 죽으면 그만 아니야?"

"그렇지만 너 같은 애국자가 그런 말을 하니 일본군대도 대단치 않구만! 그렇지 않아?"

"그래, 그렇지만 하겠다는 의지만 있으면 돼."

"의지가 있을 리가 없잖아. 개인의 행복을 원하는 자가 무슨 국가를 위해서 생명을 희생하겠다는 의지가 있겠어? 출정해도 로봇 아니야? 그런 군대는 오래 못 가지."

"그러니까 너같이 우수한 사람을 구하고 있는 거야. 그런 것을 현명한 히로하라군이 잘 알고 지원해야지!"

나는 도리어 그의 공세에 당황했다. 나의 창씨한 이름은 히로하라(廣原)였다. 그러나 나는 유연한 태도로,

"징병도 아닌데, 왜 지원해?"

라고 했다. 그러니까 얼굴이 거무죽죽해 별명이 아메리칸 인디안(American Indian)이라는 일본학생이,

"우리는 죽는 것에 생각을 많이 안하는데, 너희들은 왜 늘 죽는 것만 생각하느냐?"

그는 혼잣말을 하듯 낮은 목소리로 했지만, 귀가 밝은 나는 알아듣고 불쾌해서,

"그런가? 나도 지원문제에 당면해서 우선 내 개인의 생명과 행복을 생각하는데. 무엇보다 생명이 있어야 하지 않아? 개인의 행복이라는 것은 결국 오래 살면서 찾아야 한다고 생각해. 뜻없는 죽음은 하고 싶지 않아, 그렇지 않아?"

라고 하니 분위기가 좀 악화됐다. 모였던 학우들은 하나둘씩 일어섰다. 나는 가만히 앉아 있으니까 한 일본학생이 이렇게 말했다.

"우린 출정해서 조용히 죽을 테니, 너희들은 행복하게 살아라. 졸업

후에 취직 잘해서 집도 사고 일생 안락하게 살아. 우리는 여하튼 출정할 운명을 지니고 있으니까 할 수 없어. 내지의 처녀들도 불쌍해. 한번 마음을 주었던 사람이 돌아오길 3, 4년 동안이나 기다려야 하니. 그 동안 전사하는 사람도 있고. 여하간 내지인 전부가 비운에 놓여 있어. 승전해도 개인적으로 보면 비운인 셈이야."

"안됐다. 문제는 이놈의 전쟁 아니야?"

"그래, 우리도 그건 어쩔 수 없지."

이렇게 감상적으로 말하고 한숨을 쉰다. 나도 가만히 생각을 하니 그것도 그럴 듯 했다. 승전을 해도 현대전의 피해는 승자에게도 막대하다. 그것을 누가 모르랴! 그러나 국가적 위기타결을 위해 개인의 행복추구를 희생해야 한다고 외치는 일본인의 입에서, 그런 말을 들으니 나는 놀랐고, 개인의 행복을 무시하는 일본제국주의의 폐해를 그에게서 잘 들은 것 같았다. 그는,

"너희들은 졸업하여 안락한 생활을 하라"

는 책망과 부러움이 함께 섞인 말을 들으니 나는 뭐라고 답변해야 할는지 몰랐다. 나는 백운대만 바라보고 있었다. 그 산봉우리는 그 날도 푸른 하늘을 배경으로 뚜렷하고 가깝게 보였다.

"아, 오늘은 백운대가 더 가까이 보인다. 백운대도 좀더 생기를 띠면 좋겠다."

나는 혼잣말처럼 화제를 바꾸고 일어섰다. 표면적으로 비애국적인 이 학생의 말은 그 혼자의 감상이 아닐 것이고, 일본인 거의 전부의 솔직한 고백이라고 생각했다. 그러나 그것이 사실이라면 일본의 종말도 멀지 않았다. 신비적이지만 사람의 마음이 돌아가는 것은 큰 무엇의 지배를 받고 있는 것 같다. 그런즉 이 자들이 이제 자기자신의 비운

을 하소연하며 슬퍼한다면, 이들이 직감하고 있는 일본의 마지막도 멀지 않다고 생각했다.

"로마제국은 냉수로 일어나서, 탕수로 망했다"

라는 말도 있으니, 그 역시 인심의 돌아감을 말한 것이 아닐까? 이제 전문교육을 받고 국가의 필요성을 충분히 이해할 만한 일본학생들이 그런 말을 상극인 조선학생에게까지 실토를 하니, 그네들 장래에 어찌 희망이 있다고 볼 수가 있을 것인가? 태평양전쟁이 종결되더라도 일본의 장래는 암담하다. 일본 국민이 일치단결, 전력을 다해서 싸우더라도 일본은 승리하지 못한다. 나뿐만 아니라 우리가 모두 그 때의 일본은 다만 남태평양과 동아시아 일부의 일시적인 지배가 가능할 뿐이지, 미영 본토를 격파할 능력은 도저히 없다고 생각했다. 20세기의 신무기들을 파괴할 만한 능력이 없으면 일본은 도저히 더 버틸 수가 없다. 로마나 중국의 원(元)나라 모두 너무 확장한 결과 지리멸렬된 것인데, 일본같이 작은 국력으로 어찌 더 확장할 힘이 있을 것인가?

미영측에서 전쟁을 피하고 양보해야 비로소 일본은 남양과 동아시아 일부의 지배가 가능할는지 모른다. 그것도 일본이 최선을 다해도 미흡할 터인데, 일반인의 심리와 각오가 그 모양이니 그것도 도저히 달성 못할 것이었다. 당시 연합군은 양보는 커녕 전쟁준비를 하는 모양이어서 일본이 밀릴 것은 분명했다. 일본의 동맹국인 독일 역시 일본과 같은 입장에 놓여 있으니, 동맹국으로서 무슨 원조가 있겠는가? 그러니 일본은 함정에 빠진 호랑이 격이었다.

나는 이런저런 생각을 하며 학생회관의 2층으로 올라갔다. 바둑과 일본 장기를 두는 일본학생이 7, 8명 있었고, 그것을 구경하는 학생이 10여 명 있었다. 그들은 어떻게 담배를 많이 피우는지 담배연기가 자욱했다. 나는 바둑을 두고 싶은 생각이 있었으나, 동포학생이 없어서 그냥 강당 옆으로 내려가서 국기게양대 옆의 광장으로 갔다. 동포학생이 그곳에 여럿 보였다. 그들은 이야기들을 하고 있었다.

"우리학교에서 지원한 사람이 셋 있는 것 같은데, 더 없어?"

"아직 없어. 누가 지원을 해? 1학년 다마다(玉田)는 선견지명이 있는 거야. 멀쩡한 사람이 조선학병 말이 비치자 늑막염이라는 진단서를 제출하고 휴학허가를 얻어서 아무일도 없어. 정말 약은 자 아니야?"

"우리는 만사에 만만디여서 그래. 좀 신경이 예민할 필요가 있어."

"아따, 이 사람아. 신경쇠약까지 된 사람이 왜 그렇게 둔감해졌어?"

"그런데 모두들 벌써 갔나? 나는 그만두고 집에 가서 실컷 먹고 놀거야."

"오늘 안 온 사람이 몇 있는데, 나도 곧 집으로 내려가야겠어."

"그게 좋지. 학교가 학교 같아야지. 좋은 교장과 교수는 다 내쫓고, 찌꺼기 교수들만 모아다 놓았으니, 원, 학교 나올 맛이 나야지."

이리저리 화제를 돌려가며 이야기들을 하고 있었다. 지금도 그 때가 그립다.

07.
히로하라라는 성

　　강원도 양구손씨(楊口孫氏)의 일본식 성씨가 히로하라(廣原)라는 말이 나왔으니 그것을 어떻게 부르게 되었는지 말을 하지 않을 수 없다. 히로하라라고 부를 때마다 나는 수치감을 느끼지 않을 수가 없었다. 입대 몇 해 전에 우리는 이름을 일본이름으로 고쳐야 한다는 창씨령(創氏令)이 발포되었다. 이것은 창성령(創姓令)이라고 하는 것이 옳을 것이다. 그들은 우리 부모님들이 지어 주신 이름에는 별로 신경을 쓰지 않고, 우리의 성을 바꾸는 것을 강요했다. 그러나 일본식 성씨하고 부모님께서 주신 이름이 맞지 않아서 모두 바꾼 사람이 대부분이었다. 우리 같은 서민은 창씨령을 반대할 힘이 없었지만, 소수의 유력한 조선인은 창씨하지 않고도 견뎠다. 그들 중에는 친일파가 꽤 있었는데, 그들이 어떻게 빠질 수가 있었는지 모르겠다. 물론 뇌물을 많이 바쳤을 것이지만, 아마도 무덤 안에서 화가 나서 움직이는 조상생각을 조금 했으리라고 믿는다.

3,000만 명 인구가 이름을 바꾼다는 일이 인류 역사상 또 있었는지 모르겠다. 아일랜드인의 이름을 영국화할 때에도 이렇지는 않았다고 한다. 일본은 그들이 강점한 한반도의 3,000만 명의 이름을 무력으로 자기네의 이름으로 바꾸려고 했고, 또 바꾼 것이었다. 나는 이런 일은 인류 역사상 없었다고 생각하는데, 참 엄청나고 기막힌 일이었다. 요즈음 젊은이들은 우리가 이 때에 경험한 고충을 느끼기는 어렵겠지만, 이 역사적 사실을 잊어서는 안 되겠다.

나는 그 때에 원산상업학교에 재학중이어서, 창씨는 고향에 있는 종가에서 이런 일을 처리하리라고 생각하고, 별로 신경을 쓰지 않고 있었다. 그런데 하루는 아버님이 나를 안방으로 부르시더니 심각한 어조로 말씀하셨다.

"네가 우리의 창씨를 생각해 보아야겠다."

"무슨 말씀이세요?"

"창씨령이 내렸으니 우리도 하나 지어야지."

"고향의 문중에서는 어떻게 하시는데요?"

"너의 육촌이 도쿄고등사범학교에 다니지만 웬일인지 너보고 생각
    해 보란다."

"그래요? 저보고 해 보라는 말씀입니까?"

"그래. 종가에서 왜 너보고 하라고 하는지 모르겠는데, 나는 물론
    창씨를 좋아하지 않지만 어떡하니. 너보고 부탁을 하니 그것만은
    자랑스럽다."

"그래서 해야 해요?"

"그럼 어떡하니? 일본제국하고 싸울 수도 없지 않니?"

"그렇기도 해요. 그럼, 제가 해 보겠습니다."

"기왕이면 좋은 이름을 지어 봐라."

"예, 해 보겠습니다."

나의 6촌은 유도를 잘해서 도쿄고등사범학교 체육과에 무시험입학을 했었다. 그 때에는 체육은 정통학문의 일부라고 생각하지 않을 때였다. 그 후에 나는 고민이 생겼다. 내가 일본이름을 짓는다는 것은 우리 민족의 사랑보다 내 피부에 맞지 않는 것 같았고, 저항하고 싶은 생각도 간절했다. 그러나 우리로서는 일본제국과 싸울 힘은 없었다. 물론 일본 앞잡이들한테 창씨를 안하려고 뇌물로 줄만한 거액의 돈도 없었다. 며칠 숙고 후에 응하기로 결정했지만 아무래도 내 성미에 맞지 않았다.

아무리 생각해도 나는 일본이름이 우리에 맞지 않는 것 같아서 매우 고민했다. 재언하지만 이것은 내 몸 속에 돌고 있는 피가 그렇게 느끼게 시켰을 것이다. 그뿐만 아니라 나는 조상이 묘 안에서 돌아눕지 않더라도 좋아하시지 않을 것이라고 믿고, 그렇다면 왜 우리에게 이런 시련을 주시나 하고 원망까지 했다. 그러나 아무리 생각해도 뾰족한 수가 없었다. 조선사람과 일본사람은 수천년 동안 피가 다르고, 역사가 다르고, 생활이 다르고, 의상이 다르고, 음식도 다르고, 그 밖의 풍습도 다른 것이 많다. 우리가 일본이름을 갖는다는 것은 우리 사회, 나아가서는 무슨 면으로서나 백의민족 전체에 맞는 것이 아니었다. 일본사람들은 우리가 일본을 정복하고 그들의 이름을 다 한국식으로 바꾸라고 명하면, 어떻게 생각할지 입장을 바꿔서 잘 생각해 볼 필요가 있다.

생각다 못해 나는 일본성씨를 다룬 책을 사서 연구하기 시작했다.

결국은 일본인의 성씨 중에 없는 이름을 선택하기로 결심하고, 그런 이름을 고안하기 시작했다. 그렇지만 그것이 쉬운 일이 아니었다. 며칠 후에 나는 그 책에 '히로하라' 라는 일본이름이 없다는 것을 알아내고 아버님과 상의했다.

아버님은 나의 취지와 고안한 이름을 좋아하시고 그것을 채택하시기로 결정하셨다. 아버님이 강원도 양구의 문중에게 연락하셔서 우리 130호의 양구손씨 가문이 이 이름을 채택하기로 결정했다. 이상하게도 히로하라라는 이름은 제2차 세계대전 이전의 일본성씨 책에는 없었는데, 전후에 나온 책에는 나온다. 우리 문중의 사람들이 일본에 여러번 여행을 했고, 거기 공부하러 간 사람들도 있어서, 그 이름이 일본의 여러 기록에 남았을 것이다. 내 이름도 남아 있을 것이다. 이리 하여 내가 상업학교 재학시에 양구계 밀양손씨의 창씨를 고안한 것과 일본인 이름이 아닌 성씨를 지은 것이 자랑스러웠지만, 창씨 자체가 우리와 이질적이라고 생각하고 수치스러웠다. 그렇지만 어찌하리오! 약소민족의 운명을 감수(甘受)가 아니라, 고수(苦受)할 수밖에 없었다. 이런 수치가 어디 있으며, 이것을 강요하는 일본 관계자들은 오직 저열하고 야비한 사람들일 수밖에 없다는 생각을 하지 않는 동포가 없었을 것이다.

이 때 우리민족의 비애는 보편적이었고 예외는 많지 않았다. 나는 이것이 순리적인 것도 아니고 정상적인 일도 아니라고 생각했다. 지금도 잊지 못할 것은 당시에 존경받던 유명한 조선인사들이 창씨를 장려한 것이었다. 물론 일제기관의 압력에 못이겨 그랬겠지만, 내 마음에 맞지 않았다. 우리가 한자 성을 가지고 있는 것은 중국의 강요 때문에 채택한 것이 아니고, 우리 조상 스스로가 택한 것이었다. 내가 가지고 있는 우리 족보에 의하면, 나는 밀양손씨 43대인데, 나의 첫조상은 신라시대의 한 장군이었다. 그분이 공을 세워서 손(孫)이라는 성을 임금님한테서 받으셨고, 밀양(密陽)지역을 봉토(封土)로 받으셨다. 그래서 한국의 손씨는 밀양손씨(密陽孫氏)가 한반도 손씨의 대부분을 차지하고 있다. 나는 우리민족의 피를 가지고 강원도 벽촌에 태어나서 우리 종친들과 살아왔는데, 어찌 내가 일본인이 되고 일본이름을 가질 수 있겠는가? 이것은 애국심보다도, 보통인간으로서 자연적인 반응이 아닐 수 없다.

일본위정자와 그 지지자들이 일본과 조선은 같은 문화권에 있다면서, 나이셴잇타(內鮮一體)를 부르짖고, 우리 보고 그것을 믿으라고 했지만, 대부분의 조선인들은 그것을 믿지 않았다. 그러나 저항도 할 수 없어서, 그저 묵과하고 복종할 수밖에 없었다. 중국도 같은 문화권 내에 있지 않은가? 그렇지만 우리가 보기에는, 조선과 일본은 너무도 달랐다. 그래서 지식인이라는 저명한 조선인들이 창씨를 장려하고 있는 것을 보고, 일반 조선인은 조용히 코웃음을 치고 있었다. 그런 사람들이 지식인이고 민족지도자라니! 반세기가 지난 지금 생각해 봐도 그럴 수는 없다고 생각한다. 학병령의 지지만 하더라도 마찬가지다.

그 때 내가 존경하던 조선인 실업가, 소설가, 그 밖에 온 조선인의 존경을 받던 저명한 지도자들이 나서서, 창씨도 하고 학병도 지원하라고 언론을 통해서 국민들에게 권했다. 그러나 당시 국민 대부분은 그런 사람들을 원망했다. 지금 그 인사들이 거의 작고했지만, 나는 아직도 그 일은 용서치 못할 일이라고 생각하고 있다. 조금 과장하면 그들은 우리 동창과 동포를 고문하고 죽인 조선형사나 순경과 다를 바가 없다고 생각했다. 이광수씨가 그런 죄상의 자책감으로 방황하다가 북한에 가서 고생 끝에 추하게 죽었다고 하는데, 지금은 몰라도 해방 직후에는 그런 사람들에 관한 반감이 매우 강했고, 나도 저절로 그런 반감을 가지고 있었다. 우리는 빛을 잃고 암흑 속에서 헤매는 중세농노에 불과하고, 포부와 장래를 상실한 오합지졸에 지나지 않으며, 또 그날그날을 살아가는 데에만 전념하는 일개 동물로 전락한 것이 아닌가? 더욱 일제는,

   "민족은 같은 문화색채를 지닌 종족의 총칭"

이라고 정의하면서, 수천 년 내려온 우리의 생활양식을 변화시키려고 갖은 흉책을 꾸미고, 더구나 우리문화의 뿌리의 하나인 언어까지 영원히 없애려고 하였으니, 중세의 농노가 더 부러울 정도가 아닌가? 우리는 우리의 이름까지 갈아야 했다. 재언하지만 일본인들은 입장을 바꿔서 생각할 필요가 있다. 우리가 일본을 식민지화하고 그들의 이름을 모두 한국 이름으로 바꾸라고 하면 어떻겠는가?

08.
일본사람이 아니라면 죽이겠다!

　10시에 메이지절 의식을 시작한다더니 10시 반이 되어도 아무 말도 없었다. 11시가 가까워지니까 가와바타(川端)라는 교련 교관이 교정에 나와서 조선학병 해당자들은 모두 2층 1학년 교실로 올라가라고 큰 소리를 지르면서 지시했다. 그 때에 경성고등상업학교는 3년제로 1년에 120명 정도만 입학시켰는데, 그 중 20명이 조선학생이어서 전교를 통해 60명밖에 안 되었다. 이미 학병을 지원한 학생들, 등교 안한 학생들. 그리고 내년 징병 해당자들을 제외하면, 불과 20명밖에 되지 않았다. 우리들은 말했다.

　"망할 놈들이 무슨 흉계를 꾸미는 거야?"

　"볼 것 없이 지원하라는 것이겠지."

　"배속장교가 지금까지 아무 말도 없었으니까, 그 자가 무슨 말을 하겠지."

라고 말하며 궁금증을 달래고 있었다. 배속장교는 그 때 군대에서 학교에 파견한 교련 교관의 호칭이었고, 특히 책임자를 지칭하는 말이었다. 우리는 무슨 영문인지 알지도 못하고, 이런 말을 하며 교실에 들어가 앉아 서로의 얼굴만 쳐다보고 있었다. 추우니까 모두 남쪽의 햇빛이 쪼이는 쪽에 앉아 있었다. 이윽고 가와바타 소위가 들어오더니 앞쪽으로 오라고 해서, 우리는 따뜻한 자리를 버리고 찬 자리로 옮겼다. 곧 배속장교 구로이시 대좌(대령)와 교련 교관 구토(工藤)소위가 들어왔다. 구토 소위는 손에 무슨 종이를 들고 들어와서 아무 말도 없이 돌아가며 우리 책상 위에 하나씩 놓았다. '특별지원병 지원서'라고 인쇄한 종이였다. 그리고 벼루와 붓과 인주를 돌렸다. 나는 그것을 보고 앞이 캄캄해졌다. 올 것이 왔구나 하는 각오를 하는 동시에, 어떻게 하면 벗어날 수 있을까 하는 생각을 해 보았으나, 별로 뾰족한 수가 없었다. 가능하면 세 장교를 다 처치해 버리고 싶은 충동까지 느꼈다. 좌우를 돌아다보니 모두 눈이 둥그래졌다, 한숨을 쉬었다, 천장을 보았다, 하면서 실신한 사람들처럼 가만히 앉아 있었다.

이 학교에서는 학생들은 고등교육기관의 학생이라고 해서, 교련 중의 구령 아니면 될 수 있는 대로 학생들에게 반말은 쓰지 않았는데, 그날에는 반말이 막 튀어나왔다. 가와바타가 먼저 소리를 질렀다.

"황국신민이라면 지원해!"

나는 속으로,

"물론 아니지, 황국신민이 뭐야? 이 미친 놈아!"

라고 비웃었다. 다들 그랬을 것이다. 가와바타는 계속해서 소리를 질렀다.

"너희들이 일본인이라고 생각하면 지원해! 그렇게 생각하지 않는 자는 지원할 필요 없어! 지원 안 하는 자는 일본인이 아니야! 오늘 이 자리에서 너희들 앞에 있는 지원서에 필요사항을 기입하고, 도장을 찍어!"

물론 우리는 일본인이 아닌데, 그도 그것을 알고, 구로이시도 구토도 알고 있는 사실이었다. 그러면서도 우리를 필요로 할 때에는 일본인이라고 하니, 이 무슨 궤변이냐! 그러나 우리는 그들에게 도전할 용기가 없었다. 우리는 충격을 받고 아무말도 못하고, 서로 얼굴만 쳐다보고 있었다. 배속장교와 가와바타는 우리가 묵묵히 앉아만 있으니까 위협을 하는 것처럼 험한 인상을 지었다. 한 학생이 기어코 손을 들고 큰 소리로 말했다.

"이것은 심각한 문제고, 또 우리 개인이 결정할 문제가 아닙니다. 부모님하고 상의해야 할 일입니다. 그렇게 하게 해 주십시오."

또 두어 학생이 동조하는 말을 했더니, 가와바타가 노발대발하며 우리를 꾸짖었다.

"우리가 원하는 것은 너희들의 의사표시이지, 너희들 부모의 의사를 묻는 것이 아니야. 그러니까 일본인이라고 생각하면 지원서를 써!"

그래도 한 학생이 또 용감하게 손을 들고 말했다.

"그렇지만 여기서 지원하면 바꿀 수 있는 일도 아니고, 너무 당돌한 일이고, 또 부모님의 의사를 무시할 수도 없지 않습니까?"

그러니까 구로이시 대좌가 소리쳤다.

"우리가 너희들의 의사만 표시하라고 하지 않았어! 너희들 의사만으로 지원서를 쓰면 돼!"

한 학생이 다시 말했다.

"우리 집에 전화가 있는데 그것으로 연락하면 안 되겠습니까?"

"아니야, 이 자리에서 결정해. 너희들이 황국신민으로서 학병을 지원해야 하지 않아!"

그는 계속해서 소리질렀다.

"일본사람이라고 생각하면 서명하고 일본인이 아니라고 생각하는 사람은 서명하지 말아! 그렇지만 지원하지 않는 사람은 일본사람이 아니야! 그런 사람은 그냥 둘 수 없어!"

다들 어이가 없어서 아무말도 없이 계속 서로의 얼굴만 쳐다보았다. 우리가 또 묵묵히 몇 분 있으니까 두 장교의 눈치가 더욱 험해졌다. 할 수 없이 한 학생이 손을 들고 말했다.

"도장이 없습니다."

구미에서는 모든 서류에 서명만 하면 되지만 동양에서는 예로부터 문서에는 도장이 필요했다. 가와바타가 화가 더 나서 소리쳤다.

"도장은 없어도 돼. 지장(指章)이라도 괜찮아."

구토는 돌아다니며 학생에게 붓을 집어 주었다. 그는 온순한 사람이어서 늘 학생의 심리를 이해하려고 노력하는 사람 같았다. 그래서 그는 억압적 태도를 일절 취하지 않았다.

그래도 우리가 가만히 있으니까 가와바타가 돌연 단상에 오르더니 '싸악' 소리를 내며 번쩍번쩍하는 일본도를 꺼내 휘두르기 시작했다. 우리는 깜짝 놀라 정신을 차렸다. 키가 그리 크지도 않고, 몸이 좀 뚱뚱하고, 얼굴이 검고, 험하게 생기고, 나이가 사십 가까운 이 사람은 중국사변에서 공을 세워서 오기 어려운 우리학교의 교련교관으로 와서 구로이시 대좌를 보좌하고 있었다. 그가 단상에서 큰 칼을 휘두르면서 소리를 질렀다.

"지원하지 않는 자는 일본사람이 아니니까 내가 오늘 목을 잘라 버리겠다! 그런 놈은 죽여 버려야 해!"

우리는 물론 이런 것은 예기치도 못했고, 깜짝 놀라서 마음과 숨이 더욱 가빠졌다. 나는 여러 생각을 하며 창 밖을 내다보면서 한숨만 쉬고, 본관 앞의 아름다운 송림만 내다보고 있었다. 그 아래에서는 내년에 징병으로 나갈 학생들이 무슨 일이 일어나고 있나 하고 2층만 올려다 보고 있었다. 정결한 잔디에는 일본학생 몇몇이 옆으로 누워서 우리 쪽을 쳐다보고 있다. 그 자들도 큰 관심을 가지고 있는 것이 뻔했다. 그들은 우리가 끌려 나가는 것을 무척 좋아하지만, 한편으로는 우월감을 견지하고 있는 것을 우리는 잘 알고 있었다. 그러므로 나는,

"보기 싫은 자식들 같으니!"

하며 다시 슬픈 마음으로 청청한 가을 하늘을 한없이 내다보고 있었다. 이윽고 나는 다시 송림 아래의 학우들과 봉안전(奉安殿)을 내려다 보았다. 봉안전은 신이라고 믿는 일본왕의 사진을 '모셔' 둔 곳이다. 그가 아라히토가미(現人神)라면 왜 속세의 일들을 원만히 해결 못하며, 영구한 평화를 이루지 못하고 잔인한 살육을 감행하며, 우리를 노예화하고 있는가? 신이 아니고 귀신이 아닐까? 그의 본체가 그런 귀신이라면 그는 지옥에 있는 귀신이고, 자타가 용납할 수 없는 놈이라고 할 수 있다. 일본제국의 국체가 그런 토대 위에 건립된 것이니, 그 토대야말로 모순과 기만과 악덕에 찬 것이니, 어찌 일본제국이 안전할 것인가? 그 자들은,

"무력적 정복은 영속 못하고, 이념적 정복이 영구히 승리한다"

라고 부르짖고 있으나, 그 자들이 그런 모순으로 자기 나라의 장래를 약속할 수가 있겠는가? 솔직히, 일본의 미노베(美儂部) 박사가 주장하는 천황기관설을 부르짖고 왕을 일본의 민족적 결합의 한 기관이라고

인정하는 것이 기만과 모순을 해소하는 것이며, 민생향상을 순리적으로 도모하는 길이 되지 않을까? 그러면 자연적으로 일본학생도 마음으로 봉안전에 경례를 하게 될 것이다. 그자들의 전통이 그렇게 시킬 것이다. 사람은 잘 알지도 못하는 신격보다 잘 알고 존경하는 인격에 더욱 복종한다고 할 수 있겠다. 아라히토가미라고 부르는 것보다, 왕에게 높은 인격을 부여하고 그것에 복종하는 것이 도리어 일본의 기초를 합리적으로 규정하는 것이다.

"그나저나 우리는 저것 때문에 이 고생을 하는구나"

하며 지붕을 내려다보고 있을 때에,

"오이, 나제 가칸카? 가케(여봐, 왜 안 써? 써)!"

라고 하며 가와바타가 굵직한 목소리로 소리치는 바람에 놀라서, 나는 현실로 돌아와 하는 수 없이 붓을 들었다. 붓을 쥐고 나는 줄을 그을 힘조차 없는 것 같았다. 무심히 붓을 들고 용지만 내려다보고 있으니까 가와바타가 화를 내며 소리지른다.

"가칸카?(안 쓴 거야?)"

구토가 뒤로 와서 낮은 목소리로 일러 준다.

"글씨는 아무래도 좋으니 진정하고 써요!"

나는 들은채 만채하고 주위를 돌아다보니, 다 쓴 학생들은 거의 팔짱을 끼고 눈을 감고 있었다. 나는 결국 쓰지 않으면 안 될 것이라고 느끼고, 붓에다 먹을 듬뿍 묻히고 종이에다 분풀이하듯, 굵직하고 뚜렷하게 그리기 시작했다. 그것은 쓰는 것보다 눈을 감고 그리는 편이었다. 손끝이 부르르 떨리며 붓발이 줄 없는 레코드판을 헤매듯 하려는 것을 억지로 억제하고 썼다. 쓰고 나니 보통학교 학생이 쓴 것보다도 더 망측했다. 나는 엄지손가락에다 인주를 푹 묻혀서 이름 밑에다가 개 발자국만 하게 무인(拇印)을 쳐서 가와바타에게 밀어 버렸다.

그 때의 우리의 암담한 심정은 이루 말로 표현할 길이 없었다. 자진해서 지원한 동기생 몇 사람도 마음속으로는 우리의 딱하고 억울한 처지를 이해하고 동감했으리라고 믿는다. 무슨 이유로 우리가 일본을 위해서 젊은 생명을 버려야 하느냐 하는 마음은 모두 같았으리라고 믿는다. 살아 돌아올 사람들이 있겠지만, 우리는 전사의 확률을 생각하지 않을 수 없었다.

거의 모두 쓴 모양이다. 그제서야 배속장교의 낯이 온화해졌고, 가와바타는 더욱 제 소원대로 된 것이 흡족하다는 듯, 우리의 마음을 추측하지도 못하는지 싱글벙글하고 있었다. 참 죄없는 순진한 얼굴들이 아닌가? 그러나 우리는 그 꼴이 하도 엄청나고 비위가 상해서 경례도 안 하고 밖으로 나와 버렸다. 우리는 마치 검우장에 갔다가 도살로 결정되어 그 이튿날 도살당할 소같다고 형용할 수 있었다. 나는 한참 머리가 멍해져서 잘한 것인지 잘못한 것인지 생각할 여유조차 없는 것 같았다.

09.
학우들과의 마지막 이야기

광장으로 내려가니 일본학생들이 먼저 와서 묻는다.

"무슨 일이야? 무슨 일이었어?"

"그 미친 지랄이야!"

내가 대답했다.

"지원문제지?"

"어, 그래."

"구로이시 대좌가 뭐래?"

"아무 것도 아니야. 어차피 끌려갈 운명이니까 할 수 없지. 약소민족 의 운명은 핍박과 비애에 찬 것이라는 것이 사실 아니야?"

또 한 일본학생이 말한다.

"우리도 끌려가잖아?"

한 조선학생이 말했다.

"너희들은 다르지."

"뭐? 왜?"

"우리같이 압박받는 백성이 끌려가는 것이 아니잖아."

"우리도 그렇지."

나는 이렇게 거침없이 나의 마음에 있는 것을 솔직히 말했다. 경찰에 걸리는 것이 도리어 좋다는 생각도 했다.

"그래? 그렇지만 너희들은 압박받는 식민지 백성이 아니잖아."

그러니까 일본학생 하나가 말했다.

"너, 그러지 말고, 큰 견지에서 보자구."

"대동아공영권이라고? 개성과 자유의사를 무시하는 데 화합이 있다고 생각하나?"

이렇게 톡 쏴 부치고, 다시는 말이 없는 일본학생들을 뒤로 하고 조선학우들에게로 갔다. 그들은 벌써 2층에서 벌어진 일을 듣고 위안하려고 애도 쓰고, 같이 슬퍼하기도 했다. 그것이 좀 위안이 되었다. 한 학생이 말했다.

"이 사람아, 우리는 내년에 감세. 먼저 가서 교관님이 되면 내가 당번이 돼서 훈도시(일본 팬티)라도 잘 빨아줌세."

그러니까 다른 학생이 그런 싱거운 소리하지 말라는 듯이 말했다.

"됐어, 됐어!"

"나는 진심인데. 그래, 그래, 농담이야!"

"나는 징병연령이 지나서 태평하고 자네들 처지들이 불쌍하다고 놀렸더니, 오히려 내가 먼저 나가게 됐어. 참 세상일이 다 이 모양이라면 말도 삼가야겠어."

어머니만을 모시고 있는 외아들의 학생이 말한다.

"참 그렇게 됐어. 우리 어머님이 아시면 누워 돌아가실 지경이니."

"그런 처지는 좀 동정할 것이네. 아무리 강제라고 해도 지원은 지원이니까. 그렇게 억울한 처지를 이해 안 해주려고?"

"그러면 다행일텐데."

그러니까, 다른 학생들이 개입한다.

"그럼 나는 장남이니까 괜찮게?"

"나도 큰집하고 우리 집 사이에 남자아이 한 놈인데."

"아, 이거 안 되겠어. 그렇다면 다 좋은 이유가 있는데. 그러면 더욱 사정을 안 보고 끌어가겠으니 큰일났군."

"그렇긴 해. 지금 조선상태를 보면 경제적으로나 가정형편으로나 우리가 나가서 죽어도 지장이 없을 집이 몇 되나?"

"지장이 없다니. 아들을 전쟁터에 내보내고?"

"그야 물론 지장이 없더라도 부모와 동기간의 마음이 좋을 리가 있나? 내가 말하는 것은 생계하고 가계문제야."

"아따, 이 사람들. 오늘 지장을 찍었어도 이후에라도 얼마든지 우리가 피할 길이 있지 않아? 징병 아니고 어디까지든지 지원이니까 우리를 죽이기야 하려고?"

"그것도 그래. 어쨌든, 최후까지 싸워보자!"

10.
반도학생들이 지원해서 유쾌하다!

우리가 이런 이야기를 주고받는데, 메이지절 의식을 시작한다는 통지가 있었다. 그럭저럭 정오가 좀 지나서 초겨울 날씨나마 따뜻한 빛을 담뿍 내리쬔다. 나는 강당에 들어가서 한쪽 구석 의자에 앉아 있다가 그만 집으로 갈까 하고 망설였으나, 학우들과 헤어질 생각을 하니 가지도 못하고 남아 있었다.

식이 시작되자 한 교수가 단상에 올라가더니 말하기 시작했다.

"오늘 우리학교 반도학생들이 일제히 특별지원병으로 지원해서 대단히 고마우며, 또 식도 의의깊게 거행하게 되어서 아주 유쾌합니다."

나는 그 가식적인 언변과 '고마우니, 유쾌하니' 하고 떠드는 소리가 매우 듣기에 거칠었다. 특히 '유쾌하다'라는 말은 거의 맞지 않는 표현이지만 그런 말까지 썼다. 그도 흥분했던가? 그 자들은 국민성이 그렇다고 하나, 그런 문구를 때와 장소를 막론하고 남용하기 때문에 그 말의 가치가 떨어질 뿐만 아니라 역효과를 초래할 때가 많다. 언어와 예의는 공손히 해야 할 것이지만 그 자들은 지나칠 때가 많다. 오늘 우리가 2층에서 당하고 나온 경과를 생각하면, 그 자를 그 자리에서 처치해도 시원치 않겠다는 생각이 들었다.

식이 끝난 후에 우리는 청량리까지 걸어나오면서 마음껏 속에 있는 말을 했다. 우리는 좋은 날씨에 학교로부터 성동역까지 반 시간 동안 거닐면서 이런저런 이야기를 했으나 별로 새로운 것은 없었다. 우리 목전의 과제는 물론 공부도 아니고, 연구도 아니고, 어떻게 하면 우리의 목을 조르고 있는 이 학병지원을 기피하느냐가 유일한 과제였다. 결국 우리는 거의 끌려가서 돌아왔지만, 돌아오지 못한 사람도 몇 명 있다고 했다. 내가 그들을 다시 보지 못할 것이라는 예감이 현실화되었다. 내가 해방 후 3년이 지난 다음에 미국에 와서 반세기 동안 살고 있기 때문에, 지금까지 나는 그들을 많이 만나지도 못했고 소식도 잘 듣지 못한다. 학우들을 대부분 그 때 마지막으로 보았다. 참 섭섭하다.

11.
나체의 수치심

　학교에서 일본도를 휘두르는 교련장교들과 대결한지 며칠 후에 일본군 부대에 가서 신체검사를 받아야 했다. 이것에 관해서 연락할 수 있는 학생들은 서로 머리를 짜봤지만 별로 뾰족한 수가 없었다. 나는 이런저런 생각을 한 끝에 한 가지를 시도해 보기로 결심했다. 결심이라고 할 수밖에 없는 것이, 만약 탄로가 나면 무슨 고역을 치러야 할지 모르기 때문이었다.

　우리는 신체검사를 용산에 있는 일본군 부대에 가서 받아야 했다. 나는 그 날 아침 왼쪽 가슴, 폐가 있는 곳에 일본 군의관이나 위생병이 모를 정도로 연필 가루를 조금 칠해 놓았다. 그 건물에 들어가 보니 안에는 건방진 표정을 한 일본 사병들이 여기저기 서 있었다. 우리들은 일본군의 지시를 받기 시작했다. 그 때에는 사병을 '헤이타이(兵隊, 요즈음 말로 군인)'라고 했지만 이 수기에서는 '사병'이라고 했다. 곧 옷을 다 벗고 군의관이 있는 방으로 가라는 구령이 내렸다. 내 기억에는 내가 갓난아이였을 때 말고는, 벌거숭이로 남 앞에 선 일이 없어서 당황했으나 복종하지 않을 수 없었다. 무척 부끄럽고 수치스러워서 쩔쩔맸지만 어찌할 도리가 없었다.

처음에 위생병들이 겉으로 검사를 하고 다음에 흉부 엑스레이(X-ray)를 찍었다. 나는 누가 연필가루 칠한 것을 알아챌까봐 끝날 때까지 마음이 조마조마 했다. 다행히 피검자가 많아서 위생병들이 우리를 단시간 내에 다 자세히 검사할 수가 없었다. 나는 엑스레이 촬영이 끝나자 가슴에 칠한 연필가루를 손으로 빨리 지워 버렸다. 차례가 와서 한 의무장교한테 갈 때까지 무슨 기적이라도 별안간 일어나,

"너는 집으로 돌아가도 좋다"

라고 하지 않을까 하는 공연한 생각도 머리를 스쳤다. 그러나 그런 기적은 나에게 오지 않았다. 그 군의관이 아래 위를 훑어보고 여기저기 만져보더니 웃으면서 놀리듯 말했다.

"너는 이것을 많이 써 봤구나!"

나는 당황해서 말했다.

"돈데모 나이데쓰!(어처구니 없습니다!)"

"소오카?(그러냐?)"

그는 다시 웃었다. 나는 정말 쥐구멍이라도 있으면 숨어 버리고 싶다고 생각하면서 거기서 뛰어나왔다. 그러니 내가 생각했던 기적은 공중 누각이었다. 그리고 경성고등상업학교의 일본학생들 생각이 났다. 그들은 기회만 있으면 여자하고 관계하는 노래를 부르고 있었다. 나는 그런 것을 듣기만 해도 질색을 했다. 조선학생들은 한 번도 그러는 것을 보지 못했는데, 일본학생들은 왜 그런지 나는 지금까지도 사회학적 해석을 내리지 못하고 있다. 우리가 일본학생들보다 더 보수적일른지는 모른다. 그러나 그들은 다른 점에서 보수적인 것이 많다.

12.
병1종

　며칠 후에, 신체검사 결과의 통지를 받았다. 병1종(丙一種)으로 되었다는 것이었다. 그 때까지도 일본군대에는 갑(甲)종과 을(乙)종만이 입대하게 되어 있었다. 그래서 나의 그 때의 기쁨과 안도감은 표현하기가 힘들다. 물론 부모님한테도 병1종이라는 것을 알려드렸더니 무한히 기뻐하셨다. 무한이라는 말은 합당치도 않을 정도였다. 내가 가슴에 연필가루를 칠하고 신체검사를 받았다는 말씀은 감히 드리지 못했다. 만일 그 말이 새어나가면 큰일 날 것이 뻔했기 때문이었다. 이것은 지금까지 아무한테도 말한 일이 없다.

　그러나 이 기쁨과 승리감은 몇 주일도 못 갔다. 새 법인지 지령인지 모르지만 학병의 입대는 병1종까지 해당한다는 통지를 받았다. 그 때의 나의 낙심과 비관은 이로 표현하기가 힘들었다. 그 때까지 환희에 싸였던 온 집안이 초상난 분위기로 급변해 버렸다. 순식간에 극락에서 지옥으로 떨어진 듯한 느낌이었고, 환희의 절정에서 도탄의 지옥바닥에 떨어졌으니, 내 어찌 운명을 저주 안 하고 못된 일본체제를 저주하지 않을 소이냐! 이런 일이 하필이면 왜 나한테 닥쳐오는지 이해하기가 어려웠다. 내가 신체검사를 부정하게 한 데에 대한 벌을 받는 것이 아닌가 하는 생각까지 들었다. 내가 아는 바로는 나를 제외하고 신체검사를 속인 사람은 한 사람도 없고, 모두들 갑종 아니면 을종으로 합격했다. 그래서 그들은 내가 겪은 환희의 절정에서 비참의 지옥바닥으로 떨어진 경험을 하지 못했을 것이다. 그런 사람이 몇명이나 있었을 것인가? 이처럼 나의 기구한 운명은 계속되었다.

13.
평양으로 가는 열차 안에서

나는 부모님이 건축업 관계로 머물고 있는 온천으로도 유명한 평안 남도 양덕으로 가기로 했다. 양덕은 우리가 기류계(현 주민등록)도 제 출하지 않았기 때문에 우리가 가도 경찰이 모를 것이라고 생각했다. 그 곳에 가서 학병지원의 기한날인 11월 20일까지 있기로 했다.

그 곳으로 출발하기 바로 전날 고향에서 백부님이 별안간 서울에 올라오셨다. 백부님도 나의 학병지원문제 때문에 걱정하고 계셨다. 백 부님은 만사를 간단하게 생각하시기 때문에 우리는 다음과 같은 대화 를 했다.

"학병문제는 어떻게 할 작정이냐?"

"글쎄요. 지원 안 할까 하는데요."

"너에게는 큰일인 줄 안다. 사실 우리한테도 마찬가지다."

"제 생명이 걸려 있습니다. 그러나 말씀대로 우리 집안의 문제이기도 합니다."

"그러나 어떡하겠니? 네가 지원하면 큰일은 큰일이지만 안 할 수도 없는 형편이다. 안 하면 온 집안이 고통을 당할 것이니 어찌한단 말이냐. 또 나갔다가 돌아오면 그것보다 좋은 일이 어디 있겠니?"

"현대전은 철강전이기 때문에 돌아오기 힘들 것입니다."

"그것 참, 큰일 났군. 그러게 왜 1년을 쉰단 말이냐? 멀쩡한 것이 어디가 아프니, 어쩌니 하고 때를 놓쳐서 이 모양 아니냐?"

"할 수 없지 않았습니까?"

"네가 졸업반에 있으면 괜찮지 않으냐?"

"예, 학병령이 그렇다고 해요."

지금은 옳다는 뜻으로 남녀가 대부분 '네'라고 하는데, 그 때에는 남자는 '예'라고만 하고, 여자만이 '네'라고 했다.

"네가 1년 휴학을 안 했으면 졸업 아니냐?"

"예"

나는 백부님 말씀에 동의하지 않을 수가 없었다.

"그저, 시방 아이들은 말을 안 들어서 걱정이야."

"예, 죄송합니다."

나는 대답하기가 힘들었다. 과연 그것이 사실이었다. 폐문임파선염은 대단한 병도 아닌데, 그것을 가장해서 1년 휴학을 했던 것이다. 순식간의 기민한 심리상태, 그리고 그것 때문에 간단히 결정한 일이 이다지도 사람의 장래를 좌우하는 것인가? 우리 운명은 시시각각의 심리에 달린 것 같기도 하다. 나는,

"장래를 위해서 현재를 꼿꼿이 걸으라"

는 금언을 뼈저리게 느꼈다.

"돌다리도 두드리고 건너라"

고 하는 말도 있지 않은가! 물론 나는 그렇게 하는 줄 알았는데, 내가 어찌 이런 사태를 예견할 수 있었겠는가?

이튿날 새벽, 백부님하고 평양행 급행열차를 탔다. 나는 양덕으로 가고 백부님은 황해도 곡산으로 가서서 볼일을 보시고 양덕으로 오실 예정이었다. 급행이어서 그런지, 차내는 초만원으로 복잡하기가 이를 데 없어 앉을 자리도 없었다. 기차가 사리원에 이르러 여객이 많이 내려서야 우리는 겨우 자리를 잡았다. 우리 앞에 한 점잖은 노인과 이화여전 교복을 입은 여학생 한 사람이 있고, 그 옆에 농부 같은 사람이 한 사람 있었다.

머지않아 백부님은 내리셨다. 나는 아무 생각도 없이 수확 후의 전답을 내다보며 가을의 자연을 즐기다가 깜빡 잠이 들었다. 나는 한참 후에 무슨 말소리에 단잠에서 깼다. 앞의 노인이 말한다.

"잘 주무시는 것을 깨워서 미안해요. 평양이 머지 않은데 어디로 가시지요?"

"고맙습니다. 평양으로 해서 양덕까지 갑니다."

밖을 보니 까마귀 떼가 날고 있다. 까마귀는 나쁜 소식을 가지고 온다고 해서 싫어하는 지방이 있는데 나는,

'학병보다 더 나쁜 소식이 어디 있겠느냐'

하고 속으로 생각하며 한숨을 쉬었다. 앞의 노인이 말한다.

"학생 같이 보이는데……"

"예, 그렇습니다."

"집으로 돌아가오?"

"아니요, 집은 아닌데요."

"그럼 어데 가오? 물어 봐서 미안하지만"

"아까도 말씀했지만 양덕에 갑니다."

"거기가 고향이오?"

"아니요, 제 고향은 강원도예요."

"양덕은 그 방향이 아닌데"

"예, 그런데 제 아버님께서 거기서 잠시 사업을 하고 계셔서요. 부모님을 뵈러 가는 길이에요."

"학교에는 안 다니나요?"

"예, 좀 사정이 있어서요."

"학교는 어덴데요?"

"경성고등상업학교입니다."

"좋은 학교라는데"

"천만의 말씀입니다. 뭐 불편한 점도 많아요."

"요새는 그럴 것이겠지. 우리 때와는 시국이 아주 다르니까. 더구나 요새는 학병문제 때문에, 해당 되지 않는 사람도 불안해서, 원 공부가 잘 될려구!"

"예, 이런 때에는 관립학교가 더 어려운 것 같습니다."

"응, 그렇지만 사립학교도 대단한 걸. 저 애가 내 딸인데 이화여전엘 작년에 입학했지만 영문과가 국문과가 되더니, 이젠 무엇이래나?"

이렇게 말하면서 노인은 옆에 앉은 여학생을 가리킨다. 18세쯤 돼 보이는데 용모가 쾌활하다. 나는 말했다.

"예, 그렇습니까? 그 학교는 좋은 학교지만 워낙 주목을 받는 학교여서 성격이 강한 사람은 좀 마음이 괴로울걸요."

이렇게 말하면서 나도 그 여학생을 보았다. 그 여학생은 서슴없이 말한다.

"네, 여간 심하지 않아요. 요새는 그 자들이 간섭하다 못해, 아주 폐교할 모양으로 돼 버렸어요."

"폐교라니요?"

"여태까지 배워온 과목은 거의 다 중지하고, 여자청년훈련소의 교원을 양성한대나요? 그러니 그 기간도 짧을뿐더러 가르치는 게 무엇이 있겠어요? 그래서 웬만한 학생은 다 퇴학하고 그만 집으로 돌아갔어요."

"어? 집에 돌아가면 징용에 걸리지 않을까요?"

"그게 문제지만 모두 여선생을 지원해요. 저도 이번에 퇴학계를 내고 오는데 집에 가도 놀지를 못하겠어요. 그러나 보통학교 선생은 많이 부족한 모양이니 훈도 노릇이나 해볼까 해요. 선생은 징용에 걸리지 않는다니까."

"잘 생각하셨어요. 그러나 여자훈련소 교원으로서의 교육을 받아 가지고 농촌에 가서 무지한 젊은 여성들을 잘 지도하는 게 어떨까요? 일본놈들에게만 맡기지 말고."

"네, 그런 생각을 하고 학교에 남아 있는 친구도 많이 있어요. 그러나 지금 우리가 교육을 더 받으나, 안 받으나 지도하는 데에는 마찬가지고, 지방에 가서 교원이 되더라도 역시 그런 책임을 맡을 것 같아요. 그러니까 1년이나 2년간 공부도 못하면서 허송세월 할수도 없고, 하루라도 빨리 돌아가서 일을 해 보겠다는 사람들이 많아요."

"그것도 그렇군요."

이런 이야기를 하는 동안 조간신문을 보고 있던 노인은 별안간 나에게 그 신문을 보이며 말했다.

"경성고등상업 조선학생들은 모두 지원했다는구만. 모두 학병으로.

메이절을 계기로."

거기에는 그들이 잘하는 기만선전이 게재되어 있었다. 우리 부모님의 동의를 얻어서야 결정하겠다던 것이었는데, 이 모양으로 공공연하게 신문에 게재되다니, 나는 눈앞이 캄캄해졌다. 이게 무슨 꼴이냐? 이 기사를 가지고 다른 학교 동료들을 못살게 굴 것이니, 우리는 사회에 무엇이라고 사과해야 하느냐? 경거망동이라고 책할 것이다.

나는 그 노인의 얼굴을 보기가 거북했다. 더구나 그 이화여전 학생이 눈을 번쩍 뜨고, 그 쾌활하던 얼굴에 어두운 표정을 떼며 나를 쳐다볼 때에 나는 더욱 얼굴을 들 수가 없었다. 고개를 약간 숙이고 발끝만 내려다보고 있는 나한테 노인이 말한다.

"학생도 지원했어요?"

"말하자면 그렇게 됐지요."

"말하자면 이라니요?"

"그들이 강제로 지원하게 했어요."

"강제로요?"

"예, 그렇지만 그렇게 신문에까지 대대적으로 낼 줄은 몰랐어요."

나는 기차 안에 이동경찰이 있을는지 모른다는 것을 알고 있었다. 그러나 그 때에는 그런 사람들은 내 안중에 없었다. 그래서 서슴지 않고 메이지절 식전에 학교에서 일어난 사건을 상세히 설명했다. 그 노인과 여학생과 그 옆에 앉은 중년 농부도 흥미가 있는지 나를 빤히 쳐다보고, 역시 근심스러운 표정으로 말을 들었다. 내 말이 끝나자, 세 사람이 말도 없이 나만 쳐다본다. 농부가 입을 열었다.

"그러니 고양이 앞에 쥐지, 어찌할 도리가 있었겠소이까?"

그리고 그들은 아무 말도 없더니, 그 노인이 이윽고 입을 열었다.

"뭐라고 동정의 말을 해야 할지 모르겠소이다."

"천만의 말씀입니다. 우리는 전부를 숙명이라고 생각하고 있습니다. 그렇지만 어떻게 이것을 유리하게 타개해 나갈 수 있을까 하고 번민 중입니다. 대세는 이미 결정된 것 같습니다. 우리가 도망해도 일개 인이지 전부가 도망할 수도 없는 노릇이고, 만약 그렇다고 해도 그 다음의 문제가 더 어렵고 우리의 책임이 더 중할 것으로 생각됩니다."

이윽고 여학생이 말한다.

"도망할 곳이 어디 있나요? 일본경찰망은 세계에서도 유명하다는 데요."

"그래요. 그러니 대세는 이미 결정됐지요. 개인사정이 있으니까 우리는 각자 최선의 길을 선택할 수밖에 없지요."

노인이 묻는다.

"학생은 그러면 어떻게 할 생각이지요?"

"그게 큰 일입니다. 제가 양덕으로 가는 것도, 부모님이 수일 전에 그리 가셨기 때문에, 거기 가서 부모님하고 상의하려고 해요. 또 곡산에서 오실 백부님하고도 한 자리에 모여서 상의하게 될 것입니다."

"그렇게 해야지요."

"평양에서 며칠 묵고 옷을 갈아입은 다음에, 양덕으로 가서 숨어 있을 생각이에요. 경찰에 기류계도 안 냈으니까, 경찰에서 알지 못하면 이 달 20일경까지만 숨으면 되니까요. 그 후에는 또 다른 데로 피신할 계획입니다. 없는 놈한테 징용장도 안 올 것 아닙니까. 집에도 내 거처를 안 알리고요. 붙잡히면 죽이기야 하겠어요? 부모님만 편안하시면 되지요. 고이소 총독은 조선 정책을 개선한다지만, 얼마나 하겠어요?"

"잡히면 어떻게 해요?"

"죽이기야 하겠어요? 그렇지만 부모님은 관련되시지 않아야지요."

나는 이 말을 나지막한 목소리로 했다. 노인은 고개만 끄덕였다. 창 밖만 바라보고 있던 여학생이 말한다.

"여학생도 뭐니뭐니 해서 마음이 산란한데, 남학생이야 말할 것 있겠습니까? 매우 괴로우실 줄 알아요. 그러나 마음을 크게 잡수시고, 늠름하게 처리하세요. 아무리 약소민족이라고 해도 억울하게 망하지는 않는 법이지요. 일단 하느님이 그것을 허용하시지 않을 것이고 그다지 불공평하게 돌보시지는 않을 거예요."

"고맙습니다. 크리스찬이세요?"

"아니요. 교수님들한테서 바이블(Bible)을 좀 들었어요. 누가 감히 위대한 우주의 의지를 부인할 수 있겠습니까? 저는 예수님의 말씀은 오직 인간의 윤리보다 우주의 위대한 진리와 의지의 표현이라고 봅니다."

"저 역시 그런 해석을 하고 있지만, 면전에 화급한 일을 당하니까, 자연 마음이 초조해지고 그런 것을 생각할 여유가 없지요. 수양 부족이겠지만."

"그럴 리가 있겠어요. 그러나 때로는 크게 생각해서 울분을 바로 정리해야지요."

나는 이 여학생의 구변과 쾌활한 성격에 수양까지 쌓은 듯한 모습에 놀랐다. 노인은 다시 신문만 봤다. 나는 한 역에서 링고 벤토(사과 도시락)를 사서 나누어 먹었다. 그것은 난생 처음 먹어 봤는데 그 찐 사과가 무척 맛이 좋았다. 사과의 본토가 아닌가 하고 감탄했다.

기차는 대동강에 이르렀다. 처음 보는 대동강, 철교, 공장지대의 모든 것에 나는 놀랐다. 그 위대한 자연 속, 대동강을 중심으로 광대히 발전한 공장들, 수십 개의 굴뚝에서 오르는 연기 등이 다 경이의 대상이었다. 자연과 인공이 합한 광경, 그것은 또 하나의 시로도 느낄 수 있었다. 그러면서도 나는 이 광경을 비관적 눈초리로 보았다. 내 심리적 갈등은 물론, 우리 것이 아닌 것이 조선 땅에서 발전하는 것을 보고 기쁘지가 않았다. 고래로 유명한 대동강, 로맨스로 한 역사를 이룬 곳, 또 반만 년의 역사를 같이 하여온 대동강, 그것이 오늘날 일본인들이 지배하는 연기에 더럽혀지는 광경을 보고, 나의 기분은 자연 비관적으로 되어 버렸다. 이런 슬픈 마음은 영등포와 인천공장지대를 견학하였을 때에도 컸지만, 이 곳에서는 그것을 더욱 깊이 느끼고 슬프게 생각했다. 이것은 나 뿐만이 아닐 것이다. 그 여학생도 그럴 것이며, 그도 대동강과 공장들을 오래 내다보고 있었다.

나는 그를 보며 생각했다. 조선문화에 많이 공헌하던 이화여전도 이제는 몰락의 운명을 맞이하고 있지 않은가. 문화는 오직 남자만이 담당할 문제가 아니고, 어느 점으로 보아서는, 여자가 더욱 큰 자각과 인식을 가지고 그 향상에 노력해야 한다. 이화여전은 당시 조선에서 유일한 존재로, 지식층 여성 교육이라는 사명을 다하며, 수많은 인텔리 여성들을 배출해냈다. 그러나 이제는 그것을 탐지한 일본관헌이 갖은 간책으로 그것을 저지하고 있다. 그들은 일본문화를 조선에 이식하려고 노력해 왔으며, 조선문화의 발전을 두려워해 왔다.

그러나 제국주의 일본은 지금까지 학원에는 직접 손을 대지 않았다. 또 일본총독이라도 식견이 있는 자라면 감히 그런 생각을 하지도 못했을 것이다. 그러나 현재의 군인출신 총독은 머리가 단순한 자여서 노골적으로 제국주의를 밀어붙이기만 하지, 그런 판단을 할 정도의 문화인도 아니다. 학원에까지 직접 손을 대고 무단(武斷)정치를 단행하게 된 것이다. 그러나 그것으로 조선문화의 발전을 저지하며, 일방적으로 일본문화를 조선에 이식하고, 우리를 황국신민으로 만들 수 있다고 판단한다면 그것은 세기적 과오라고 단정했다.

압박에 반발하는 저항의식, 기만적 정책을 타파하려는 정의감, 혈통의 순결을 지키려는 정조, 이 모든 덕목을 역사적으로 많은 약소민족에게 볼 수 있거니와, 우리 가슴 속에는 더욱 이런 것을 강하게 느꼈다. 더구나 그 여학생을 볼 때, 압박으로 인하여 몰락과정에 있는 우리 백의민족, 특히 인텔리의 심볼처럼 보였다. 또 그 여학생도 나를 그렇게 봤을 것이며, 그 노인은 안타까운 마음으로 우리 두 사람을 보았을 것이다.

열차는 평양역 플랫폼에 진입했다. 나는 트렁크를 들고 자리에서 일어나서 노인들에게 작별인사를 했다.

"안녕히 가십시오."

나는 오래 사귄 사람하고 헤어지는 것 같았다. 노인이 말한다.

"그러면 편안히 가세요. 그저 무사히 그 일을 해결하길 바래요."

"감사합니다."

여학생이 말한다.

"이야기만 하다가 주소, 성명도 얻지 못하고 결례했어요. 알면 편지라도 올릴텐데."

"천만에요. 제가 오히려 실례했습니다. 그러나 저는 한 군데 편안히 있을 사람도 아니고, 주소 성명을 아셔도 소용이 없을 것이에요. 제가 댁의 주소를 알면 후에 편지라도 올려야 할 텐데. 세월이 좋아지면 또 만날 날이 있겠지요. 그러면 안녕히들 가세요."

나는 물론 그 때 여자를 생각할 처지가 아니고, 여자에 정신을 쓸 여유도 없는 것은 말할 나위도 없었다. 나는 모자를 벗고 인사를 하고 기차에서 내렸다. 그 여자나 노인들은 내 생애로 보면, 길가에서 지나가는 사람들을 잠깐 본 것과 다름이 없다. 그러나 평양은 생소한 곳이어서 그들이 옆에 있었으면 하는 생각도 났다. 그들의 트렁크에 붙은 '안동상점' 그리고 '신경여관'이라는 붉은 종이조각이 머리에서 사라지지 않았다. 만주에 사는 사람들이면 좀 숨겨달라고 떼를 쓸 수도 있었을 텐데, 수줍은 나는 그럴 용기가 나지 않았다. 또 그들도 그런 말은 비추지도 않았다. 인간은 무슨 일이 있어도 자존심이나 자부심을 버리지 못하는 것 같다.

14.
평양에서

평양(平壤)역은 생각하던 것과 달리 간소했다. 목조건물이고, 대합실도 크지 않고 청소도 제대로 되지 않은 허술한 역이었다. 양덕행 기차시간표를 보고 있던 나는,

"여관으로 가시지요? 짐을 이리 주세요."

라고 하는 소리에 놀라서 돌아다보니까, 남루한 옷차림의 어린 사내아이가 서 있었다. 나는 그 순간 여기서 며칠 보낼 생각을 했기 때문에, 트렁크를 얼른 그 소년에게 건네주었다.

역전 풍경도 중부지방보다 달랐다. 사투리도 들리고 서울 길거리에서는 별로 보지도 못하던 떡장수, 사과장수, 엿장수, 밤장수 그 밖의 여러 장수들이 길가에 줄을 지어 있었다. 평양은 그 때 군사도시라고 했는데, 그래서 그런지 말을 탄 일본헌병들이 왔다갔다 했다. 한 미나라이시칸(수습 장교)이 인솔하는 일개 소대도 시가를 행진하고 있었

다. 나는 시골사람처럼 그것을 두리번거리고 구경을 하면서, 짐을 든 소년의 뒤를 따라갔다. 평양 명물인 군밤을 한 봉지 사들고 따라갔다.

평양에서 이틀을 지내며 구경을 잘했다. 하루는 유유히 대동강변과 모란봉을 돌보고, 하루는 기자릉과 시내를 돌아보았다. 대동강변과 모란봉, 그리고 기자릉 부근의 풍경은 참 아름다웠으나, 평양 시내는 남한과 일본의 도시를 많이 본 나에게는 대단치 않았다. 그러나 왜 그런지, 또다시 못 볼 것 같은 기분이 자꾸 들어서 이상하게 느껴졌다. 나는 물론 그 후에 그 곳들을 다시 찾지 못하고 있으니, 이것도 나의 숙명일 것이다.

기자릉을 참배했을 때에는 나의 심리상태가 좀 복잡했었다. 다시 못보겠다는 예감이 드는 동시에, 중국의 은나라 기자가 약 3,000년 전에 망명해 왔다는 역사를 좀 알고 있어서, 우리 조상이라는 감이 별로 나지 않았다. 나는 우리 피에는 만주인과 몽고인의 피가 많지, 중국 피는 아주 적다고 믿고 있었다. 또 한편, 우리 조상이면 왜 우리를 잘 돌보지 못하나 하는 엉뚱한 원망 같은 것도 해보게 되었다.

그러나 참배를 안 할 이유는 없다는 생각이 나서, 진지한 마음으로 참배를 하고 그 자리를 떠났다. 그 능은 퍽 검소했다. 능의 터도 퍽 조그맣고, 안에는 별로 있는 것이 없었으나, 청소는 잘 되어 있었다. 지방인들이 잘 손질해 두었을 것이라고 생각하니 마음이 뿌듯했다. 일본인들이 그것을 크게 개축하거나 널리 광고할 리가 없다고 생각했고, 또 그것이 사실일 것이다.

15.
양덕으로 가다

    평양 구경을 잘하고, 평양역에서 양덕(陽德) 쪽으로 가는 기차를 탔다. 여객들이 때물을 벗지 못한 모습을 보면서 그것이 평원선 주변의 생활상을 보여 주는 것 같다고 생각했다. 감수성이 좀 예민한 나는 그것을 직감하고, 양덕의 순사들도 저렇게 순박하기만을 바랐고, 나도 저런 옷차림을 하고 다녀야 하겠다는 생각을 했다. 그러나 한편으로는

    "촌에서 훈장이 난다"

는 말을 상기하기도 했다.

    평원선은 평양과 원산을 연결하는 철로인데, 개통된지 얼마 되지 않아서 그런지 20년 전의 열차를 연상시켰다. 속도도 느리고, 기관차도 구식이고, 객차도 몇 칸 되지 않았다. 양덕역에는 전깃불이 없어서 일본시대극에서 볼 수 있는 등롱 같은 등불 설비가 되어 있었다. 나는 한편 진심으로 이 철도의 개통을 축하하면서 철로 주변의 저급한 농촌

에 문화 문명의 혜택을 가득 실어다 주기를 바랐다. 조선은 세계 선진국들에 비하면 100년 뒤졌다고 보는 사람들이 많았다. 나는 경제 서적을 조금 본 관계로 그런 것을 생각할 때가 많았는데, 적어도 반세기는 떨어졌다고 생각하고 있었다. 일본의 조선경제 지배에 대해서는 상업학교 재학부터 관심을 가지고 있었기 때문에, 일제의 전제적 지배와 착취에 관해 다른 사람들보다 더욱 반감과 증오를 느끼고 있었다. 자본주의니, 수정자본주의니 또는 산업힙리화니, 싱공병행징책이니 하지만 모두 자기들을 위해 꾸며낸 흉계라고 생각하였는데, 그것이 사실이었다. 나는 속으로 우리 조선동포는 현대적 봉건 농노에 지나지 않는다는 비평을 하고 있었다. 사람들은 다른 나라를 나쁘게 평하는 일이 많지만, 한국은 일본인이나 타국사람들이 내려다보는 정도로 나쁘지 않은 것은 말할 나위도 없었다.

어떤 일본인은 조선의 개명과 발전을 위해서 강점을 한 것이고, 우리를 많이 개방하고 발전시켰다는 망언을 함부로 하고 있다. 누가 그런 일을 해 달라고 그들을 초청한 일이 있느냐? 그들은 이것을 곰곰이 자성해야 할 것이다. 일본의 침략과 착취가 없었으면, 조선은 일본이 해주었다는 것의 수백 배를 더 잘했을 것이고, 매우 빠른 속도로 개명하고 발전했으리라는 것은 말할 나위도 없다. 한국은 한반도의 남쪽만을 차지하고 있지만, 1995년에 한국정부가 발표한 다음의 통계를 봐도 그 급격한 발전상은 확연하다. 이 통계는 1년을 기준으로 했다. 다음 표의 1990년대 통계는 물론 북한을 제외한 것이다.

항목	1940년대	1990년대	증가율
평균수명	43	71	165%
총생산액	14억 달러	3,290억 달러	23,500%
실업률	11.3%	2.4%	-470%
유치원	1,111	8,900	802%
중·고등학교	419	4,460	1,064%
대학(교)	32	626	1,956%
정기 간행물	248	6,995	2,820%
국·공립도서관	21	275	1,309%
라디오 보급률	7%	100%	1,428%
유선전화 보유 가정	44,000	1,600만	36,364%
수출액	72억 달러	44,600억 달러	61,944%
자동차 생산(대수)	0	250만	250만%
자동차 소유자	14,7000	560만	38,095%
시멘트 생산량	11,000톤	4,700만톤	427,272%
전력생산량(kWH)	4억 7900만	144억 4,300만	3,015%
공장	5,249	72,213	1,376%
조선(造船)	8,000	3,400만 톤	435,000%
강철 생산량	8,000	3,300만 톤	4,125,000%

　　이것은 한반도에서 겪은 3년의 치열한 현대전을 고려하면 인류역사
상 최고기록이라고 한다. 일본은 우리를 위해서 이런 발전을 계획하지
도 않았을 것이며, 또 그것을 허용하지도 않았을 것이다. 일본은 한반
도 분단의 책임이 있는 동시에, 36년 동안의 식민통치를 통해서 백의
민족의 경제발전을 저지한 큰 책임도 있다. 또, 1940년대의 32개 대학

은 2년제의 여자교원양성소도 포함한 것 같다. 내 기억에는 정규 전문학교와 대학의 수가 위의 표 수보다 훨씬 적다.

그러나 나는 다음과 같은 희망과 포부를 가지고 있었다. 즉, 경제적으로 보면 조선은 봉건적 착취상태에 놓여 있다. 그러나 경제적 향상의 길이 전혀 없는 것은 아니다. 대자본가가 속출하지는 않겠지만 우리는 거의 각성의 단계에 있으니, 누구를 막론하고 생활수준의 향상에 힘쓸 것이다. 그러면 아주 빈한한 사람은 없을 것이고 전반적 생활수준이 어느 정도 향상할 것이다. 우리는 그것을 장려해야 한다. 그런 데에서 우리 사회개선의 길을 타개할 수밖에 없다. 그러는 동안에 조선문화를 고취하고 일반적 문화수준을 향상시켜야 한다. 문화를 중심으로 할 때에 우리의 각성이 있고 정신적 발전이 있다. 우리는 그것을 신앙화해서 정신적으로 단결해야 한다. 물론 이것은 추상적인 것이고 나에게는 너무 힘겨운 일이다. 그래서 나는 경성고등상업학교 졸업 후에 미국 유학을 계획했던 것이다. 될 수 있는 대로 힘을 양성하자는 것이 목적이었다. 그러나 그것도 학병 관계로 수포로 돌아가고 말았다.

기차는 평양을 떠난지 두어 시간 만에 양덕에 도착했다. 조그만 막사 같은 역에서 복잡한 표정을 하고 계시는 아버님을 맞았다. 낯선 고장에서 아들을 만나는 기쁨과, 학병문제로 아들의 갈 길을 걱정하시는 암담한 표정도 보였다. 나는 뭐라고 해야 할지 몰라서 인사 후에 아무 말도 못했다. 아버님도 아무 말씀도 없으시더니, 말씀을 꺼내셨다.

"잘 왔다. 아직 집을 찾지 못했으니 양덕여관으로 가거라."

"그래요? 그럼 아버님은 어디서 유하시는데요?"

"그 여관이다. 거기 가서 기다려라."

"예. 어머님도 거기 계세요?"

"아니다. 엄마는 2, 3일 후에 온다."

"제가 여기 오는 걸 아시나요?"

"안다. 나는 지금 볼일이 있으니 저녁에 보자."

"예."

그래서 나는 그 여관으로 짐을 들고 갔다. 그 날 밤도 학병문제에 관해서는 부자 간에 아무 말도 없었다. 나는 그 문제 때문에 아버님을 괴롭히기가 싫었고, 또 아버님은 자기의 의사를 밝히시기가 싫으신 모양이었다. 그저 모든 것을 나한테 맡긴다는 눈치였다. 그 날 밤 우리는 온천에 갔다 와서 그 고장의 맛있는 사과를 깎아 먹었지만 학병문제는 꺼내지도 않았다. 이틀 후에, 어머님이 합류하셔서 조그만 셋집으로 이사했다. 어머님도 학병문제는 거론하시지 않았다. 부모님과 나의 침묵 중의 계획은 뻔했다. 즉, 이 낯선 곳에서 학병지원 마감인 11월 20일까지 숨어 보자는 것이고, 그 날만 지나면 퇴학을 하건, 감옥에 가건 좋다는 것이었다. 학교에서 지원서에 서명한 것은 물론 기각할 것이었다.

부친 밑에서 일을 하는 목공들은 경솔한 사람들 같지 않았고, 또 내가 졸업한 줄만 알고 있었다. 나는 학생복을 벗고 명주 바지저고리에 부친의 두루마기를 입고 다녔기 때문에, 아무도 내가 학병지원을 피하기 위해서 숨어 있다는 것을 모를 줄 알았다.

어머님은 곧 오셨는데 앞날 이야기 하시기를 싫어하시고, 그날그날 나하고 이야기하시기를 즐겨하시며, 밤에도 내 옆에서 오래 말씀하시다가 내가 잠이 드는 것을 보시고 아랫방으로 내려가셨다. 나도 어머님과 갖는 시간을 무척 좋아했다. 나는 할 일이 없어서 매일 버스로

온천에 갔다 와서 조그만 시내를 한 바퀴 도는 것이 일과였다. 양덕에
도 서점이 있어서 나는 자주 찾아 갔다. 거기서 스탕달(Stendhal)의
『녹색 사냥꾼』 상·하권을 사서 틈만 있으면 읽었다. 『노서아(러시
아) 삼인집』, 『퀴바디스』, 『참회록』 같은 것들을 서울에서 이미 사서
읽었지만, 가지고 오지 않아서 다시 샀다. 시골 구석에 이런 책들이
있는 것을 보고 놀랐지만, 이곳은 온천으로 유명해서 도시에서 사람들
이 많이 온다는 것을 알고, 그런 책을 사는 사람들도 여러 사람 있으리
라고 생각했다. 그 때에는 큰 도시에만 관·공립 도서관이 있었다.

　나는 양덕에 2개월쯤 있으리라고 생각해서 그런 책들을 샀는데, 그
것은 큰 오산이었다. 그 때에 큰 도시에도 도서관이 하나밖에 없어서
불편했고, 또 책을 잘 빌려 주지 않아서 우리 학생들은 책을 많이 사서
집에 쌓아 두고 읽었다. 그리고 학교 도서관의 책들은 전문과목 도서
가 대부분이어서 자연 우리는 주말에 주로 책방을 돌아다녔다. 내가
입대할 때에 극좌파 책은 없었으나, 일본경찰이 무서워서 수백 권의
책을 궤짝에 잘 싸서 집 뒷산에 감춰두었는데, 일본에서 귀국하니까
그 책들은 어디로 갔는지 흔적도 없었다. 나의 부모님은 학교가 없을
때에 자라셨으나, 한글을 집에서 배우셔서 한글로 된 책은 잘 읽으셨
다. 어머님은 하루 내내 책을 탐독하고 있는 아들의 모습을 보시고
말씀을 꺼내셨다.

　"그만 좀 둬라. 일본글을 그렇게 자꾸 배우면 무엇에 쓰니? 지긋지긋
　하지 않으냐? 공부하는 것을 그렇게 좋아하더니 더 나쁘게 되지 않
　았니?"

　"어머님두 ……"

　"네가 너무 윗학교에 가겠다고 해서 보냈더니 이 지경이 됐다."

"글쎄요, 생각하기에 달렸겠지요."

"학교가 무슨 소용이 있니? 이젠 실컷 놀아라."

"예, 공부하는 게 아니에요. 이것들은 일본글로 썼지만 내용은 서양 것이에요."

"그래도 이젠 그만큼 보면 되지 않니? 네가 너무 글을 좋아하기 때문에 되레 나쁘게 됐다."

"예, 이것은 학교 공부책이 아니고, 어머님이 잘 읽으시는 이야기 책 같은 것이에요."

일본말을 모르시는 어머님께 이렇게 설명해 드리고, 나는 어머님이 계실 때에도 책읽기를 좋아했다. 어머님도 아들이 책 읽는 옆에서 오래 계시고 아들을 쳐다보는 것을 좋아하셨다. 나는 이런 귀여움과 사랑을 받아본 적이 없었던 것 같아 행복했다. 아버님 또는 어머님과 온천에 가고, 또는 셋이서 같이 갈 때도 있었다. 어머님하고 갈 때에는 물론 다른 탕을 썼다. 일본에서는 남녀나 온 가족이 같은 탕에 들어가는 풍습이 있지만, 한반도에서는 생각도 못할 일이다.

양덕읍 뒷산을 넘어서 첩첩 쌓인 산을 돌아가는 담담한 길이, 처음에는 20리나 되는 것처럼 느껴졌으나, 다닐수록 가까워지는 것 같았다. 그래서 나는 5리쯤 되는 길을 어머님하고 아버님하고 이야기하면서 걷는 것을 아주 좋아했다.

수일 후에 황해도 곡산에 가셨던 백부님이 오셨다. 그 날 저녁에 어느 정도 기대했던 파문이 일어났다. 백부님이 말씀하셨다.

"각처에서 야단이더라. 지원 안하고는 도저히 못 견딘다더라. 더구나 집안사람들까지 못살게 굴고 망하게 한다니 되겠니? 어차피 해야 할 일인데 지원하는 게 좋겠다."

"글쎄, 저는 여기서 20일까지 숨어 있을 생각입니다."

"도저히 되지 않을 것을 왜 하겠다고 하니? 너는 왜 고집을 부리는지 모르겠다."

"되지 않긴요. 아무도 모르게 기한까지 숨어 있으면 되는데요."

"그럼 집안식구는 죽던 살던 괜찮단 말이냐?"

백부님은 큰집도 우리 식구로 계산하고 계셨다. 그 때에는 그렇게 생각하는 집안들이 꽤 있었다.

"죽긴 왜 죽어요?"

백부님은 좀 화가 나신 것 같았다.

"그러면 왜 고이소 총독이 무슨 생각으로 가정에까지 영향이 있을 테니 지원하라고 하냐?"

"그 사람이 그런 소리를 했는지는 모르겠습니다만, 그것도 저는 생각하고 있습니다. 그렇지만 가정엔 관계가 없으리라고 믿습니다. 기일만 지나면 되니까요."

백부님은 더 화가 나시는 모양이었다.

"그럼 경찰이 '그렇습니까' 하고 가만둘 줄 아니?"

"설마 죽일라구요? 징역 가라면 가고 때리면 맞지요. 가정엔 무슨 상관 있겠어요?"

"기일 전에 큰 일이 있을 거다. 네 부모가 여기 와 있다는 것은 원산이나 고향의 경찰에서 잘 알고 있을 거고, 네가 여기 왔다면 곧 이리 연락이 올 것은 뻔한 이치가 아니냐? 그것뿐이냐, 나까지 못 살게 굴 것이니 어떡한단 말이냐?"

"가족까지는 손을 대지 않겠지요. 다 죽일 수는 없지 않습니까?"

이렇게 말하면서 나는 분위기를 좀 진정시키고 싶었다.

"너는 너무 어리석다. 저 미친 일본경찰이 무슨 짓을 할지 누가 아니? 가족 친척도 어떻게 할른지 알 수가 없다. 그들이 너를 어느 으슥한 데 끌고 가서 죽일 수도 있다."

"그럴지도 모르지요. 징용을 가라면 가고, 고문을 하면 견디지요. 그렇지만 저를 죽이지는 않을 거예요."

"기한 전에 큰일이 꼭 있을 거다."

"그저 가족을 건드리지 않기만 바라지요."

"또 원산이나 고향의 경찰이 지금은 네가 여기 온 것을 연락해서 모두 알 거다."

"그렇게 생각하세요? 여기 오는 걸 아무한테도 말하지 않았어요."

"벌써 알 거다. 그들의 경찰망을 너도 잘 알잖냐?"

나는 묻지 않을 수가 없었다.

"벌써요? 그렇게 연락이 빨라요?"

"뻔하다. 그것뿐이냐. 그놈들이 나도 잡으러 올게다. 그러면 어찌해야 되냐?"

나는 할말을 잃었다. 결국 백부님은 이 마지막 말씀을 하고 싶었던 것이다. 집안의 장래를 염려하시고 내가 희생이 되기를 암시하시는 데에 대답의 여지가 없었다. 아버님은 그제야 말씀을 하셨다.

"저는 죽어도 도장을 안 찍을 텐데요. 죽일라구요. 그래도 지원제니까 할 수 없는 경우에만 가두든지 때리든지 하겠지요."

"너도 아직 우물 안의 개구리로구나. 시방 각처에서 야단이야. 부모를 잡아다가 죽이느니 살리느니 한다더라. 죽이면 죽었지 별 수 있니?"

"그럼 나도 한 놈 죽이지요. 그놈들 밑에서 이 꼴로 사니, 사나 죽으나 마찬가지 아니에요?"

"나는 못할 것 같다. 더욱 일본인들이 그러는 것도 아니고 조선 순사
가 더 한다더라. 그래서 죽여도 조선사람을 죽이는 것 아니냐?"

"그런 놈일수록 더욱 죽여야지요."

"모르겠다. 당하면 사람을 죽이기도 쉬운 일이 아닐 거다. 또 지원한
다고 모두 죽는 것도 아니고 살아 돌아오면 그 이상 좋은 일이 어디
있겠니? 나간다고 다 죽니? 남자로시 그런데 가보는 것도 좋은 경험
이지. 마음을 널리 먹고 지원해라."

"예."

나는 화제를 돌리기 위해서 이렇게 대답했다. 그리고 너무도 백부님
말씀에 충격을 받고, 밖으로 나가서 여기저기 그저 돌아다녔다. 별이
많은 초겨울의 밤은 차디찼다.

백부님은 나를 친자식처럼 아껴주시고 물심양면으로 도와주셨다.
그런 말씀을 하시는 것도 인간적으로 당연하게도 생각이 되고, 나는
과거의 모든 은혜를 감사하는 한편, 백부모님에게 친애감을 가지고 있
었으나, 아무래도 친부모님 같지는 않았다.

그 이튿날 나는 백부님하고 온천 가는 길을 걸어갔다. 내가 말을
꺼냈다.

"양덕에 손씨가 많다고 들었는데, 몇 집 있는 것 같지만 많지는 않은
것 같아요."

"구읍이 저쪽으로 떨어져 있어서 그렇겠지. 양덕 손씨는 전부터 이
지방의 유력한 집안이기 때문에, 구읍에 자리잡고 있단다. 양구 손
씨보다 인물이 많고 찾아볼 만한 사람이 많다더라. 우리는 서로 연
락은 없으나 종가끼리는 연락이 있을 게다."

백부님은 좀 있다가 다시 입을 여신다.

"이 산 줄기가 유명하단다. 산이 돌고 또 돌고, 그 산을 또 돌고 싸고 있지 않니? 이것이 옛날 학자들이 유명한 산세로 치고 있다고들 그러더라."

학력이 없는 백부님이었지만 기억력이 좋고, 젊었을 때에 방랑을 많이 하셔서 세속적 상식은 풍부하셨다. 백부님은 그 좋은 기억력과 상식으로 처세를 잘 하셨기 때문에 실패가 적고, 주변의 신임이 두터우셨다. 어디 가시든 풍류를 많이 즐기시고 말씀을 재미있게 하셨다. 나는 현대식의 공부만 해서 그런지 백부님의 풍부한 옛날 상식에 놀라지 않을 수가 없었다.

이 곳은 온천고장이어서 골짜기에서 흘러오는 물도 빛이 누렇고, 푸르고, 개울 밑에 깔린 돌도 누렇고 뻘건 앙금이 앉아 있었다. 왼쪽에는 여관이 여러 곳 있고, 일본인들 여관은 조그만 다리를 건너서 좀 높은 곳에 있었다. 나는 일본인들이 호강하고 있는 것을 보면 기분이 좋지 않았다. 약수터에서는 그들을 별로 볼 수가 없는데, 온천에 가면 꼭 그들이 눈에 띄었다. 류머티즘이니, 뭐니 하며 빼빼 마른 다리를 끌고 유카타(목욕시 입는 일본 옷)도 끌다시피 하고 다니는 꼴을 보면 더욱 눈꼴이 시었다. 나는 이런 것을 어떤 때에는 자성하고 큰 사람이 되어야 하겠다고 노력을 해 봤지만 힘이 드는 일이었다.

온천에 닿아서 탕에 들어갔을 때에 백부님이 말씀하셨다.

"군에 가면 제대로 먹지도 못하고, 이렇게 좋은 온천을 보지도 못할 텐데 실컷 먹고 목욕하고 가거라. 몸이 튼튼해야 최후까지 버티다가 돌아오지 않겠니? 너는 겉은 멀쩡한 것 같아도 바른쪽 가슴이 아프니 신경쇠약이니 하면서 학교를 잘 쉬었는데, 안심이 되지 않는다."

"예."

나는 대답을 하고 욕조에 들어앉아서 눈을 감고 나의 운명을 다시 생각해 보려고 했다. 백부님은 벌써 내가 지원하는 것으로 생각하고 계시는 것 같았다. 여하간 나는 내가 걸어온 길을 확실히 기억하고 비평도 할 수 있으나, 다가오는 장래에 관해서는 도무지 막연하기만 했다. 첫째로 암만해도 전쟁터로 끌려갈 것 같아서 생(生)이냐 사(死)냐 하고 물어봤다. 우연도 있겠지만, 아무래도 사(死)가 가까운 것 같았다. 여하간 첫째로 그런 예감도 좀 들었다. 둘째로는 생사 중의 생을 택한다는 것은 말할 나위도 없었다. 물론,

"생사초월즉 이상지경(生死超越卽理想之境)"

이라는 이상론도 있었지만, 나는 아무래도 생을 택하는 것이었다. 수양부족일 것이다. 그러나 앞길이 양양한 청년인 나로서는 가슴속에 잠겨있는 청년의 열정과 힘을 강하게 느끼고 있었으므로, 나는 이것에 충실해야 하겠다고 생각하게 되었다.

이 때 마침 사람들 말소리가 귀에 들린다. 내가 생각하고 있는 문제와 관련이 있어서 그런지, 나의 귀가 그 곳으로 쏠렸다.

"남탕에서 아이 못 낳는 부인이 목욕을 하면 아이를 본대요. 그래서 가끔 부인들이 목욕시간이 지난 다음에 와서, 남탕에서 목욕하기를 요청한대요."

"그럼 남녀공동탕을 만들지."

"일본엔 그런 풍속이 있다지만, 원 여기야"

"하하, 그렇긴 해. 그렇지만 그렇게까지 해서 자식을 낳고 싶단 말인가?"

"그럼은요. 사람은 뭐니뭐니해도, 자식 때문에 살고 있는 게 아니에

요? 자식 때문에 일도 하고."

"그렇긴 해. 그것도 그래."

나는 다시 생각을 계속했다. 나는 아직 자식이 없어서 그 말을 잘 이해하기가 어려웠지만, 그 말이 무엇인지 내 가슴을 찌르는 것을 느꼈다. 그렇다! 나도 당연히 생을 택해야 한다. 나도 자식이다. 집에는 나하고 누이 하나밖에 없는데, 나마저 전쟁터로 가면 부모님은 어찌 될 것인가? 나는 최후까지 싸워야 하겠다. 그래서 생을 취하고 부모님과 같이 있어야 한다. 기어코 이런 결론에 다다랐다.

나는 생각을 다시 했다. 만약 나 같은 사람이 많아서, 고이소 총독 말마따나 우리 조선민족 위에 상상할 수 없는 고통이 온다면 어떻게 하겠느냐? 책망이 당연히 우리 위에 올 것이니, 나의 희생이 우리 민족의 행운의 계기가 될 날이 있지 않을까? 그렇다면 나는 당연히 전쟁터로 가야 한다. 그러나 부모님은 어떻게 하고? 여기서 또한 해결할 수 없는 딜레마에 빠져 버렸다.

목욕을 마치고 백부님과 산길을 돌아서 귀로에 올랐다. 조금 가다가 여관 앞에서 경성고등상업학교의 선배를 만났다. 나를 보고 자기 방으로 들어오라고 한다. 백부님하고 같이 들어가서 이야기를 시작했는데, 화제는 자연 학병으로 돌아갔다. 그 선배가 말한다.

"억울하지요. 그러나 약소민족의 운명이니 지원 안 하면 안 될 걸요."

"그럼 제가 일본을 위해서 죽어도 좋다는 말씀인가요?"

"할 수 없는 경우에는 생사를 하늘에 맡기고 나가시지요. 인명은 재천이라고 하니, 다만 인텔리로서 최후까지 조선사람이라는 지각만 잃지 않고 행동하면 됩니다."

"예, 감사합니다. 형에게는 자세히 말씀 안 해도 잘 이해하실 줄 압니다만, 저는 가족과 민족 사이에 서서 어떻게 해결해야 할는지 고민하고 있습니다."

"그것은 우리 민족 공통의 설움이지요. 둘을 완전히 부합시킬 수 있다면 아무 문제도 없고 행복하게요? 그러나 우리는 그렇지 못할 운명 속에 있는 것이니까, 그 중에서 나은 것을 취해야 하겠지요."

"그게 그렇게 쉬운 일이 아닌데요."

"예, 그렇지만 좀 생각을 해야지요. 예를 들면 저는 동양척식회사라는 농민의 이해와는 전혀 반대의 입장에 있는 일본인들 정책의 첨단을 가는 회사의 사원이 돼 있으나, 나는 조선농민의 부담이 적도록 노력하고 있어요. 그래서 일본인들과 충돌이 많아요. 무산지대의 농민이주에 대해서도 일본인들이 선전을 많이 해서 그 곳으로 3남 지방의 빈농을 몰아넣지요. 거기 가보면 눈물겨운 일이 많아요. 소, 돼지 이하의 취급을 받을 때가 많지요. 그렇지만 우리가 많이 애를 쓰고, 논쟁까지 해가면서 그들의 대우를 개선하려고 해요."

"아, 그래요. 전 처음 듣습니다."

"그러니까 제가 학병을 지원해라 말아라 할 자격은 없습니다. 요는 지원하나 안 하나, 조선사람이라는 자각만 있다면 좋다고 생각합니다. 전쟁터에 나가서 조선사람답게 굴면 되는 것이고, 지원하더라도 생명에 급급해 하는 이기주의자라면, 그것은 민족적으로 유해무익한 존재지요."

"글쎄요. 그런 것은 알지만 생사문제가 아니예요?"

"형은 그렇게 생명에 집착하시오?"

"애매한 죽음을 할 필요가 어디 있느냐는 것이지요. 저는 의미가 없다고 보는데요."

"저는 조선학생 근 2,000명이 일본군에 편입된다는 것이 절대로 무의미한 일이라고 생각하지 않고, 또 그 중에 희생자가 난다 해도 그것은 귀중한 희생이 되리라고 생각합니다."

"글쎄 그런 결과를 예상할 수 있다면 상관이 없습니다만, 저는 도저히 우리가 뜻있는 죽음을 하리라고는 생각하지 않아요."

"생각하게 달렸겠지요. 우리 운명의 과반은 그 놈들이 지배하는 것이니까 우리는 거기서 최선을 다할 수밖에 없겠지요."

"물론 그렇습니다. 그런데 휴양 오셨어요?"

나는 결국 그 사람의 말도 역시 추상론에 지나지 못하고, 내가 직면한 현실의 고뇌를 체득하지 못하는 이상, 무리한 일도 아닐 것이라고 생각하고 화제를 돌렸다. 그는 또 말하는 것이 친일파 같은 인상도 주었다.

조금 있다가 그 여관을 나왔지만 나는 또 우울한 생각에 잠겼다. 물론 내일에 관한 것은 나 자신이 바르게 해결해야 한다는 것은 뻔했다. 그 선배도 남의 일이니까 추상적인 말만 하는 것이다. '한'이란 우리학교 선배도 처음에 신문지상에는 충성이니, 지상의 영광이니 떠들고 지원하겠다고 했으나, 졸업 후에 취직한 사람은 지원 안해도 된다는 것을 알고 가정형편을 구실로 취소했다고 한다. 그 자의 모순, 표리부동한 언행은 용서치 못할 비인격적 행위라고 볼 수밖에 없었다.

"한이란 사람도 자기 일이니까 그 모양이로구나"

하고 한숨을 쉬며 중절모자를 벗고 좌우의 짙은 가을 빛을 돌아다봤다. 후에 안 일이지만 그 사람도 결국 기일 직전에 일본군에 끌려갔다는 말을 듣고 속이 시원했다.

온천에 오가는 길에서는 빈틈없이 서 있는 소나무와 단풍이 양쪽에 보이고 그 사이를 누렇고 검은 온천물이 흘러서 나의 마음을 더욱 우울하게 했다.

16.
도장을 다시 찍어요?

"이 집 학생 있습니까?"
라고 하며 방 밖에서 물어보는 남자의 목소리가 들렸다.
"누구 말씀이지요?"
하고 집주인의 부인이 물었다.
"며칠 전에 온 학생 말이오."
"어데서요?"
"서울서요."
목소리가 집마당 왼쪽에서 들려왔다. 나는 이런 일이 있으리라고는
생각하지 못해서 놀라지 않을 수 없었다. 우리는 육감적으로 순사가
아닌가 했다.
"야, 순사가 왔나 보다."
라고 하시며 어머님은 책을 읽고 있는 나에게 말씀하신다. 나는 눈을

둥그렇게 떴다.

"이 집 학생이 지금 있지요?"

어머님과 나는 대답을 안하고, 올 것이 왔구나 하는 낯빛으로 방 안에서 가만히 다음 말을 기다렸다.

"예, 아마 있나 봐요."

"어디요?"

"저 방에요."

라고 집주인 아주머니가 말한다. 그들은 내 방 바로 앞에 온 것 같았다.

"학생, 계세요?"

방문 바로 밖에 와서 하는 말에, 나는 하는 수 없이 문을 열고 나갔다. 사복형사 한 사람과 순사 한 사람이 서 있었다. 두사람 모두 조선 사람이었다. 나는 물었다.

"무슨 일이지요?"

"물어볼 일이 있으니 서까지 와주시지요."

"무슨 이야긴지 여기서 하시지요."

"아니요. 경부가 좀 오래요."

"그래요? 뒤따라 가지요."

"그럼, 곧 와주십시오."

"그러지요."

이렇게 대답하고 나는 방에 들어가서 다시 책을 읽는다. 나는 어머니를 너무 걱정시키지 않게 하려고 그랬으나, 여러가지 생각이 내 머리를 스쳐 갔다.

"애, 안 가도 되니?"

어머님은 걱정스러운 모양이었다. 한 시간 후에 순사가 한 사람 또 와서 재촉하는 바람에 나는 하는 수 없이 경찰서에 가기로 했다. 어머님은 같이 따라 오시려고 했지만 내가 말렸다. 어머님은 마당을 왔다 갔다하시고 이웃 부인들과 말씀을 하시면서 내가 돌아오기를 기다리셨다는 말을 후에 들었다.

나는 양덕경찰서라는 간판을 붙인 거무죽죽한 건물 속으로 들어갔다. 거기에 들어서자마자 어느 부인의 고함치는 소리가 들려왔다.

"나는 죽어도 못 보내요. 나는 그 아들 내놓고는 못 살아요. 내 아들
이 가면 나는 죽을래요. 영감 죽은 것만 해도 원통한데 그 애까지
보내면 난 죽어요. 그 아이는 죽어도 못 보내요."

라고 하며 발을 동동 구르는 소리가 밖에까지 들려왔다.

"왜 그것을 몰라요? 몇 번 말했는데."

나도 그 부인의 고충을 짐작할 수 있었다. 들은 바에 의하면 양덕읍에 학병 해당자가 나 외에 두 사람이 있었는데, 한 사람은 목재소의 아들이었다. 그는 서울 어느 전문학교 재학생이라고 했다. 그리고 그는 부친이 수만 원을 주고 아무데든지 가서 숨으라고 해서 어디론가 사라졌다고 했다. 그 때의 한 달 하숙비가 30원 정도였으니까 이것은 아주 큰돈이었다. 그가 어디 갔는지 모르지만 나는 그가 부러웠다. 경찰이 나를 추적하기 전에 우리는 왜 그런 생각을 못했는지 알 수가 없었다. 하기는 우리 아버님은 그럴 만큼 돈 여유가 없었다. 내가 아무 데로나 도망할 수 있었겠지만, 내가 만주로 피신하기 전에는 일경에 붙잡힐 것이 뻔하다는 나름대로의 생각도 하고 있었다.

그리고 오늘 경찰서에 와서 날뛰는 아주머니의 아들은 도쿄의 어느 대학을 다니다가 귀향했다고 하는데, 그 부친은 죽은지 몇 달밖에 안

되고, 모친과 여동생이 하나 있는 딱한 집안이었다. 그 학생이 출정하면 기둥을 잃은 꼴이었다. 또 요란한 울음소리와 발버둥치는 소리가 들리더니, 조용한 남자의 목소리가 들린다.

"좀 진정하시고 잘 생각하세요."

또 큰 목소리와 마룻바닥을 구르는 소리가 들린다.

"무엇 때문에 세 번, 네 번 호출해서 도장을 찍으라고 하는 것이지요? 우리 집안은 잘 아다시피 그 애를 내놓으면 망하는 집안인데 왜 못 견디게 굴어요. 절대 도장 못 찍겠소. 지원이면 지원이지 왜 이렇게 못살게 굴어요. 아, 이놈의 망할 팔자야!"

사무실에 들어가보니, 여자 한 사람이 한숨을 쉬면서 마룻바닥에 앉아서 눈물을 흘리고 있었다. 어린애를 업은 50세쯤 되어 보이는 부인이었다. 그 여자가 다시 소리지른다.

"왜 나를 세 번, 네 번 오라고 해서, 자꾸 도장을 찍으라고 해요?"

그 앞의 순경 같은 사람이 말한다.

"그게 우리 일이에요. 할 수 없잖아요?"

"우리는 그 아이 없이는 살 수가 없어요! 왜 그것을 몰라요?"

순사들이 수군댄다. 조선사람 두명이 수군대는 꼴을 보니 나는 더 화가 났다. 그들 중의 한 사람이 다른 순사한테 말한다.

"정신 없이 떠들고 있으니 오늘은 그만 보내지요. 학생을 불러서 잘 말해 봅시다. 학생이 응하면 그만 아니오?"

이렇게 합의하고 일본인 경부한테 가서 전했는지 몇분 후에 그 부인을 집으로 돌려보냈다. 그 부인은 흩어진 옷과 머리를 가다듬지도 않고 눈물을 흘리면서 밖으로 나가며 말한다.

"죽어도 나는 도장은 못 찍겠소. 아, 이게 무슨 원수란 말인가! 이게 무슨 팔잔가!"

그 부인이 힘없이 더듬더듬 정문으로 나가는 것을 바라보고 나는 무척 화가 났다. 순사라고 하지만 동족인데 어떻게 저렇게 구나하고 분노했으나 그 부인을 도와줄 길이 없었다. 기일까지 그 여자와 그 아들이 도장을 안 찍기를 바랐다. 나는 며칠 후에 양덕을 떠났는데, 그 때까지 그 학생이 어떻게 됐는지 알지 못했다. 지금까지도 궁금하다.

그 여자를 보내고 순사 한 사람이 내 신분을 확인한 다음, 나를 일본인 경부에게 안내했다. 나는 이 순사들이 그 학생의 어머니를 못살게 굴면서 왜 나의 경우에는 나를 추궁하는지 궁금했다. 그 학생이 경찰과 협력을 안 하니까 그의 어머니를 귀찮게 구는 것이라고 생각했다.

그 경부는 나한테 일본말로 묻는다.

"경성고등상업의 히로하라(廣原)씨지요?"

"그런데요."

"왜 고향에 가지 않고 여기 왔지요?"

"여기 부모님께서 오셔서요."

"그분들이 왜 여기 오셨지요?"

그 이유를 벌써 알고 있을 터이지만, 나는 대답하지 않을 수가 없었다.

"벌써 아시겠지만, 최근에 여기 건축공사를 하나 맡으셨어요."

"당신 고향에서 연락이 있어서 좀 들어오라고 했어요."

"내 고향의 경찰서요?"

"예!"

"왜요?"

"여하간 학생은 학병을 지원했어요, 안 했어요?"

"아니요, 그러나 학교에서 가서명 같은 것을 했는데요."

"이 서류를 다시 쓰고 여기 도장을 찍는 것이 어떨까요?"

"부모님하고 상의해야 하겠어요."

"부모와의 상의는 소용없어요."

"왜요?"

"당신의 의사만 표시하면 되니까요."

"동양사람이 어떻게 그렇게 말합니까?"

"부모의 의사는 우리가 후에 접촉해서 알아볼 테니까 그렇게 아세요."

"솔직히 말하면 제 부모님은 학병문제를 좋아하시지 않습니다. 내가 전선에 가서 죽는 것을 원하시지 않으시니까요."

"죽어요?"

"늘 그럴 가능성이 있잖아요?"

"예, 그러나 확률이 아주 적지요."

"여하간 우리는 그것을 걱정 안 할 수가 없어요."

나는 부모님과 상의해야 한다고 하면서, 부모님은 벌써 나를 보내지 않기로 결정하셨다고 하는 모순적인 말을 했지만, 그들은 그것에 그리 신경을 쓰지 않았다.

"그러면 당신의 의사는?"

"그것은 부모님하고 상의를 해야 하잖아요? 부모님이 아무리 나의 의사를 존중하신다 해도, 부모님과 가정형편과 내 장래를 상의 안 올릴 수가 없잖아요. 그렇지 않아요?"

"글쎄"

"당신이 나의 입장에 있으면 그러지 않을까요?"

"그래요? 그러면 당신은 이 학병제도를 지지해요, 안 해요?"

"지지하는 것이 의무인가요?"

"그게 무슨 뜻이지요?"

"무슨 일이 있던 그것을 지지하라는 것이 아니예요?"

"아니요, 무턱대고 또는 의무적으로 찬성하라는 말이 아니라, 국민의 입장으로서 어떻게 생각하느냐는 것이지요. 천황의 뜻이니 지지해야지요. 천황의 신민으로서 어떻게 생각하느냐는 말이예요."

그는 기어코 천황을 끄집어냈다. 나는 말했다.

"찬성도 반대도 없겠지요. 신문에 난 그대로가 아니예요?"

"그러면 대찬성 아니예요? 찬성이라고 하면 지원해야 하겠지요. 가정 형편이라든가 건강상황을 초월해서……"

"왜요?"

"당신 겨레를 돌보아 줄 일본을 위해서 지원하는 거니까요."

"그건 잘 모르겠는데요."

"고이소 총독이 그렇게 하겠다고 말했으니까요."

"모든 조건을 제쳐놓고 지원하라는 것이 아니예요? 그저 지원서를 쓰라는 것이지요?"

"우리가 묻는 것이 그것이예요. 가정에 묻는 것도 그렇구요. 그러니 이 용지에 도장을 찍어요. 더 생각할 여지도 없고 시간도 얼마 남지 않았어요."

"그렇겐 안 됩니다. 자진해서 날인 안 하면 그게 무슨 지원서예요? 뭐니 뭐니 해도 이런 중요한 것을, 형식적으로 결정한다는 것은 저는 못하겠습니다."

"그럼, 어떻게 하겠다는 거요?"

"아직 일주일이 남아 있는데, 서두를 필요도 없지 않아요? 도망도 않고 숨지도 않고 여기 있을 테니 시간 여유를 좀 주시지요."

"시간이 얼마나 필요해요?"

"한 2, 3일은 필요하지 않아요?"

"그럼 이틀을 드릴 테니 그 때에는 확답을 주시겠지요?"

"그러지요."

이런 대결을 하고 집으로 돌아왔다. 이 대결은 생각했던 것처럼 험하지는 않았다. 문 밖에서 다른 부인네와 말씀하고 계시던 어머니가 나를 보시고 쫓아와서 물으신다.

"뭐라니? 뭐라고 하더냐?"

"학병문제예요. 이틀 있다가 대답해 주겠다고 말했어요."

이렇게 대답하고 방으로 들어왔더니, 어머님이 다과를 가지고 오셨다.

"애, 이런 전보가 왔다."

그것을 보니,

"학병지원을 통보하라"

고 써 있었다. 어머님은 기다리지 못하시고 물으셨다.

"그것이 무엇에 관한 거냐?"

"아무 것도 아니예요?"

"아무 것도 아닌데 전보가 와?"

"예, 그저 제 성적에 관한 것이에요."

"이상하다. 애, 그것 때문에 전보를 보내?"

"무슨 잘못이 있었대요."

이 지경에서 나는 거짓말을 안 할 수가 없었다. 다른 때에는 거짓말을 안 하겠지만, 사정이 사정이니만큼 일을 더 악화시키고 싶지 않았다. 그 전보는 경성상업고등학교의 가네야스 교장한테서 온 전보였다. 나는 그것을 책 안에 꽂고 책을 읽기 시작했다. 한참 후에 나는 밖에 나가서 내 처지를 다시 곰곰 생각 하면서 시가지를 한 바퀴 돌고 왔다. 그러나 나의 긴급하고 곤란한 문제에 대한 확답은 나오지 않았다. 그 전보는 우리를 추적하고 있다는 것을 알리는 것에 불과하다고 생각하고, 답신을 보내지 않았다. 또 경찰이 학교와 벌써 연락이 있었을 것이었다.

물론 나는 고뇌가 심했다. 기로에 서서 어느 것을 택할 것인지 결정을 하기가 어려웠다. 이틀 후에는 답을 줘야 하는데 확답이 나오지 않았다. 다시 지원서를 안 쓴다는 결심은 되어 있었으나, 여러가지 여건을 고려해야 했다. 다시 지원서를 쓰라는 것은 나를 추적하고 있는 동시에, 내가 부모님하고 상의했다는 것으로 간주하겠다는 것처럼 해석되었다. 나의 부모님하고 싸우는 것도 피하자는 것이었을 것이다. 하는 짓들이 이상하다고 생각했지만 어찌할 도리가 없었다. 사실 그들은 끝끝내 나의 부모님은 접촉도 하지 않았다. 그 날 저녁에 부친하고 상의했다.

"어떻게 하면 좋겠습니까?"

"글쎄 누가 아니?"

"그럼 어떻게 하면 좋겠습니까?"

"나는 절대로 도장을 찍고 싶지 않다. 그렇지만 대세가 이미 지원 쪽으로 쏠리고 있으니 어찌한단 말이냐?"

"그럼 지원하란 말씀입니까?"

"나도 잘 모르겠다. 그저 고등상업학교나 졸업하고 그만두라고 했더니, 말을 안 듣고 이렇게 속을 썩이는구나."

"죄송합니다. 일이 이렇게 될 줄은 몰랐습니다."

화풀이를 나한테 하시는 것 같았다. 그러나 고등상업학교에 가지 말라고 말씀하신 일은 없었다. 그렇다고 그것을 가지고 말대답을 하고 싶지 않았다. 가만히 계시던 어머님이 말씀하신다.

"그렇기도 하다. 모두 가는데 너만 안 가면 되니? 다들 생각이 있어서 하는게 아니겠니?"

세상일을 잘 모르시는 어머님은 남이 모두 지원하년 나도 지원해야 한다고 생각하신다. 그것이 어머님 처세관의 거의 전부였다. 그런 뜻으로 나를 기르시고 교육을 해오셨다. 남이 돈을 내면 뒤떨어지지 않게 내시고, 남이 양복을 입으면 나도 꼭 양복을 입어야 하고, 남의 부모가 학교를 방문하면 어머님도 꼭 가셨다. 나도 이런 처세관을 중시하게 되었고 당연한 것이라고 생각해 왔다. 군중심리가 아니지만 나는 학생 전반의 동향을 무시할 수가 없다고 생각했다. 그들은 조선을 위해서 지원한 것이 아닌가? 최모씨, 이모씨, 여모씨 처럼 과거에 일제와 맹렬히 싸워오던 선배들이,

"백의민족을 위해서 지원하라!"

고 권고하고 있지 않은가? 물론 그들의 뜻은 여러가지로 해석할 수 있다. 그 뜻을 생각해 보면 대략 두 가지로 볼 수 있었다. 첫째로 고이소 총독의 말처럼, 학병지원자가 적으면 우리 민족이 장래에 막대한 고통을 겪고, 힘겨운 말로를 밟을 것이니, 전민족을 살리기 위해서 지원함으로써, 우리 민족의 존속에 이바지하라는 것이다. 나는 여씨가 이 입장을 주장하고 있다고 생각했다. 여씨가 경성일보에 한번 낸 기사를 읽고 그렇게 분류했고, 지원을 한다면 그 해석이 옳다고 생각했다. 나는 일제가 우리 민생을 계획적으로 향상시키리라고는 믿지 않았다.

최근에 안 일이지만, 일본이 1945년 8월 18일에 조선의 지식층을 모두 학살할 계획을 하고 있었다는 서류가 발견되었다고 한다. 참 엄청난 일이다. 그러니 이것은 앞의 제일의 의견이 옳았다는 것을 증명해 주고도 남는다.

둘째 의견은 장차 일본이 승리하면 조선민족에 대한 대우가 조금 좋아질 것이라는 것이다. 즉 이 전쟁에 물심양면으로 적극적으로 협력하면, 조선인의 입장을 정치적으로 향상시켜, 우리의 생명을 일본제국주의에 부합시키고, 발전시킨다는 적극적 협력주의였다. 사실 고이소 총독도 그렇게 말했다고 한다. 그 때의 유일한 조선역사가라고 존경받던 최모씨나 뛰어난 애국작가로 온 백성의 사랑을 받던 이모씨는 두번째 입장을 주장하고 있었다. 나는 이 견해를 지지할 수가 없었다.

물론 제일, 제이의 의견에 흡사한 다른 의견들이 있었으나, 우리는 여러 가지 의견을 모두 위와 같이 둘로 나누고 있었다. 그래서 나는 여러 학생들이 지원 안 하는 것이 좋겠다고 생각하는 한편, 우리 민족의 장래를 근심하고 있었다. 이 당시 대부분의 학생들이 지원을 했는데, 모두 제일의 해석을 지지하고, 제이의 해석 때문에 지원한 사람은 적다고 생각한다. 우리가 지원 안 하면 백의민족의 앞날이 암담하고 비참하겠다는 의견이 지배적이었다.

나는 첫째 의견을 지지하기 때문에 고민을 했다. 일본인들이 우리 민생의 향상을 위해 우리 지원을 강요한다는 의견은 납득이 가지 않았다. 우리의 입장은 하늘과 사람들이 동정하리라고 생각할 수밖에 없었다.

그 이튿날 나는 종일 명상과 공상에 빠져 있었다. 나는 결국 우리 민족의 민생향상보다, 민족의 생명유지를 위해서 지원하는 것도 일리가 있다고 생각했다. 그러나 나의 개인주의도 약하지 않고, 또 나나 나의 가족을 먼저 생각하는 것이 합리적이라고 생각해서 저항을 해보기로 했다.

나는 만주국이나 중국에 친척이나 아는 사람이 없어서 그리 피신할 입장도 아니었다. 국내의 다른 곳으로 도망할 생각도 했으나 외국으로 가지 않는 한 소용이 없다는 결론을 내렸다. 나는 약속대로 이틀 후, 경찰서를 찾아갔다. 안내를 받고 한 방으로 들어가서 좀 기다렸더니 사복 형사 두 명이 들어왔다. 확실하지는 않으나 한 사람은 조선사람 같았고, 또 한 사람은 일본사람임이 틀림없었다.

나는 험악한 대결을 각오했었는데, 처음부터 끝까지 두사람 모두 언행을 예의 바르게 하면서 온순한 음성으로 대해 주어서 고마웠다. 대화의 내용은 전과 같았고, 간단히 말하면 서울학교의 교련교관들이 한 말과 똑같았다. 부모님의 의사는 자기들이 후에 연락해서 문의할 터이니, 우선 나의 의사를 먼저 표시하라는 것이었다. 나는 그 자리에서 그들의 전국적 전략을 보는 것 같은 느낌을 금할 수가 없었으며, 그런 전략 앞에서 내가 얼마나 무력한가를 느끼지 않을 수가 없었다. 내가 서울에서 이미 지원서를 써냈다고 말했지만 소용이 없었다. 나는 그들도 점수를 따려고 한다는 해석도 했다. 그들은 결국 내 부모님의 의사는 끝내 물어보지도 않으면서 그런 말을 했다. 그것은 그들이 전국적으로 학병 해당자의 부모들을 접촉해 보았으나 실패를 많이 하여 그 방법을 포기한 것으로 해석됐다. 그리고 학생들한테 두 번째 도장을 찍게 함으로써 그것을 대신할 계획이라고, 내 나름대로의 결론을 내리고 있었다.

이말저말을 하며 조금 시간을 끌었으나 소용이 없었다. 기어코 항복하고 입대하겠다는 의사표시를 하고 무거운 마음으로 경찰서를 나왔다. 서울에서 지원서를 썼을 때와 이 때의 암담하고 비참한 마음을 이해할 수 있는 사람이 몇명이나 있을 것인가! 그러나 그 때 내 마음 한구석에서는 이상하게도 내가 절대로 죽지 않고 귀국하리라는 예감 같은 것이 있었으며 그것을 지울 수가 없었다. 더 이상 양덕에 주저앉아서 부모님의 고민하시는 것을 보기도 어려웠다.

지금도 잊지 못할 것은 그 때의 어머님이다. 총각으로 입대하면 여자도 모르고 죽을까봐 은근히 여자를 소개해 주시려고 애쓰신 일이다. 나는 결혼도 안 한 녀석이 부모님 코 앞에서 여자와 관계하는 것도 안 될일 같아서, 그저 모르는 척 할 수밖에 없었다. 이런 것은 물론 부모님이 서로 상의하셨을 것이다. 여하간 부모님의 그런 배려를 지금까지도 감사하여 마지않는다.

17.
귀여운 보통학교(초등학교) 학생들의 환송

　나는 여름방학이면 가끔 강원도 금성군에서 양조장을 하시는 백부님 댁에 가서, 일이 있으면 도와드리면서 시간을 보냈다. 북한강의 조용하고 조그마한 동네에 자리잡은 백부님은 경제적으로 여유는 있었으나 아들이 없어서 소실을 둘이나 두고 계셨다. 딸은 셋 있었으나 아들이 없어서 나는 우리 집안의 총애를 받고 있었다. 결국 소실 한 분한테서 아들을 하나 얻으셨지만, 그 아이가 태어난 후에도 모두가 나를 왕자처럼 대해 주셨다. 그 사촌이 둔해서 학교의 성적이 나빴고, 나는 성적이 좋아서 더욱 귀여움을 받고 자랐다. 물론 나는 월등한 수재가 아니었는데도 그런 대우를 받고 있었다. 그래서 나는 입대 전에 그곳에 가서 시간을 좀 보내고 싶었다. 물론 부모님도 조금 후에 그리 합류하셨다.

　입대할 날이 가까와지니 백부님 동네사람들이 조그만 술잔치를 베

풀고 아버님과 나를 초대했다. 백부님은 술도 안 드시고 또 나이가 그 마을에서 제일 많으셔서, 사람들이 술좌석에는 청하지 않았다. 나이 좀 많은 사람이 여럿 있었고 젊은 사람도 몇명 있었지만, 물론 흥겨운 잔치가 될 리가 없었다. 조용히들 이야기하고 내 생명을 걱정하는 분위기였다. 나는 여러 사람들이 주는 술을 많이 받았으나, 모두 마시지는 못하고, 술상 밑에 장만한 조그만 그릇에 부을 수밖에 없었다. 모두들 그것을 책하지 않았다.

어떤 한 사람이 아버님보고 나한테 술을 한 잔 따르시라고 했다. 나도 아버님도 기대치 않았던 일이었지만, 그것이 마지막인지도 모른다는 말이 그럴듯해서 아버님이 한 잔 주셨다. 지금은 모르겠지만, 그 때에는 부친 면전에서 술을 마신다는 것은 금기였다. 그래서 나는 하는 수 없이 돌아앉아서 마셨는데, 그 때의 기분은 대단히 거북했다.

그럭저럭 출발할 날인 1944년 정월 19일이 닥쳐왔다. 입대하는 곳은 용산이고, 입대하는 날은 20일이었다. 정월이어서 몹시 추웠고, 바람까지 좀 부는 날이어서 일어나기도 싫었다. 따뜻한 방에서 나간다는 것조차 싫은 그런 날씨였다. 그러나 운명의 날은 무자비했다. 내 운명을 무슨 계략으로 바꾸고 무슨 힘으로 반항하리오! 부처님은 나한테서 멀뿐더러 나를 돌보는 존재로 생각되지 않았다. 그래서 그저 막연히 잘 모르는 하늘에게 맡길 수밖에 없다고 생각했다. 그러나 그가 누군지, 나한테 미소를 던져 줄 것인지, 고생을 시킬 것인지, 알 길이 없었다. 그러니 도살장에 끌려가는 소하고 다를 바가 없었다. 이런 쓸데없는 생각을 하면서 나는 방 안에서 부스럭거리며 출발준비를 하고 있었다.

어머님은 벌써 일어나셔서 아침준비를 하고 계셨다. 그것도 내가 돌아오지 못하면, 어머님이 해 주시는 마지막 식사라고 생각하니, 또 속으로 눈물이 나왔다. 어머님이 손수 지어 주시는 밥을 마지막으로 먹으면서 가슴을 찢는 것 같은 순간을 맞으리라고는 생각도 못했었다. 나를 낳아 주시고, 키워 주시고, 매일 정성을 다하여서 밥을 손수 지어 주시고, 사랑해 주신 어머님이 지어 주신 아침을 마지막으로 먹다니! 그것이 목으로 넘어갈 리가 없고 소화가 잘 될리가 없었다. 어머님을 보아서 억지로 좀 먹고, 말할 기분도 없는데도, 억지로 이말저말 해가며, 우리 가족과 백부님 가족과 같이 식사를 했다. 부모님은 내기 서울서 일본으로 가는 차가 떠날 때까지 내 곁에 같이 계셨지만, 여관생활을 하셨으니까 이것이 어머님이 지어 주신 입대 전의 마지막 식사였다. 어머님은 아무 말씀도 안 하시고 아들 앞에서 우시지는 않았지만, 혼자 뒤로 가서서 우셨을 것이다. 그런 어머님이 전쟁 후, 내가 미국에 와서 사는 동안에 뇌일혈로 별안간 돌아가시는 바람에, 임종도 지켜 드리지 못해서, 나의 풀 수 없는 일생의 한이 되고 말았다. 나는 지금도 그 생각을 가끔하는 데, 그럴 때마다 매우 슬퍼진다.

기어코 아침 식사 후 준비를 또 하고 있으니까 밖이 별안간 소란해졌다. 나가보니 몇십 명의 보통학교(초등학교) 학생들이 조그만 일장기를 하나씩 들고 줄을 짓고 서 있었다. 내가 나가자마자 그들은 기를 흔들며 일본군가를 부르기 시작했다.

"덴니 가와리데 후기오 우쓰(하늘을 대신하여 불의를 친다)"

그 어린아이들이 그 추운 날에 거의 10리나 되는 먼 길을 걸어온 것이었다. 속에 미안한 마음과 감사한 마음이 교차되었다. 솔직히 말해서 나는 일본제국에 충성하거나 안 하거나 문제가 아니었다. 나는 나와 내 주위의 가족, 친척, 친지들의 평안과 행복밖에는 아무 소원이나 소망도 없었다.

재언하지만, 나는 조용하고 체구가 작아서 그런지, 큰 야심이나 국가라는 높은 차원에서 생각하고 계획하는 일은 전혀 없었다. 사실 나는 지금도 그렇다. 국가라는 개념은 아주 희박하고, 나의 피에 대한 집념과 사랑이 강한 사람이라고 자처할 수 있다. 그것이 애국심이라고 어떤 사람이 말해 주었는데, 나는 그런 애국심은 강한 놈이라고 생각한다.

몇 아이들이 간단한 격려의 말을 말해 주었다. 내가 아는 아이는 하나도 없었지만 무한히 고마웠다. 그들이 나한테 일본군에 가서 나라를 위해서 최선을 다하라고 격려해 주었지만, 그들이 제일 원하는 것은 내가 생명을 잃지 않고 살아 돌아오는 것이라는 것은 말할 필요도 없었다. 어느 누가 내가 일본을 위해서 생명을 버리는 것을 보통일로 생각하리오!

나는 그 조그만 아이들을 보며 생각했다. 이 어린아이들 중에서 누구든지 솔직히 말하라고 하면, 내가 일본을 위해 죽는 것이 좋겠다고 말할 아이는 하나도 없을 것은 분명했다. 그 아이들이 백의민족이 뭔지 알지도 못하겠지만 그렇게 생각하는 것은 오직 우리가 같은 피를 가지고 있기 때문이다. 나도 누구한테 그러라고 교육을 받은 일도 없지만 자연 그렇게 된 것이었다. 우리의 피 안에는 물론 여러 민족의 피가 섞여 있을지언정, 20, 30세기 동안 한반도에서 정화되었으며, 한 민족의 피로 된 것이니, 그것이 어찌 이제 와서 혼합된 것이므로 우리 피에 대한 집념은 잘못된 것이라고 말 할 수 있으리오. 물론 우리는 극단적인 국수주의자가 되어서는 아니 되겠지만, 우리의 피를 지키며 긍지를 가져야 한다는 것은 당연한 이치이며 진리일 것이다.

나에게 한 마디 하라고 해서, 어린아이들이 알아들을 만한 쉬운 말로 답사를 했다.

"여러분이 이 추운 아침에 10리나 되는 먼 길을 와 주어서 고맙습니다. 나는 지금 일본군대에 끌려가지만 무엇을 하든지 조선사람으로서 부끄럽지 않게 열심히 일하고 돌아오겠습니다. 나는 무사히 살아 돌아오리라고 생각합니다. 여러분도 건강하고 행복하게 사시길 바랍니다."

이 짧은 환송회도 끝나서 우리 식구와 백부님의 식구는 금성읍을 향해서 걷기 시작했다. 그 때에는 비공식으로는 금성을 '김성'이라고 부를 때였다. 어린아이들은 두어 개의 군가를 내가 멀리 갈 때까지 불렀다. 얼마나 고마운지 나는 그것을 한 2년 동안 고생할 때에, 자주 생각하고 나 자신을 위안하고 격려했다. 물론 나는 군가를 말하는 것이 아니고, 그 어린 보통학생들의 귀여운 모습들이었다.

자동차도 귀할 때이고 북한강의 지류에 위치한 강촌에는 버스도 운행하지 않을 때였다. 그래서 할 수 없이 여러 사람들과 걷기 시작했다. 한 시간쯤 해서 한 고개에 도달했다. 거기서 새삼스럽게 백부님의 말씀 생각이 났다. 어느 겨울방학 때 백부님 댁을 방문했을 때의 일이다. 일이 있어서 말을 타고 다음 면에 가다가 이 고개에 다다랐다. 질러가는 길로 내려가다가 보니, 눈이 많고 여기저기 길이 얼어붙어 있어서, 나는 말에서 내려서 고삐를 꽉 잡고 비탈길을 내려가기 시작했다. 그러나 말은 이리저리 미끄러지면서 잘 내려가지를 못했다. 다시 돌아올라가려고 했으나 그것은 더 어려웠다. 내려 갈 수밖에 없었는데, 말이 더 미끄러지며 고생을 많이 했다. 그러면서 내가 감탄한 것은, 그 말은 한 번도 경사가 급한 언덕에서 넘어지지도 않고, 또 여기 저기 자주 미끄러지면서도 내 발은 한 번도 밟지 않는 것이었다. 나는 말의 영리

한 것을 목격하면서 놀라지 않을 수가 없었다. 그래서 그 고개를 나는 좀처럼 잊지 못하며, 이제 이 고개를 언제 또 볼 수 있을까 하고 한탄을 하며, 그 고개를 걸어 넘었다. 그 후 그 고개는 다시 가보지 못했다. 죽기 전에 한번 보고 싶은 고개이다.

이렇게 걸어서 가족과 함께 그 고개를 넘고, 두어 시간 만에 금강산 전철 정류장에 도착해, 전철을 타고 김성읍에 도착했다. 경찰서로 출두하라는 통지가 미리 있어서 그리 갔더니, 학병으로 가는 두 명이 그 곳에서 기다리고 있었다. 주위의 사람들은 모두 조선사람들이었으며, 그들은 우리의 입대를 축하하기보다 걱정스러운 표정으로 격려해 주는 것 같았다. 기쁨으로 우리를 환송해 주는 사람은 하나도 없는 것 같았다. 또 그것이 당연한 것으로 생각했다. 보통학교 학생들이 아침보다 더 많이 나와서 일장기를 들고 군가를 부르고 있었다. 아침에 생각하던 것을 또 속으로 되풀이 했다. 나의 생애는 이 꼴이지만, 이 어린이들의 앞날은 어떨까 하는 생각이 스쳐갈 때, 내 마음은 밝지 않았다. 나는 일선에 가서 죽는 일이 있을지 모르겠지만, 이 어린이들은 잘 살아야 할 터인데 하는 생각이 전부였다. 그러나 내가 나의 운명 앞에서 얼마나 무력한가 하는 생각을 또다시 하니 괴롭기만 하였다.

환송식이라기보다는 환송절차라고 할 수 있는 간단한 절차가 끝나자 우리는 가족들하고 금강산 전철을 탔다. 철원에서 경원선으로 갈아 타고 서울에 도착했다. 기차 안에 다른 학병이 혹시 있나 하고 살펴보았으나, 섭섭하게도 한 명도 없었다.

18.
입대하는 날

　기어코 입대하는 운명의 날, 1944년 1월 20일이 닥쳐왔다. 여관방에서 일찍 잠이 깨어서 여러가지 생각을 하며 누워 있었으나, 별로 새로운 것도 없었고, 그 때까지 수백 번 생각한 것들을 되풀이하고 있을 뿐이었다. 되풀이를 하지 않으려고 해도 소용이 없었고, 되풀이한다고 뾰족한 수가 나올 리가 없었건만, 그저 결론적으로 자꾸 머리에 떠오르는 것은,

　　"나는 무슨 일이 있어도 살아 돌아와야 한다. 내가 지금 죽기에는 너무 젊고, 지금 죽는다는 것은 너무도 원통한 일이다. 아무리 생각해도 내가 이렇게 죽으려고 태어난 것은 아니다. 나는 살아 돌아와야 한다."

라는 간단하고 필연적인 명제였다. 준비하고 밖에 나가니 정월 날씨여서 몹시 추웠으나, 해가 반짝 나서 정신이 드는 날이었다. 나는 또 자

연 여러가지 생각을 했지만, 새로운 것은 하나도 없고, 전에 수백 번 한 생각을 또 되풀이할 뿐이었다. 그 때 서울의 겨울날씨는 지금보다 훨씬 추웠다. 먼 산에는 눈이 많이 쌓였고, 길에는 얼음이 꽁꽁 얼어붙어 있었다. 그 때의 서울은 고층건물도 적고 인구도 한 80만 명밖에 되지 않아, 지금보다 훨씬 추운 것 같았다.

그 날 아침 용산역 앞에 집합하라는 사전 지령이 있어서 그리 가니까, 몇백 명의 조선학병들이 모여 있었다. 그들 부모 형제들의 울음소리가 여기저기서 들려오고, 침울한 대화소리도 들려왔다. 그런 광경은 보기에 힘겨웠다. 나는 물론 그런 것은 처음 보았고, 다행히도 그것이 마지막이었다.

내 아버님은 그냥 묵묵히 계셨고, 어머님은 그저 눈물만 흘리시고 자꾸 내 얼굴만 쳐다보고 계셨다. 나는 전에도 말했지만, 웬일인지 전사하지 않고 꼭 살아 돌아올 것 같은 예감이 강했는데, 그 날 아침에는 더욱 강해서 부모님께 말씀드렸다.

"저는 일선에서 절대로 죽지 않습니다. 제가 살아 돌아올테니 걱정
마시고 기다리세요."

후에 알았는데, 어머님도 그런 예감이 있으셨다고 한다. 그저 인간과 인생이 참 불가사의하고 초자연적이라는 것을 느끼지 않을 수가 없었다.

한 30분 후에 우리는 일본 장교와 하사관의 지휘를 받기 시작했다. 이런 일도 한 시간쯤에 끝나고 우리는 용산역으로 끌려 들어갔다. 그 때 나는 부모님, 여동생 그리고 서울에서 나온 친척 몇 사람에게 손을 흔들며 작별인사를 했다. 나는 그 때 저절로 눈물이 흐르는 것을 막을 수 없었다. 용산역과 그 주변, 그리고 멀리 조그맣게 보이는 부모님,

누이, 친척의 모습, 내가 손을 흔들며 인사를 했을 때의 기분 등이 모두 슬펐고 가슴을 찢는 듯했다. 우리는 결국 기차를 타고 부산으로 향했다. 기차를 탄 학병들은 한참 동안 침울하게 앉아 있다가, 서로 인사들을 하고, 우리의 알 수 없는 장래에 대하여 조용히 말하기 시작했다.

19.
수세식 변기도 쓸 줄 모르는
'조센진노 가쿠세이(조선인 학병)'

우리는 부산에서 일본 수송선을 탔다. 일본 중좌(중령) 한 사람이 사령관으로 우리를 지휘하고 있었다. 우리를 통솔하는 일본 장교들과 그들을 보좌하는 사병들은 조금만 자기들 기분에 안 맞아도 소리를 지르는 등 친근감이란 한치도 없이 냉랭하기만 했다. 그런 일을 처음 당하는 나는 그들이 꼭 동물 같다는 인상을 받았다. 인정이라는 것은 조금도 느낄 수가 없었다. 그런 것들이 인간이라고 할 수 있는가?

몇 시간 후에 우리는 수송선의 선창 같은 큰 곳에서 식사를 하는데, 사령관이 단상에 오르더니 소리를 지르기 시작했다. 그것을 요약하면 다음과 같은 모욕적인 말이었다.

"너희들은 규율이 없고 도덕성이 부족한 사람들이다. 너희들은 전문학생과 대학생이지만 수세식 변기도 쓸 줄 모르는 비문명인들이 아니냐!"

물론 나는 놀라고 화가 북받쳤다. 그 때는 일본가정이나 대부분의 건물에 수세식 변기가 없을 때였다. 기차나 기선에는 물론 수세식 변기가 있었고, 우리는 기차로 수 없이 여러 번 여행을 했으므로 수세식 변기를 쓸 줄 모르는 사람은 없었다. 나는 그 때까지 일본인 교사들과 상인들도 많이 만났지만 이런 욕설을 직접 들은 일이 없었다. 나 뿐만 아니고 대부분의 우리 학병들이 경악하고 격분했으나, 어찌할 수가 없었다. 그런 자들이 많은 군대에 입대하는 생각을 하면, 앞이 암담했으나 속으로,

　　"나를 죽이거나 죽게 하지만 말아라! 무슨 일이든 다른 것은 참을
　　수 있다."

하면서 염불처럼 되풀이하는 수밖에 없었다. 나는 지금은 기독교 신자이지만, 그 때에는 보통 1년에 한 번 절에 가지도 않으면서, 급하면 불교도처럼 행세 할 때였다. 그러나 그 때 나는 속으로 부처님께 나의 무사 귀국을 빌었다.

　　지금은 대한해협이라는 조선해협을 원산상업학교 재학시에 일본으로 수학여행을 갈 때에 건넜었다. 나는 그 때 멀미를 너무해서 다시는 이 해협을 넘지 않겠다고 했는데 또 건너다니! 이번에도 멀미를 해서 조금도 일어나지를 못하고 누워 있어야 했다.

　　우리는 그 때까지 우리를 어디로 끌고가는 것인지 알 수가 없었다. 우리는 일본으로 가는 학병의 수가 너무 많다고 생각하면서, 우리를 일본에서 훈련을 해서 남태평양, 동남아 또는 다른 전선으로 보낼 것이라고 추측을 하고 있었다.

　　그러나 지금 생각하면, 그 때에는 일본은 벌써 남태평양과 동남아를 포기하기 시작하고 일본 본토를 방어해야 하니까, 우리가 그리로 가는 것이었다. 우리를 생각해서 그리로 끌고 갈리는 만무했다.

20.
8061부대 미네마쓰(峯松) 연대
제3대대 제13중대

배가 일본에 닿을 만할 때에, 비로소 나는 세계 굴지의 제철소인 야하다(八幡)제철소를 비호하는 기타 규슈 고쿠라(小倉) 지구에 있는 8061방공부대로 파송된다는 것을 알았다. 상업학교에서 교련이라는 군사훈련은 주로 보병에 관한 것이어서, 고사포부대로 간다는 것은 수학과 과학을 소홀히 해 온 나로서는, 좀 걱정스럽기도 하고 두렵기도 했다. 그러나 남양이나 그 쪽 전선에 가지 않게 되어 그것만은 행운이라고 생각했다.

시모노세키(下關)에서 하선한 후, 8061부대로 가는 사람들은 고쿠라까지 가서 3, 4명씩 나뉘어 각지로 가게 되었다. 나는 제3대대 제13중대로 가게 됐다. 그 중대는 고쿠라에서 물을 건너 북쪽에 있는 와카마쓰(若松)라는 곳에 있었다. 물론 이 부대는 와카마쓰 시에 있지 않고 거기서 북쪽으로 좀 떨어진 곳에 있었다. 우리 대대는 조공대(照空隊)

이며, 내가 지원한 병과도 아니다. 사실 내가 무슨 병과를 선호하느냐
는 질의도 없었다. 조공대는 밤에 적의 비행기가 오면 그것을 추적하
고 포착한 후에, 그것을 사광기로 계속 비춰서, 고사포부대가 그것을
사격할 수 있게 해 주는 부대였다. 그래서 수학과 전기학을 어느 정도
알아야 하는데, 그것들은 다 내가 소홀히 한 과목이어서 걱정이 적지
않았다.

우리 연대는 미네마쓰부대(峯松部隊)라고 했는데, 그 부대에는 31명
의 조선 학병이 배치되었다. 극히 어려운 일이겠지만, 우리는 무슨 일
이 있으면 서로 연락을 하자고 약속하고, 각 대대와 중대로 흩어져
갔다.

중대에 가보니 조선 학병은 나하고 또 한 명이 있을 뿐이었다. 참
이상한 기분이었다. 서울서부터 시모노세키(下關)까지는 주위에 있는
사람들은 거의 조선 학병이었는데, 점차 주위에 조선사람이 줄어져 가
는 것이었다. 그리고 중대에 도달했을 때에는 조선사람이 나 외에 한
사람밖에 없었다. 그와 나는 내무반도 달랐으니, 나는 생전 처음 일본
인 공동체 속에 홀로 처박히게 된 것이다. 그것도 민간인들도 아니고,
삼엄한 일본 군인사회였다. 정신대들의 심정은 어떠했을까?

"나는 여기서 무슨 일이 있어도 살아나야 한다. 그 밖에 나의 진정한
    임무가 없지 않으냐? 그러나 나도 한 인간으로서 비굴해서는 안 되
    며 인간적인 굴욕은 내 생명을 앗아가더라도 감수할 수는 없다."

이런 각오를 자연스럽게 하게 됐다. 이것은 내가 전에, 무슨 일이
있어도 목숨만 붙어 있으면 참겠다는 결심과는 모순되는 것 같지만,
당시 나에게는 집에 살아 돌아가야 한다는 것만이 대과제였다. 인간의
마음은 조금씩 꽤 자주 변할 수 있다는 것을 느꼈다. 이런 상황에서

나의 일본군대생활이 시작되었다.

나는 호기심을 가지고 중대 주변을 돌아봤다. 1월이고 추운데도 기타 규슈의 밭에서는 야채가 자라고 있었다. 후에 안 일이지만, 규슈는 조선보다 훨씬 남쪽이어서, 규슈 북쪽이라도 바람 때문에 겨울에 꽤 춥게 느끼기는 하지만, 땅은 얼지 않는다는 것이었다. 나는 질투심이 나지 않을 수가 없었다.

"한반도에서도 1년 내내 채소를 재배할 수 있으면 얼마나 좋겠느냐? 그러면 우리 농부들도 1년에 두 번씩 수확할 수 있지 않은가? 일본이 착취해 가도 남을 것이 꽤 있지 않겠는가?"

나는 이런 생각을 하지 않을 수가 없었다. 거기 있는 동안 이런 생각이 자주 났다. 한국에는 지금 비닐하우스가 많지만 그 때에는 그런 것이 없었고, 농업기계화는 생각도 못하던 때였다. 내가 자랄 때에는 농부들은 늘 가난 했다. 다행히도 한국은 지금 개인 1년 소득이 2만 달러에 달한다니 얼마나 좋고 자랑스러운 일이냐! 그러나 북한의 개인 1년 소득은 매년 내려가고 있어서 지금은 1,000달러 정도라니 참 한탄하지 않을 수 없다.

21.
첫 내무반

　우리 병사(兵舍)에는 내무반이 두 개가 있었다. 일본군은 사병들이 기거하는 건물을 내무반이라고 했다. 한국군도 내무반이라고 한다는데, 일본군이 병사라고 하던 것은 한국군에서는 막사(幕舍)라고 한다. 한국군도 국방경비대 창설시절에는 병사라고 했는데, 일본군의 언어부터 탈피해야 하겠다는 이유로 중국군의 막사라는 칭호를 채택했다고 한다. 한국군은 일본군의 용어를 모두 바꾸려고 하였으나 그것을 다 이루지 못했으니, 일본은 언어적으로도 우리에게 해를 많이 끼쳤다. 한국어에는 아직도 일본어의 잔재가 너무도 많다. 특히 건축업에서는 자재나 기술용어에 일본말이 엄청나게 많이 남아있다고 한다.
　나는 서쪽에 위치한 내무반에 편입되었다. 그 내무반은 조금 높게 나무로 된 침대마루가 양쪽 유리창 쪽에 있었고, 그 가운데에 침대마루보다 낮은 통로가 있었다. 그 통로에 나무로 된 검소하고 긴 식탁들이 놓여 있었다.

　그 곳의 일본군인들은 조선청년보다 키가 작았고, 작은 일에 신경을 너무 많이 쓰며, 마음이 협소하고, 대범한 사람들이 적다는 인상을 처음부터 받았다. 물론 예외도 있는데, 그 이야기는 후에 나온다.

　내무반에는 약 40명이 있었고, 고헤이(고참병)가 반쯤 있었다. 고참병 한 사람한테 신병이 한 명씩이 배당되었고, 신병은 고참병의 잡일을 모두 맡아서 거의 완벽하게 해 주어야 했다. 매일 침대를 정리하고 총검과 군화를 닦고 식사 후에 설거지와 청소를 해주어야 했으며, 또 세탁을 모두 맡아서 해 주어야 했다. 다시 말하면 신병은 고참병의 종이었다. 그 대가로 고참병들은 자기들의 신병을 여러가지로 도와주어야 하지만, 나는 그런 혜택을 많이 받지 못했다. 이것은 일본인들도 마찬가지였다. 이렇게 짝이 된 사람들은 서로 센유(戰友)라고 했는데, 말만 좋았지 그 관계는 주종지간에 지나지 않았다. 신병은 아침부터 밤 10시까지 아주 바빴다. 식사 시간도 짧고, 여러가지 잡일도 해야 하고, 훈련도 받고, 교범을 외워야 했다. 밤 10시에 점호가 있는데, 그 때 고참병들이 신병을 마구 때리니까, 신병들은 점호시간을 퍽 두려워했다.

　교범은 중요한 것이 세 권 있었는데, 크지는 않지만 매일 할당한 부분을 외우지 못하거나, 그 밖에 무엇이든지 조금이라도 신병이 잘못한 일이 있거나, 마음에 들지 않는 것이 있으면, 고참병이 점호 때에 기아이(기합)를 주었다. 군인칙유(軍人勅諭)라는 것도 교범의 하나였는데, 그것의 일부를 먼저 외워야 했다. 그런데 그것이 꽤 길고 어려워서, 이것을 잘 외우지 못하고 기합를 받는 신병이 꽤 많았다.

　기합에는 여러가지가 있었다. 뺨을 맞는 것은 제일 경한 벌이었고, 주먹으로 얼굴과 턱을 맞는 일도 많았다. 주먹으로 쎄게 몇 대만 맞아도 대개 쓰러지는데, 쓰러지지 않게 하기 위해서 '가마에(준비)!' 라고 호령을 한다. 이 호령은 준비하라는 말인데, 여기서는 맞을 준비를 하라는 말이었다. 이 호령을 하면 신병은 다리를 벌리고, 두 손을 허리 뒤에 대고, 맞을 준비를 하고, 똑바로 서야 했다. 그리고는 뺨이나 턱을 주먹으로 몇 번 힘껏 치면 쓰러지지 않을 수가 없었다. 그러면 다시 일어나라고 해서. 다시 가마에를 시키고, 다시 주먹으로 힘껏 때렸다. 그것을 어떤 때에는 여러 번 반복하니 참 엄청난 일이었다. 니는 이런 기합은 입대 전에는 본 일이 없어서 놀랄 수밖에 없었다. 학교에서 일본 상급생이 조선 하급생에게 기합을 줄 때에도 그런 가마에는 없었다. 이 기합이 군인의 좋은 기질을 기른다고는 생각하지 못했고, 도리어 역효과가 있을 것이라고 믿었다. 또 기합을 줄 때에는 옷을 허리까지 벗기고 벨트로 몸을 때릴 때도 있었다. 이런 기합들은 비인간적이고 아무 도움도 없고, 도리어 해가 많다는 것은 뻔한 일이었다. 나는 하사관이 상관한테 맞는 것을 본 일은 없었고, 고참병도 잘 맞지 않았다. 불쌍한 것은 신병들이고, 그 중에도 나이가 마흔 정도의 제2보충병들이었다. 나이가 많아서 행동과 교범 외우는 것이 느리어서 더 많이 맞고 있었다. 일본군대는 창설시에 독일의 프러시아(Prussia) 군대의 제도를 모방했다고 하는데, 과연 프러시아 군대에서 신병들을 그렇게 때렸는지 알 수도 없거니와, 또 그것을 합리화했다면, 그것은 궤변에 불과하다고 생각했다.

그런 모순적이고 비인도적인 제도를 도입한 일본은 원래 잔인한 민족이 아닌가 하는 생각을 하게 됐으며, 또 그것을 모방한 한국군도 나을 것이 없다는 것을 해방 후에 생각하게 되었다. 한국군은 오래 전에 이런 악습을 버렸다고 하는데, 그것이 사실이기를 바란다.

22.
히로하라(廣原) 이등병

    분대장실이나 다른 사무실에 불려갔건, 자진해 갔건, 사무실 앞에 가면 큰 소리로,

    "히로하라 니토오헤이 호오고쿠시마쓰!(히로하라 이등병 보고합니다!)"

라고 사무실이 떠나가라 하고 큰 소리를 질러야 했다. 나에게는 이것이 큰 부담이었다. 나는 원래 조용한 성격이고, 소리지르는 사람이나 내가 소리지르는 것을 아주 싫어했다. 그래서 이것을 익히는 데에 시간과 노력이 필요했다. 나의 상관들은 나의 그런 성격을 이해하는 듯했지만 나를 예외 취급을 할 수는 없었다. 그래서 모르는 척하고 나에게 큰 소리로 반복하라고 명령했다. 그러면 내 힘을 다해서 소리를 질러야 했다. 이런 부자연스러운 것이 좋은 군인을 만든다고는 생각되지 않았지만 어찌할 수도 없었다. 요즈음 한국군에 관한 비디오가 미국에까지 와서 가끔 보는데, 국군에도 이런 관습이 있는 것을 보고 한탄스럽게 생각한다. 똑똑히 크게 말하는 것은 군대에서는 필요하겠지만, 쓸데없이 소리소리 지르는 것은 소용없다고 생각한다. 여하간 나는 '히로하라'라는 내가 창씨한 일본식 성을 쓸 때마다 모순적이지만 수치감과 자부심을 함께 느꼈다. 그 이유는 우리가 창씨령 때문에 얼마나 수치를 느꼈고, 또 내 개인으로서는 어렸을 때에 일본 성씨책에 없는 우리 문중의 성을 지어서 기분이 조금 낫다는 것이 지금도 생생하다.

23.
너는 가미카제 특공대를 자원하라!

우리 중대의 특무상사 마에다(前田)는 오키나와(沖繩) 사람이었다. 이 사람은 일본인으로서는 키도 좀 크고 잘 생겼는데 얼굴색이 좀 검었다. 성격도 좋아서 군인 티를 잘 나타내지 않았고, 중대 내에서 인기가 꽤 좋았다. 이 특무상사가 어느날 아침, 내가 내무반에 우연히 혼자 있는데 와서 나한테 말을 붙였다. 좋은 사람이고, 또 나와 김 이등병을 잘 돌봐 주는 사람이어서 마음을 놓고 이야기를 할 수가 있었다. 그러나 그는 잠깐 있다가 청천벽력 같은 말을 꺼냈다.

"너는 가미카제(神風) 특공대가 무엇인지 아느냐?"

"예, 좀 압니다."

"그 특공대에 사람이 필요하댄다."

"그래요?"

"너 그거 지원하지 않겠니?"

"저요?"

"그래."

"지원해야 하나요?"

"지원하는 게 좋지 않으냐?"

"왜요?"

"나라를 위해서 더 큰 공헌을 할 수 있지 않으냐! 또 대우도 아주 좋다더라."

일본말에는 '자원(自願)'이라는 말이 없고 항상 지원(志願)이라고 했다. 가미카제 특공대는 특별비행군단으로서, 그 대원들은 초보적 비행기술을 조금 배운 후, 비행기에 폭탄을 잔뜩 싣고 날아가서 미군함에 직접 부딪혀서 침몰시키는 자살 전술대였다. 그들은 주로 미군함선의 굴뚝을 향해 돌진해 개죽음을 했다. 이래서 죽은 일본군인들이 있었지만, 일본사람들도 대개 기피하는 부대였다.

이런 인명손실은 광신 일본군국주의자들 때문에 생긴 것이었다. 나는 이런 부대가 역사상 처음이고 마지막이기를 바랐으나, 지금 중동사정을 보면 그렇지도 않은 것 같으니 한심한 노릇이다.

가미카제라는 말은 미신적 원시문화론인 샤머니즘(Shamanism)을 조직화한 일본의 보편적 종교인 신토오(神道)에서 나온 말이다. 그러니까 자기네 편리할 때에는 바람도 신이 된다는 무당들이 하는 괴상한 말 같다. 사실 샤먼은 무당이란 뜻이다. 1274년과 1281년에 몽고군이 일본의 거만한 태도를 고치겠다고, 다수의 선박과 병력을 이끌고 기타 규슈로 쳐들어갔으나, 때마침 부는 폭풍 때문에 두 번 모두 실패하고 말았다. 그래서 일본사람들은 바람이 신이 돼서 일본을 보호해 줬다고 하면서 그런 말을 쓰기 시작했고, 대부분의 일본사람들이 그것을 지금도 믿고 있다. 그들은 제2차 세계대전 때에 가미카제가 일본을 도와준 일이 한 번도 없다는 사실은 도외시하는 모양이다.

일본말에서 가미(神)는 신성이 있는 물건이나, 죽은 사람이나, 훌륭한 살아 있는 사람을 가리켜서 말하는 것이다. 그 말의 어원은 가쿠리미(隱身)인데 '몸을 숨긴다'는 뜻이고, 그 반대는 우쓰리미(現身)로 '몸을 나타낸다'는 말이다. 그래서 '가미'라는 말은 예로부터,
자기들의 왕 / 죽은 현인(賢人) / 초인적인 사람 / 초자연적인 것 /
죽은 애국자 / 아주 무서운 존재
같은 것들을 가리키는 데에 쓰여 왔다.

내가 한 20년 전에 일본의 옛 수도 교토(京都)를 구경갔을 때에, 그 도시에 모신 '가미'만 4만~5만 명이나 된다는 말을 들었다. 일본의 전 인구 1억 5천만 중에 크리스찬은 200만 명 정도밖에 안 된다. 일본인들의 그런 가미의 개념 때문에, 대부분의 일본사람들에게는 그리스도의 신은 대단한 것이 아닌 것이다. 그 반면 우리 말에서 '하나님'이나 '하느님'이란 말은 기독교의 신을 뜻하는 말인데, 일본어에는 그런 말이 없어서 기독교의 신 이야기를 해도 별로 대수로운 것으로 생각하지 않는다. 이것이 일본에 선교가 힘든 이유의 하나일 것이다.

태평양전쟁 중에 가미카제기가 2,000대쯤 있었는데, 대부분이 미해군의 대공포에 격추되었다. 오키나와 작전에서만 350대의 가미카제기가 격추되었는데, 불행히도 34척의 미함선이 격침되고, 368척이 파손되었다. 그리고 양측은 많은 인명을 잃었다. 그렇지만 일본군은 결국 대패하고 말았다. 이 때 가미카제라는 바람은 어디 갔는지 조금도 불지 않았다.

그것을 아는지 모르는지, 요사이 미국 젊은이들이 'Kamikaze' 라고

쓴 티셔츠를 입고 다니는 것을 어쩌다 보는데, 참 가소로운 일이며, 세상이 이리 변할 수가 있나 하는 생각이 든다. 이것은 그들이 일본을 찬양하는 것은 아니겠고, 오직 그들의 무식에서 나오는 것이라고 생각한다. 무식이라는 것은 이런 일에도 작용하니 한탄하지 않을 수가 없는 일이다.

"용서하고 잊어라"

라는 금언이 있기는 하지만, 세상이 이렇게 되어간다는 것은 참 견디기 어렵다. 내가 또 놀란 것은 영국의 브리태니카(Britanica) 백과사전에는 가미카제라는 항목이 있는데, 미국의 컬리어스(Colliers) 백과사전에는 그 항목이 없다. 이것을 보면 미국이 가미카제의 피해를 받았는데도 관심이 없는 것 같다.

그 때 일본군인들을 통해서 들은 일인데, 일본 특공대원 중에서도 여러 사람들이 집에 휴가를 갔다가 부대로 돌아오지 않아서 영창에 갔다는 것이었다. 일본인들도 그 모양인데, 하물며 조선인이 지원할 리가 있을까! 그러나 나는 지금 마에다 특무상사가 내 앞에 서서, 가미카제 대원이 되라고 하고 있으니 괴롭지 않을 수가 없었다. 그것도 즉시 대답을 해야 하니 참 난처한 입장이었다. 별안간 내가 신체검사 때에 속임수를 쓴 생각이 났다. 또 그 때처럼 그것을 이용해서 피할 수가 없을까 하는 생각이 문득 들었다. 이런 것을 가리켜서 궁여지책이라고 할 것이다. 결국 그런 수를 쓸 수밖에 없다고 생각해서 말했다.

"상사님, 제가 입대할 때에 받은 신체검사의 결과를 아십니까?"

"아, 그것은 모르는데."

"그럼, 그것을 보신 다음에 다시 말씀하시지요."

"그래? 그럼 그러자."

"감사합니다."

나는 어려움을 각오했는데, 여기서 말을 끝내고 마에다 상사는 사무실로 돌아갔다. 나는 잠시나마 큰 안도의 숨을 쉬었다. 그러나 그 후 무슨 일이 있을FMS지 몰라서 불안하기가 짝이 없었다. 나는 내 신체검사 결과를 보고 마에다 상사가 무엇이라고 할까 하며, 며칠 동안 속으로 끙끙 앓았다. 그런데 일주일이 지나도 마에다 상사는 아무 말도 없었다. 그렇다고 겁이 나서 내가 먼저 그 말을 끄집어낼 수도 없었다. 나는 학병 지원 때와는 달라서, 이번에는 결사코 반대하고 싸울 결심을 했다.

그 후 몇 주가 지나도록 아무 말도 없었다. 8061부대에 조선학병이 31명이 있었는데, 아무도 지원하지 않은 것을 후에 알았다. 아마 각 중대에서 강한 압력을 가하지 않았다는 것을 알게 되어서 조금 안심이 되었다. 나는 물론 죽어도 그 특공대를 지원하지 않았을 것이지만, 속으로 내가 처음부터 강하게 거절 못한 것이 좀 후회되었다. 그리고 마에다 상사는 일본 내지(內地)의 사람이 아니고 오키나와 사람이라는 것을 그 후에 알게 되었고, 또 오키나와 사람들은 내지 사람들 하고 다르다는 것도 후에 알게 되었다. 다른 것 하나는 그들의 일본에 대한 충성심이 내지 사람들과 다르다는 것이었다. 그러니까 오키나와 사람들도 어느 정도 우리의 입장과 비슷하다는 것을 알게 된 후에는 마에다 상사에 대해서 이해와 친근감을 느끼게 되었다. 후에 안 일이지만 오키나와는 1879년까지 중국과 일본 두 나라에 충성을 맹세하고 있었으나, 그 해 일본이 압력을 가해서 중국에 대한 충성을 포기시켰다. 경술국치가 1910년에 이루어졌으니까 오키나와는 일제하에 있는 것이 조선보다 31년 더 오래 된 것이었다. 그러니까 그들의 일본에 대한 충성심이 일본인보다 덜한 것도 무리가 아니었다. 이리하여 첫번째 위기인 학병지원은 면할 수가 없었으나, 두번째 위기는 무사히 지나갔다. 생각했던 것보다 쉽게 지나가서 참 감사했다.

24.
김정호 학병

우리 중대에는 나 외에 김정호(金正鎬)라는 조선학병이 다른 내무반에 있었다. 이 이름은 가명이지만 본명과 꽤 비슷하다. 그는 다른 내무반에 있었고, 키가 크고, 얼굴이 넓고, 온순한 성품의 사람이었다. 그러나 그는 예기치 않은 곤경을 당하게 되었다. 그는 임질에 걸렸다는 것이 밝혀졌다. 나는 그가 혹독한 기합을 받을 줄 알았는데 얻어맞지는 않았지만, 사람들이 색안경으로 보고, 목욕도 매일 중대의 장병들이 모두 한 후에 해야 했고, 그 후에 목욕탕 청소도 해야 했다. 그 때에는 지금과 달라서 페니실린도 없을 때였다. 나는 하나뿐인 조선 학병이 고생을 해서 동정했지만 어찌할 도리가 없었다. 나는 그를 불명예제대라도 시키면 얼마나 좋을까 하고 생각했지만 그에게 그런 행운은 오지 않았다. 그가 그런 목적으로 일부러 그런 병을 얻었는지 모르겠지만, 그런 말은 일절 나한테도 꺼내지 않았다. 나까지도 믿지 못했던 것 같다.

그와 기본훈련을 같이 마치고 내가 간부후보생으로 한 3개월 훈련을 받을 때에는 같은 중대에 있었으나, 그 후 내가 지바에 있는 고사포학교로 떠난 후에는 다시 만나지도 못했고 연락할 길도 없었다. 나도 전쟁 후에 이북에 있는 고향에 갔다가 요행히 빠져 나왔지만, 김씨는 함경남도에 남아 있다가 노예생활을 못 면했을 것이라는 생각을 종종 했는데, 그럴 때마다 한심한 마음을 금할 수가 없다. 한국전쟁 때에 중공군의 인해전술 때문에 유엔군이 흥남에서 후퇴할 때에 많은 군인과 시민들이 배로 남한으로 수송되었는데, 그 때 그도 남한으로 왔는지 모르겠다. 그렇지 않으면 흥남지역은 38선에서 너무 멀어서 남한으로 탈출하기가 어려웠을 것이다. 그러면 그는 노예생활을 하거나, 김일성한테 충성을 맹세하고 지금쯤은 특권층으로서의 좋은 생활을 하고 있을지도 모른다. 그는 성격상 그것이 불가능했을 것이다. 그의 현황을 알고 싶지만 알 길이 없다. 한번 만나서 불행했던 일본군 신병 때의 말을 실컷 하고 싶다.

나는 1980년대에 중국을 두 번 돌아보고 그 나라 백성의 형편없는 생활상을 목격했다. 또 그 후 붕괴 직전의 소련을 조금 봤는데, 소련의 민생이 중국보다 훨씬 못하다는 것을 목격하고 놀랐다. 그런데 이북에 있는 우리 백의동포들의 생활은 그보다도 훨씬 더 못하다니 이런 비통한 일이 어디 있을 가! 나는 모스크바에서 한국교수들과 함께 한 술자리에서 이런 말을 주고받고 하다가 울음통이 터지고 말았다.

"어째서 북한동포들은 그런 곤경에서 수십년 동안 헤매야 하느냐?" 하는 울분과 비애를 억제할 수가 없었던 것이다. 미국에서 50년 살다가 일본에 가보아도 일본인들의 수입은 퍽 많으나 전반적으로 민생이 미국보다 훨씬 못하다는 것을 느꼈는데, 중국과 소련은 비교도 안 되고 한마디로 비참하다고 느꼈다. 그런데 북한은 그만도 못하다니! 우리 백의민족 중 거의 40%가 그 꼴이니 슬픈 마음이 안 들 수가 없었다.

여러가지 사정으로 가장 가깝게 지내던 사촌들도 모두 북한에 남아 있다. 나는 내 사촌들과 김정호씨도 그런 궁지에 몰려 있을 것 같아서 슬픔과 우울함을 억제할 수가 없다. 나는 그를 다시 만나서 우리가 같이 고생하던 일들을 이야기도 해 보고 싶고, 아니면 그 사람에 대한 소식이라도 듣고 싶지만, 그렇게 할 수 있는 길이 없다.

인도의 시인 타고르(Tagore)는 한국이 장래에 동양의 등불이 되겠다고 오래 전에 예언했지만, 지금의 한반도의 사정이나 백의민족의 기질을 보면 동양의 등불, 즉 물심양면에서 동양의 지도자가 된다는 것은 쉽지가 않을 것 같다. 또 근래에 어떤 미국경제 연구가는 한국이 2010년경에는 세계 굴지의 경제대국이 되겠다고 예측했지만, 내가 보기에는 그것은 지금의 한국정세나 일반인들의 자세를 보면 불가능한 일 같다. 또한 통일이 되어도 북한의 비참한 경제상태를 보면 한반도는 3, 4류 국가로 전락할 것이 분명하다. 내가 그런저런 생각을 하면서 술자리에서나마 울지 않을 수가 없었다. 내가 특수한 인물이어서 그런 것이 아니라, 좀 듣고 본 것이 있고, 내가 감상적 인간이어서 그런 것 같다. 극단론자를 제외하고 한반도가 망하거나 못되기를 바라는 사람을 나는 본 일이 없다.

20.
황국신민(皇國臣民)이냐?

　나는 강원도 양구보통학교 6학년 2학기 때에 원산 제2보통학교로
전학해 갔다. 내가 전학해 간 그 학교의 학생은 모두 조선어린이들이
었다. 일제강점기에는 일본어린이들만이 다니는 학교는 심상소학교
(尋常小學校), 또는 그냥 소학교라고 하고, 조선어린이들만이 다니는
학교는 보통학교라고 하여 구별과 차별을 했다. 대학과 중학교가 있었
으니까 소학교라는 명칭이 있는 것이 마땅하겠지만, 보통학교라는 명
칭이나 통계를 보아도, 조선어린이들은 초등교육이나 받으라는 것이
일본의 식민정책이었다. 그것도 돈이 없는 집의 어린이들은 보통학교
도 다니지 못했다.
　원산에는 남자중등학교가 두 곳 있었다. 하나는 원산중학교이고 하
나는 원산상업학교였다. 원산중학교는 일본어린이의 학교여서 조선어
린이는 매년 저명한 친일파의 어린이들 두세 명만 입학을 시켰을 뿐이

었고, 나 같은 서민의 어린이로서는 입학하는 것은 생각도 못했다. 그 중학교는 일본어린이들의 학교이니까 그 학교의 졸업생들은 명문대학이나 저명한 관립전문학교로 갈 수 있었다. 그 대학이나 관립전문학교는 물론 일본어린이들은 위한 학교들이고, 조선어린이들을 많이 받지 않았다. 건축업을 아주 작게 하시던 나의 아버님은 나를 제2보통학교로 보낼 수밖에 없었다. 나는 어린 마음에도 그리 가서 조선어린이들하고 공부하는 것을 당연한 것으로 생각하고 좋아했다. 물론 원산중학교를 지원한다는 것은 꿈도 못 꿨다.

원산제2보통학교는 학생수가 1,000명이 넘었는데 조선선생은 3, 4명에 불과하고 나머지는 모두 일본선생이었다. 한 반에 학생이 60~70명씩 있었는데 이것은 미국에서는 생각도 할 수 없이 많은 수이다. 미국에서는 초등학교 한 교실의 학생 수가 25명만 넘어도 야단들이다.

원산지역에는 일본사람들 수천 명이 주로 원산시에 살고 있었으나, 조선사람은 원산과 안변평야 주변에 수십만명이 살고 있었다. 그런데도 일본남자 중등학생은 700~800 명이 되었고, 조선남자어린이가 갈 수 있는 중등학교는 상업학교였는데, 거기도 조선학생이 한 300명 쯤밖에 없었고, 일본학생이 300명이나 되었다. 그 때 조선에는 조선남자학생들만이 다닐 수 있는 학교는 모두 사립이었는데, 그것은 중학교라고 하지 않고, 고등보통학교라고 했다. 함경남도에는 고등보통학교가 하나밖에 없었는데, 그 학교는 함흥에 있어서 거기는 갈 생각도 못했다.

그 때 여자중학교로서는 일본여자학생들이 다니는 원산여자중학교와, 조선여자학생들만이 다니는 누씨(樓氏)여자중학교가 있었다. 이 학교는 미국의 루씨(Lucy)라는 여선교사가 설립한 사립학교였다. 전국을 통해서 조선여자학생들만 다니는 중등학교는 모두 사립이었고, 이

름도 여자고등보통학교라고 했는데, 루시 선교사가 설립한 여학교만
은 여자중학교라고 부르기도 했다.

내가 전학해 간 제2보통학교에는 학생이 1,000여 명이 있었는데, 물
론 모두 조선어린이들이었다. 그 학교에서는 매일 조회가 있었으며,
그 때마다 '동방요배(東方遙拜)'를 했지만 그리 야단스럽지는 않았다.
'동방요배'는 일본왕이 있는 동쪽을 향해서 몸을 80°쯤 굽히고 절하는
것이었다. 잘 모르기는 하지만 조선하생들로서 진실한 충성심을 가지
고 '동방요배'를 한 학생은 한명도 없었을 것이다. 이것은 우리 백의민
족의 의식보다 우리가 지니고 있는 피의 필연성이라고 볼 수밖에 없
다. 이 세계의 어느 인종을 막론하고 지니고 있는 피를 속일 수가 없는
것은 말할 나위도 없고 당연한 것이다.

제2보통학교 6학년은 세 반으로 나뉘어 있었다. 나는 그 중의 한
반에 편입되었는데 담임선생은 다나카(田中)라는 일본선생이었다. 그
학교에서는 방과 후 중등학교 입학시험준비가 진행중이었다. 물론 중
등학교에 가려는 학생만이 하는 보충수업이었다. 나도 며칠해 보았다.
양구에서는 성적이 좋았지만 이 학교는 시골의 학교보다는 훨씬 앞서
서, 나는 보충수업시간에 보는 모의시험에서 계속 영점이나 영점에 가
까운 점수를 받았다. 그래서 나는 방과 후 보충수업에 가지 않았다.
그러나 부모님의 힐책이 무서워서 집으로 돌아갈 수도 없었다. 그래서
교정에 나가서 혼자 놀 수밖에 없었다. 나는 전에 어렸을 때에 시골에
서 아이들과 남의 밭에 가서 토란을 캐서 구워 먹다가 아버님한테 들
켜서 혼이 난 일밖에 없었는데, 다시 부모님의 노여움을 사고 싶지
않아서 보충수업시간 동안 집에 돌아가지를 못했다.

그러면서 며칠이 지났다. 하루는 내가 놀고 있는데 다나카 선생이

별안간 나타나서 나를 놀라게 했다. 그러나 그 선생은 나를 자기 아들처럼 대하면서 타이르는 것이었다.

"너는 왜 방과 후 보충수업을 안하니?"

"저는 전학해 온 후에 매일 시험에 영점을 받는데요."

"그러면 어떻게 할 거냐?"

나는 솔직히 말했다.

"저도 모르겠는데요."

"너의 부모님이 뭐라고 말씀하실거냐?"

"꾸지람을 듣거나 매를 맞겠지요."

"그럼 어떻게 하는 것이 좋겠니?"

"모르겠는데요."

"최선을 다해야지. 계속해서 꾸준히 노력을 하면 된다."

"될 것 같지 않은데요."

"하면 된다."

"정말로요?"

"나는 그렇게 생각한다. 너는 하면 할 수 있다고 믿는다. 방과 후에 여기서 놀고만 있으면 무슨 소용이 있니? 너는 할 수 있으니 공부를 해 봐라."

"어렵다고 생각하지만, 그렇게 말씀하시면 해 보겠습니다."

"그래, 그래. 해 봐라."

"감사합니다."

"자, 그럼 가자."

결국 나는 그의 말을 듣고, 방과 후 보충수업을 다시 시작하고, 집에서는 매일 밤 1~2시까지 공부했다. 그 후 성적이 차차 좋아져서 졸업이 가까워졌을 때에는 세 반을 통해서 1, 2위를 다투는 데까지 이르렀다. 그러나 일본아이들이 다니는 중학교로 진학할 생각은 하지 못했고, 시험에 합격해서 원산상업학교로 진학했다. 그것도 경쟁이 심해 쉬운 일이 아니었다. 함경남도에 관립과 사립을 모두 합해서 남자중등학교가 대여섯 개밖에 없었으니까, 나는 그 학교에 합격한 것도 요행으로 생각했다.

마음이 협소하다는 일본사람 중에도 좋은 사람들이 있다는 것을 여러 번 체험했는데, 이것이 처음이어서 그런지 내 기억에서 사라지지 않고, 늘 감사하다는 생각이 난다. 이 선생님이 아니면 나는 이북에서 노예 같은 생활을 했을른지도 모른다. 그것보다 나의 강직한 성격에 비춰 보면 지금쯤은 아마 총살을 당했을른지도 모른다. 제2차 세계대전 후 나는 다나카 선생을 다시 만나서 감사의 말씀을 드리고 싶어도, 그분의 주소를 알 수도 없고, 또 그분의 성은 알지만 이름은 몰라서 도저히 찾을 수가 없다. 학병 때에도 그렇게 친절하고 좋은 일본사람 몇명을 보았는데, 차차 그 이야기가 뒤에 나올 것이다.

그 때에는 초등학교만 남여공학이고 중고등학교는 물론, 전문학교나 대학도 남여공학이 아니었다. 99%의 일본남학생들이 다니는 대학에는 극소수의 여자가 있었다고 하는데 나는 그것은 잘 모른다. 원산상업학교에는 한 500명의 학생이 있었는데 조선학생은 반쯤 밖에 안되었다. 그런데 조선학생의 성적이 좋고 체격이 일본학생들보다 좋으므로, 일본선생들도 그것을 좋아해서 반장이나 그 밖의 학생간부로 뽑히는 조선학생들이 많았다. 교련이라는 군사훈련만 해도 나는 키도 작고 조용해서, 졸업 때까지 많은 조선학생들이 대대장, 중대장, 소대장, 분대장 역을 많이 맡아서 했으나, 나는 분대장 같은 것도 한 번도 못해 봤다. 그렇다고 나는 그것을 조금도 부러워하지도 않았고, 또 해 보려고 노력도 하지 않았다.

조회나 교련을 할 때에는 학생들을 군대식으로 대대, 중대, 소대, 분대로 편성했다. 이 학교에서는 아침마다 조회가 있었는데, 남자학생들은 각반을 차야 하는 것이 고역이었다. 조회 때에는 아침에 편성대로 정렬해 서서 긴 훈계와 훈시를 들어야 했고, 그 후에 분열식이 있었다. '동방요배'가 있은 후에 황국신민 선서가 있었는데, 그것을 어떻게 엄격하고 준엄하게 하는지 큰 고통이었다. 줄 뒤에는 일본 상급학생들 몇 명이 서 있다가 식이 끝나면 누가 무엇을 잘했느니, 못했느니 트집을 잡아서 미운 하급생에게 육체적 기합을 거의 매일 주었다. 그 상대는 대개 조선학생들이었다.

또 매달 한 번씩 전교생이 원산 신사(神社)의 앞 마당에 가서 신사참배를 해야 했다. 아침에 조례가 끝나면 전교생이 줄을 지어서 거의 5리나 되는 그 신사에 걸어갔다. 우리는 신사 안에 무엇이 있는지 알지도 못했고, 아무도 가르쳐 주지도 않았지만, 우리는 사이케이레이(최경례)를 해야 했다. 그것은 허리를 80°로 구부리고 아주 깊이 하는 절이었다. 어쩌다가 이 절을 안하든가 제대로 안하면 여러가지 기합을 받았다. 선생님이나 상급생이 참배를 안하고 뒤에서 보고 있는 것이었다. 그런 압박감을 매번 느끼면서 매달 형식적으로 신사참배를 해야 했다.

원산상업학교에 야마모토(山本)라는 광신 국수주의자인 교장이 있었는데, 그가 주선해서 그 때까지 없었던 호안뗑(奉安展)이라는 것을 짓고, 히로히토 쇼와왕(昭和王)의 사진을 두기로 했다. 그것이 도착하는 날에는 600여 명의 전교생이 역에서 학교까지 넓은 간격을 두고 늘어서서 두어 시간이나 기다려야 했다. 사진이 도착했을 때에는 그것을 포장한 것이 멀리 보이자마자 총이나 목총(木銃)을 들고, 그것이 우리 앞을 지나서 멀리 갈 때까지 오랫동안, 눈도 깜짝 못하게 해서 그 고통은 말할 수가 없었다. 일본학생들은 자기들 피를 지닌 왕이니까 그것을 감수했을른지 모르겠지만, 조선학생들은 거의 모두 사진 하나 오는데 왜 이 소동인가 하고 마땅치 않게 생각했다. 하지만 어찌할 도리가 없었다. 또 추운 날이어서 우리의 고통은 더욱 심했다. 물론 그 사진을 본 사람은 아마 한 사람도 없었을 것이다.

일본의 지도층은 조선사람의 피가 대부분이고, 아이누족과 남방계의 피가 좀 섞인 것이 일본사람이다. 아이누족은 일본 혼슈우(本州)의 본토인이라는데, 그 종족은 세계 네 군데에 고립 산재해 있는 고대 백인종의 하나라고 한다. 일본왕의 사진은 신문에서도 봤는데 웬 소동인지 몰랐다. 도대체 그 사진을 왜 그런 작은 건물에 마치 성체처럼 모시는지 이해가 가지 않았다. 그 사진은 결국 태평양전쟁 후에 조선사람들이 찢어 버렸던지, 그렇지 않으면 일본인들이 태워 버렸을 것이다.

야마모토 교장과 일본선생들은 이렇게 여러가지로 우리를 훈련하면, 우리가 정신적으로 황국신민이 되리라고 믿고 있었던 모양이다. 물론 그것은 큰 오산이었다. 그들은 우리 피부와 피에 잠재하고 있는 얼을 모르거나 이해하려고 하지도 않았다. 우리는 이런 자들에게 모두 아호(바보)라는 별명을 지어 주었다. 고등상업학교에서는 조회도 없었고, 황국신민선서니 하는 것이 없어서 좀 편했지만, 일본학생이 80여%여서 그들이 가끔 조선학생 중에서 미운 사람이 있으면 공연히 기합을 주는 것도 보았다. 기분이 나빴지만 별수가 없었다. 이처럼 황국신민의 형식적 훈련을 많이 받은 나는 입대하면 군대에서는 더욱 그것을 강조하고 못살게 굴 것으로 생각해서 각오를 단단히 하고 입대했다. 그러나 그 염려는 없었다. 일본 내지에서는 그런 훈련이 한반도 같이 심하지 않다는 인상을 받았다.

우리 중대에서는 어쩌다가 진지에 집합하면 '동방요배'는 간단히 해 버리고, 그런 것에 관한 교훈도 훈시도 일절 없었고, 다만 군진조쿠유(군인칙유)만은 처음부터 끝까지 외워야 했다. 이것하고 다른 훈련교범의 두어 개를 거의 10%씩 암송할 수가 있어야 했다. 암송은 밤 10시 점호 때에 시키는데, 할당한 부분을 암송 못하거나 불충분하면 주먹이나 벨트로 맞았다. 김정호 이등병하고 나는 고등교육을 받다가 입대했고, 또 기합이 무서워서 모두 잘 암송을 하여 한 번도 그 때문에 기합을 받은 일이 없어서 일본군인들을 놀라게 했다.

일본군에서는 한국군처럼 일병이니 이병이니 하지 않고 항상 일등병이니 이등병이니 했다. 한국어가 일본어와 다른 점의 하나는 한국어에는 이런 약어가 많고 또 약어를 만들 수 있는 특성이 일본어보다 강하다는 것을 후에 알게 됐다. 나도 모르는 약어들도 많다. 이것 때문에 외국인들이 한국어를 배울 때에 고통을 많이 겪을 것은 뻔하다.

당시 일본군은 병력부족으로 예비병뿐만 아니라 제2보충병까지 동원했다. 그 중에는 40세쯤 된 사람들이 많았다. 그들은 나이 관계로 교범 암송을 잘 못해서 거의 매일 주먹이나 벨트로 맞는 사람이 많았다. 그 때 매일 그런 봉변을 당하는 사람이 한 명 있었다. 그는 오오사카(大坂)에서 가까운 고베(神戸)의 한 구역의 경찰서장으로 있다가, 일본제국을 위해서 자원 입대했다는 한 중년의 애국자였다. 그는 매일 주먹과 가죽 벨트로 맞아 우리가 측은하게 생각하고 있었다. 웬일인지 그사람하고 나는 대화를 가끔 할 수가 있었다. 어느날 내가 물었다.

"일본제국을 위해 자원입대했다고 전에 말씀하셨는데 그것이 거짓이 아닌가요?"

"아니요, 그것이 사실이에요."

"그럼 지금도 그런 정신을 가지고 훈련을 받고 계시나요?"

"이이야, 덴노오모 쿠소모 아루몬데쓰까?"

그의 대답을 직역하면 다음과 같다.

"아니오, 천황도 똥도 있을 거요?"

나는 이 말을 듣고 놀랐다. 처음에는 나를 떠 보려고 하는 소린가 하고 경계심까지 들었으나, 그 후 대화를 다시 해보니 그것이 진심이라는 것이 확실해졌다. 그는 거의 매일 자기보다 훨씬 젊은 사병들한테 고된 육체적 기합을 받다 보니, 일본군대와 정부에 대해 실망하고 절망의 절정에 달해 있었다. 그런 태도는 날이 갈수록 여러 사병에게서 엿볼 수가 있었다.

26.
신의주의 임 이등병

우리 조공(照空)중대에서의 기본훈련은 보병처럼 육체적으로 힘든 것은 없었고 주로 두뇌와 손의 훈련이었다. 나는 재학시에 몸이 작고 운동도 많이 안해서 그것이 다행이라고 생각하고 있었다. 그러나 그런 비교적 안이한 훈련도 몇 달 가지 않았다.

기본훈련이 끝날 무렵의 일이었다. 우리 중대 신병 중의 많은 인원이 새로 생긴 중대의 진지 구축을 돕기 위해 3주일 동안 몇 십리쯤 떨어진 벌판에 있는 살풍경한 새 진지로 파견되어서, 땅을 파고 다지는 힘든 일을 해야 했다. 우리는 다른 푸른들의 새 진지에 간다고 좋아했지만, 나같이 몸이 작은 사람들도 많아서 모두 중노동의 고역을 걱정하고 있었다. 우리 중대에서 김 이등병은 아마 성병 때문에 파견되지 않았고, 우리 소대에서 나와 몇 사람이 뽑혔으니 이것도 나의 숙명이었다.

몇 개 중대에서 몇십 명의 신병들이 파견되어서, 많은 조선학병을 만날 수 있겠다고 속으로 좋아했으나 몇명되지 않았다. 우리 조선학병들은 모두 다른 내무반으로 편입되었고, 또 너무도 바쁘고 보는 눈이 많아서 자주 만나 이야기를 할 수가 없었다. 어쩌다 만나면 반가워서 서로 위로하고 격려하는 말을 주고받았으나, 긴 시간 이야기를 할 수가 없어서 안타까움을 금할 수가 없었다.

우리 조선학병 중에 임(任)이라는 이등병이 있었다. 그는 신의주 출신이었는데, 도쿄(東京)의 한 전문학교 재학중에 학병으로 끌려온 사람이었다. 나도 키가 작았지만 임씨는 나보다 더 작았다. 임 이등병은 성격이 쾌활하고 깨끗하고 활달하다는 인상을 주는 사람이었다. 그와 나는 웬일인지 곧 친해졌고, 만나면 다른 사람들보다 더 반가워하고 기쁜 마음으로 여러 말을 주고받으며 서로를 위로했다.

그런데 하루는 임 이등병이 총검을 쥐고, 눈에 살기가 차서, 어디론가 뛰어가는 것이 내 눈에 띄었다. 나는 놀라서 그를 쫓아가며 소리쳤다.

"임형, 어디로 가는 거야?"

"그놈 내가 가서 죽이고 말거야!"

물론 나는 사정을 몰랐지만 크게 놀라지 않을 수가 없었다. 그의 노기가 과격했고 심상치가 않았다. 여하간 그의 노기를 풀고 그의 어리석음을 설득할 수밖에 없었다. 그의 팔을 꽉 잡으면서 말했다.

"누구 말이야?"

"미노 하사!"

"왜?"

그는 내가 꽉 붙잡고 정색을 하며 물으니까 나를 뿌리치고 가지는 못했다.

"아, 그 놈이 "조센징와 미나 기타나이시 고로사냐 나랑(조선사람은 모두 더럽고 죽여야 한다)!"이라는 거야"

"왜 그런 미친 소리를 해?"

"아, 그 놈이 내 총검이 더럽다는 것에서 시작한 거야!"

"청소를 제대로 했는데?"

"물론이지!"

"그런데 왜?"

"그 놈은 조센징이 아주 싫은 모양이야. 모두 죽여야 한다고 하잖아!"

"그렇다고 그 놈을 죽이면 어떻게 해?"

"아니, 그런 놈을 살려두어?"

"그 놈을 죽이면 무슨 보람이 있어?"

"보람이 있던 말던, 그런 놈은 그냥 두면 안 돼. 그런 놈은 죽어야지!"

"그 놈을 죽이면 자네는 어떻게 되고?"

"나야 기왕 죽을 몸인데."

"죽긴 왜 죽어. 살아서 집에 돌아가야 하는데."

"집에 돌아가? 언제?"

"잘 모르겠지만, 그 놈들이 몰리고 있으니까 머지않아 우리가 집에 돌아갈 게 아니야?"

이 때쯤 일본군은 남방과 중국에서 점차 패전을 해서 후퇴하며 더욱 수세에 몰려 있었다. 그 때쯤 필리핀에서 크게 패전을 하고 1944년 6월에 사이판을 잃어, 도조 내각은 총사직하였다. 조선총독이던 고이소(小磯)가 도조 대신 일본의 총리대신(總理大臣)이 되었으니 무슨 발전이 있을 것인가! 이 때 미군은 남양에 있는 여러 섬을 점령하고 1944년 7월에는 마리아나섬을 탈환했다. 그리고 서진과 북진을 계속하면서 필리핀, 오키나와, 이오지마(硫黃島) 섬의 점령을 계획중이었다.

"그게 믿어지질 않아. 여하간 저런 놈을 살려 두면 안 돼!"

"그렇지만 총독 같은 놈을 죽이는 것도 아니고 개죽음이 아니야?" 이 때쯤 그의 분노가 조금 풀렸다.

"나야 언제 죽을른지 모르는데……"

"그러지 말고 우리 희망을 갖자고. 우리는 여기 있으니까 돌아갈 수 있는 확률이 많지 않아? 고향에 계신 부모형제를 생각해서도 그러면 안 돼!"

그제서야 그는 제 정신으로 돌아오는 것 같았다.

"그래, 자네가 옳아! 자네가 옳아!"

그래서 나는 마음을 놓고 다른 이야기를 좀 하고 헤어졌다. 나는 나 자신이 어떻게 그를 설득할 수 있었는가 하는 생각도 들었지만, 사람은 급하면 그보다도 더한 일을 해낸다고 하는 것을 듣고 있어서, 그럴 수도 있겠다고 속으로 자찬도 해 봤다. 이 일은 그 후 오래 내 머리에서 사라지지 않고, 내 추억의 큰 자리를 차지하고 있다.

27.
표착한 시체가 웬 말이오?

    나는 새 진지를 구축하는 동안 딱 한 번 고요(公用)로 나갔다. 그것도 시가지로 심부름하러 가는 것도 아니고, 북쪽 해안지대에 가서 진지 구축에 도움이 될 만한 유목이나 작은 목재를 구해 보라는 것이었다. 그쪽으로 가면 삼림 지대가 약간 있고 해안이 있다는 것이었다. 우리 몇 사람이 그런 임무를 띠고 부대를 나갔는데 저녁 좀 늦게 돌아와도 좋다는 것이었다. 또 나무들이 너무 크면 운반은 후에 하겠다는 것이었다. 그저 휴가를 못 주니까 그런 명목으로 우리를 부대에서 하루 내보내는 것 같았다. 그것을 교대로 매일 몇 사람씩 내보냈다. 우리는 이렇게 고요로 나가는 것이 이상하기는 했지만 부대에서 나가 힘든 일을 안 한다는 것이 퍽 기쁘고 감사했다.

    그러나 유감스럽게도 우리 그룹에는 조선사람은 나밖에 없었다. 한 사람 이라도 더 있었으면 얼마나 기쁘고 즐거웠을 것인가! 날도 좋았다. 늦은 봄 날씨는 좀 더웠지만 습기 때문인 것 같았다. 그러나 맑게 갠 하늘에는 구름도 몇 점 없는 상쾌한 날씨였다. 일본의 강우량이 조선의 거의 배가 된다고 하는데, 그것 때문인지 들과 나무는 진한 녹색으로 덮여 있었다. 집도 많지 않은 시골의 푸른 전원풍경은 풍류적이고 퍽 평화스러웠다. 마치 전쟁, 투쟁, 갈등이 어디 있느냐는 듯, 부대에서는 경험할 수 없는 푸근한 마음이 우러나오게 하는 풍경이었다.

우리는 맑은 날씨와 전원풍경을 만끽하고 시골길을 거닐면서 쓸데없는 잡담을 하고 목재도 탐색하는 척했다. 두어 시간 후에 우리는 싸가지고 온 도시락을 먹었다. 나무 아래에 앉아서 일본사람이나마 몇 사람과 같이 도시락을 먹으며, 이런 전원에서 자유시간을 즐긴다는 것은 참으로 감사했다. 군대의 바쁜 일정과 빠듯한 규율을 지켜가며 힘든 진지구축을 하다가 이런 시간을 갖는다는 것은 참 즐겁고 고마웠다.

우리는 그럭저럭 오후도 산책과 휴식과 시골구경으로 보내고, 좀 이르지만 싸가지고 온 저녁을 또 나무 밑에서 먹었다. 그러다 보니 저녁 때가 다 되었다. 우리는 좀 늦게 돌아가도 되니까 바다를 찾아가 보자고 북쪽으로 갔다. 조금 가니까 그리던 바다가 나왔다. 북쪽 바다가 크게 우리 눈앞에 벌어졌다. 그것은 쓰시마(대마)해협이었는데, 내가 입대할 때에 건넌 후로 처음 다시 보는 바다였다. 두 말할 것 없이 나와 모든 조선학병들이 저 해협을 하루바삐 건너 귀향하기를 원하는 바다였다. 이 해협을 건너면 쓰시마섬이 있다. 그 섬은 원래 조선 것이었는데 임진왜란(1592) 시에 그 곳 주민의 민원으로 일본에 편입되었다고 하는데, 지금 한국어와 일본어의 관련성에 관심이 있는 언어학자들이 가끔 찾아가는 곳이기도 하다. 쓰시마섬을 지나면 대한해협이 있다.

"저 바다만 건너가면 고국인데! 저것을 건너는 것이 그렇게도 어렵구나! 그런데 왜 저 바다는 우리 일에 관해 무심하고 조용할까!"

이렇게 생각하며 쓸데없는 공상을 하게 됐다. 쓸데없지만 그런 생각이 나는 것을 억제할 수가 없었다. 내가 죽기 전에 꼭 저 해협을 건너겠다고 다시 다짐했다.

바닷가로 가니까 사람들이 웅성거리고 있었다. 우리는 호기심을 이기지 못하고 곧 그리로 갔다. 가 보니까 한 10여 명의 민간인들이 무엇인가를 둘러싸고 있었다. 잘 보니 그 가운데 군복을 입은 사람이 하나 엎드러져 있었다. 그 사람은 꿈쩍도 하지 않았다. 나는 그런 것은 생전처음 보았다. 이 사람들이 사병을 하나 때려 죽이지나 않았나 하고 그 사람들을 잘 살펴보았다.

과연 그 사람은 죽은 사람 같았다. 우리는 그 사람들에게 물어보지 않을 수 없었다.

"왜 저 사람이 저기 누워 있어요?"

"누어 있는 것이 아니예요. 죽었어요."

"죽었어요? 이 사람이 왜 여기서 죽었어요?"

"여기서 죽은 것이 아니고 표착했습니다."

"표착이라니요?"

"저쪽 바다에서 떠내려 온 것을 건졌어요."

"어디서 떠내려 왔는데요?"

"침몰된 배에서 표류했겠지요."

"침몰이라니요?"

"배가 미국 잠수함의 공격을 받았겠지요"

"그래요?"

"예, 몇 달 전부터 그런 일이 가끔 있어요."

"그럼 그 배는 군용선인가요?"

"그럼요. 남양으로 가는 배겠지요."

그 사람에 의하면 미국 잠수함이 그 지방의 바다를 자유자재로 출몰한다는 말이었다. 참 놀라운 일이었다. 이것은 일본의 전황과 사태가 생각하던 것보다 더 나쁘다는 것을 말해 주는 것이며, 일본의 패전이 임박해 오고 있다는 것이라고 추측할 수 있었다. 나는 이 죽은 사람에게는 미안하지만, 이 소식을 듣고 귀국이 멀지 않은 것 같아서 매우 기뻤다. 나는 속으로,

"신이여, 계시면 저를 그 때까지 잘 보호해 주십시오!"

라고 기도 아닌 기도를 올리고 있었다. 나는 누구한테 기도를 올리고 있는지도 몰랐다. 그러나 아무래도 미심쩍어서 조금 있다가 다시 물어 봤다.

"어떻게 돼서 군인의 시체가 규슈 북쪽의 해안까지 떠내려 옵니까?"

"글쎄요. 조류 때문에 남쪽에서 표류해 오는지, 또는 이 지방에서 남양으로 떠나는 배가 있는지 모르겠는데요. 하카타(博多) 같은 데에서 떠나고 닿는 배가 꽤 많다고 들었는데요."

혼다(本田)가 물었다.

"그런 배들이 미 잠수함의 어뢰에 맞는다고 생각하세요?"

"그렇겠지요. 그것이 확실하겠지요."

'하카타'라는 말을 들으니 그럴 듯했다. 하카타는 기타 규슈에 있는 큰 항구이고 많은 선박이 드나들기 때문이다. 하카타는 그 때 군용선도 많이 드나드는 항구였다. 미 잠수함이 하카타까지 와서 파괴작전을 하다니! 전쟁 후에 미국에 와서 안 일이지만, 미국에 있는 젊은 일본계

청년들이 입대해서 통역관으로 활약하면서 귀중한 정보를 입수해서 미군에 제공했다고 한다. 그러니까 미군은 하카타에 관한 정보는 충분히 가지고 있었을 것이다. 나는 미군의 승전이 나를 구해 줄 것을 믿고 그 사태를 감사하게 생각했다. 그러나 일본계 청년들이 결국은 자신들 부모의 조국을 배반하지 않았나 하는 생각도 하게 되었다. 이렇게 생각하는 것이 나뿐만이 아닐 것이다.

그러나 인간에게는 자기 몸에 도는 피보다 출생지, 거주지, 문화적 배경과 특히 신조가 더 중요하다는 것을 머지않아 알게 되었다. 이것은 나 같은 사람에게는 새로운 인식인 동시에 큰 충격이기도 했다. 그러나 역사상 그런 일이 많이 있었기 때문에 일본계 이민 2세나 3세를 비난하는 것이 타당치 않다는 것을 알게 되었다. 또 한국전쟁이 일어난 후에는 이민 2세와 3세에 관한 이런 생각을 완전히 청산하게 되었다. 한국전쟁은 동족살륙의 전쟁이 아니었는가? 하늘은 우리 인간들을 이런 비참한 사고방식에서 건져 주어야 한다. 나는 한반도에서 벌어진 동족살륙의 전쟁을 보고 몹시 분노했었다. 그러나 역사상 이런 전쟁이 지구상에 자주 있었다는 것을 깨닫고 좀 진정되었다.

28.
민간인은 든든하게 생각한다

    우리는 거의 3주일의 힘든 진지 구축 임무를 마치고 원대로 복귀했다. 우리 진지는 와카마쓰시에서 북쪽으로 좀 떨어진 곳이지만, 그 주위에는 채소를 기르는 농민들이 많이 살고 있었다. 그들 중에 우리 진지를 가까이 지나가는 사람들이 꽤 있었다. 이 곳의 일본군인들은 함흥에 배치된 일본연대 소속 일본군인들과는 달랐다. 내가 원산상업학교 재학시, 함흥에 있는 일본 연대에 가서 훈련을 받을 때에 목격한 사건이 있다. 하루는 병영 밖의 풀밭 연병장에서 훈련을 받고 있는데, 한 조선농부 아주머니가 멀리서 연병장을 가로질러 가고 있었다. 그런데 우리를 훈련하던 일본 중사가 그 아주머니한테 달려가서 들고 있던 막대기로 그를 막 때리는 것이었다. 우리 조선학생들은 분했지만 참을 수밖에 없었다. 이 사건은 내 기억에 생생하며 일본에 와서 그런 일이 없는 것을 보고 약소민족의 비애를 새삼스럽게 느끼게 되었다.

우리가 잠시 쉬고 있을 때에 지나가는 농민들은 우리하고 대화도 나누었다. 그들은 조선농민처럼 순박하고 친절했다. 하루는 지나가던 아주머니가 우리 사병하고 잠깐 대화를 하게 되었다.

"고구로산데쓰(수고하십니다)."

"아니요, 그리 고생은 되지 않습니다."

"무슨 부대입니까?"

"우리는 조공대입니다."

"아, 그래요? 그래도 고사포부대가 아닙니까?"

그는 우리의 부대와 우리의 임무를 이미 알면서도, 우리 젊은 사람들하고 말하고 싶어서 그런 말을 하는 것 같았다.

"예, 그렇습니다."

"훈련을 많이 한다던데요."

"예, 꽤 하고 있습니다."

"그래서 여기 지방민들은 퍽 든든하게 생각하고 있습니다."

"감사합니다. 최선을 다하고 있습니다."

사병들과 이 아주머니와는 이런 말을 주고 받았는데 나는 물론 듣기만 하고 있었다. 고사포부대가 그 지역을 지켜 주고 있어서 퍽 든든하다고 생각하고 있는 것은 사실이며, 그렇게 말하는 사람들이 종종 있었다. 인사말에 지나지 않는가 하는 생각이 들기도 했다. 그러나 그들의 기대를 깨뜨리는 큰 사변이 머지않아 일어났다.

29.
B-29의 첫 공습

기본훈련이 끝나기도 전에 하루는 저녁에 실전태세의 전투경보가 울렸다. 우리 신병들은 무엇이 어떻게 돌아가는지 어리둥절해서 진지로 뛰어올라갔다. 고참병들과 하사관과 장교들이 진지에 있는 병기와 지휘탑에 뛰어가서 자리를 잡았다. 그들은 훈련이 잘 돼 있었고, 또 진지가 내무반에서 가까와서 10분 내에 지정된 위치에 가서 전투준비를 끝냈다. 훈련이 얼마나 중요한 것인지를 눈으로 보게 되었다.

우리 신병들은 옆쪽으로 서서 견습을 하라고 했다. 반 시간도 안되어 통신실에서 정보가 오기 시작하고, 그 정보를 근거로 원격조정기를 이용해 사광기(射光機)를 수동 조작하기 시작했다. 군대 밖에서는 조공등(照空燈)이라고 했지만 군대에서는 사광기라고 불러서 그 말을 익히는 데에 노력을 해야 했다. 이 때에 우리는 비로소 중국의 충징 부근에 있는, 세계에서 제일 크다는 미군의 B-29폭격기가 기타 규슈를 향해서 오고 있다는 것을 알게 되어, 군인들이지만 모두 두려움에 싸여 있었다.

그 동안 우리 부대의 전투원들은 미폭격기가 오는 것을 추적하고 있었다. 10분 후에 중대장이 소리지르며 명령을 내렸다.

"쇼구(조공)!"

거의 동시에 하늘을 향해서 비교적 넓은 폭의 전기 불빛 여러 개가 올라갔다. 조공대들이 거의 한꺼번에 조공을 해서 여러 불빛이 한꺼번에 캄캄한 하늘을 향해 올라갔다. 그리고 미폭격기를 찾느라고 하늘을 휘젓기 시작했다. 그 광경은 전투이기는 하지만 장관이었다. 내가 일본 시골에 와서 그런 구경을 한다는 것이 꿈만 같았고, 참 나의 운명이 기이하다는 것을 또 느꼈다.

조금 있으니까 사광기의 한 불빛이 B-29를 한 대를 포착해서 그것을 쫓기 시작했다. 이상하게 단 한 기만 비교적 낮게 야하다 제철소의 상공을 향해서 날아가고 있었다. 그러니까 고사포대가 고사포로 불빛에 잡힌 그 폭격기를 사격하기 시작했다. 하늘을 향해 올라가는 고사포탄은 신관에 사병들이 설정한 시간에 맞춰 폭발하게 되어 있었다. 그것이 폭발할 때에는 하늘을 불꽃처럼 장식했다. 그 때가 처음이어서 그런지 고사포들은 폭격기 하나에 수없는 포탄을 퍼부었다. 사실 그 광경은 실전이 아니면 볼 수 없는 것이며, 나는 그 장관에 매혹되어 있었다. 이런 모순된 인간이 나였다. 사실 그런 생각을 하면서 양심의 가책도 좀 느꼈다. 아무리 일본이라 할지라도 큰 전투가 벌어져 인명은 물론, 공장을 비롯한 사회의 귀중한 시설이 파괴되고 있는데, 그런 광경에 매혹되어 있다니! 그 후 다른 일본사람들하고 말을 해보니까 그렇게 느낀 사람이 많았다는 것을 알고 죄책감이 좀 덜어졌지만, 그래도 그런 폭격이 계속됨에 따라 이 모순된 감정은 계속되었다. 그러니 나의 인간성에도 이상한 일면이 있다는 것을 부정할 수 없게 되었다.

그와 동시에 우리는 그 폭격기가 사광기의 불을 추적해 조공대 진지를 폭격하면 어떻게 하나 하고 두려워했는데, 그 폭격기는 제철소만 폭격하고 서서히 서쪽 하늘로 사라졌다. 그 많은 고사포탄이 하나도 적중하지 못한 것이었다.

한 5분 있더니 다시 똑같은 전투가 시작되었다. 또 다른 B-29가 상공에 나타난 것이었다. 그 폭격기도 우리에게는 아무 피해도 주지 않고, 야하다에만 큰 새가 하늘에서 용변을 보듯이 폭탄을 수없이 투하하고, 서서히 서쪽으로 사라졌다. 당시 B-29는 그 어느 군용기보다 동체가 컸고, 또 지상에서 보았으니까 천천히 가는 것 같았지만 고속으로 갔을 것은 분명했다. 이런 전투가 두어 시간 계속했는데, 그것이 2년이라는 긴 세월 같았다. 미폭격기가 5분쯤에 하나씩 침입해 왔으니 그렇게 오래 계속할 수밖에 없었다.

후에 여러가지를 직·간접으로 들었는데, 그것을 요약해 보면 다음과 같다. 그것은 모두 소문으로 들었지만 모두 신빙성이 있는 것 같았다. 미국 폭격기는 모두 무사히 돌아간 줄 알았는데, 그중의 하나가 좀 피해를 입었다고 한다. 그 비행기는 돌아갈 때에 정상비행이 되지 않아, 도중에 해상에 추락했을른지도 모른다는 것이었다. 또 미폭격기들이 한꺼번에 오지 않고 5분의 간격을 두고 온 것은 자기들의 피해를 적게 하기 위한 것이었다고 한다. 그리고 1만 피트 이상의 고도로 오다가 폭격할 때만 폭격을 정확히 하기 위해서 좀 내려와서 폭탄을 모두 투하하고, 즉시 또 상공으로 올라가서 도주했다는 것이었다. 생각해 보니 그것도 그럴 듯한 전술이었다.

일본 고사포대는 옆으로 크게 만든 쌍안경 같은 고도측정기로 적기의 고도를 측정하는 연습을 많이 했는데, 그 날은 B-29가 너무 크게 보여서 사병들이 고도를 고의적으로 줄여서 불렀다는 것이었다. 그래서 포탄들이 폭격기에 훨씬 못 미치는 저고도에서 폭발했었다.

ㄱ 때 일본군에 '나호'라는 대공 레이더가 있었지만 완성되지 않아서 사용하지 못했다고 한다. 그 밖에 저고도 목표에만 사용하는 '지호' 라는 것이 있었는데, 이것을 비행기 추적에 쓰고 있었다. 그러나 이것들은 다른 장비와 연동되어 있지 않아 모두 손으로 작동해야 했다.

또 확실한 소식통에 의하면, 고사포대들은 1대씩 오는 폭격기에 포탄을 너무 많이 퍼부었기 때문에, 3개월 동안 사용해야 할 포탄을 하루 저녁에 다 썼다는 것이었다. 그래서 다음 전투에 사용할 포탄이 부족하게 되어서 그것이 사단의 큰 문제로 되었다는 것이었다. 이것은 내가 그 전투를 처음부터 끝까지 목격했으므로 수긍이 가는 말이었다. 반면에 그렇게 많은 포탄이 상공에서 터졌기 때문에 그 야간전투의 광경이라는 것은 참으로 보기 드문 장관이었다.

훈련이 잘 된 고사포부대는 적기의 10%는 파괴한다는데, 이번에는 하나도 파괴하지 못해서 부대의 수치라고들 떠들썩했다. 조공(照空)대원들은 조공작업은 잘했으니까 자기들은 실패하지 안 했느니, 고사포대의 훈련이 돼먹지 않았느니, 별별 말이 많았다. 나로서는 내가 살아 있는 것이 다행이지 그 밖의 일은 모두 나하고는 상관이 없다는 생각이 자꾸 들었으며, 또 그것이 사실이었다.

어떤 사람들은 규슈 방공부대의 훈련을 잘 받은 고참병들이 그 때 많이 휴가를 얻어서 집에 돌아갔다는 것을 알고 미군이 공습해 왔다고 했다. 그리고 다른 소문도 많이 돌고 있었으나 모두 헛소문 같았고, 나에게는 별로 관심이 있는 일이 아니었다.

30.
가미카제기(神風機)의 자살 공격

　며칠 후에 B-29가 두 번째로 야하다를 폭격하러 왔을 때에 또 이상한 광경을 보게 되었다. 온 세계에 그런 것을 본 사람은 역사상 우리 부대와 그 지방의 주민밖에는 없을 것이다. 이런 장관은 유럽에서도 못 봤을 것이다.

　전처럼 이번에도 B-29들은 밤에 왔다. 장교들과 고참병들은 경보가 난 후, 신속히 진지에 올라가서 자리를 잡았다. 우리 신병들은 또 옆에 서서 관전만 하면 되었다.

　한 10분 후에 사광기의 불빛에 큰 파리만한 일본비행기가 나타났다. 그것이 B-29를 향해 날아가더니, 그 큰 B-29의 동체에 부딪쳤다. 파리 같은 일본비행기는 산산조각이 나서 어둠 속으로 사라져 버렸다. 그러나 B-29는 꿈쩍도 하지 않고 폭격을 마치고 돌아갔다. 그것은 필경 널리 알려진 일인승 가미카제(神風) 특공기가 틀림없었다. 미군은 함선을 향해 어리석은 돌진을 하던 가미카제 전투기에 '바카(바보)'라는 별명을 붙여 주었다. 그런데 가미카제가 공중전에서도 그렇게 어리석은 자살공격을 할 줄은 몰랐다.

잠시 후에 그런 비행기 한 대가 노 불빛에 나타났다. 이번에는 그 작은 비행기는 계획적인지는 모르겠지만 B-29의 후부에 달린 방향타를 들이받았다. 그래서 그 B-29는 방향을 잡지 못하고 이리저리 비틀거리며 서쪽으로 사라졌다. 가미카제 특공대는 폭탄을 싣고 주로 미군함의 굴뚝을 들이받아 침몰시키는 임무를 띤 특수비행단인데, 어째서 폭탄을 싣지도 않고 B-29에 부딪쳤는지 이해하기가 어려웠다. 그저 귀한 젊은 생명을 개죽음으로 앗아간 것밖에는 아무 의미도 없는 것 같았다. 그 비행기가 작은 폭탄이라도 실었다면 불발이었는지도 모르겠지만, 그 내용은 끝내 알 수가 없었다. 아니라면 폭탄을 실을 수가 없었는지도 모르겠다.

이 어리석은 모험은 실패로 끝났고, 내가 알기에는 이후에는 다시 시도한 일이 없었다. 일본은 섬나라여서 아시아의 여러 국민들은 일본인들의 국민성을 마음이 좁고 앞을 내다보지 못하는 사람들이라고 보고 있었다. 내가 보기에도 그들이 섬나라 특성을 지니고 있다고 보아도 무관할 것 같았다. 우리는 서적을 통해서 섬나라들은 대개 예로부터 절대군주체제나 절대독재체제를 가지고, 그 군주나 독재자를 위해서 인명의 희생을 주저치 않았다는 것을 잘 알고 있는데, 일본도 이것을 버리지 못하고 있는지도 모른다. 우리는 일본의 사무라이(무사)들이 서민을 이유 없이 마음대로 죽였다는 것을 알고 있다. '쇼군(將軍)'이라는 유명한 미국영화에서도 이런 장면이 잘 묘사되어 있다. 쇼군은 일본 봉건시대에 형식적으로 군주를 받들며 전일본을 통치하던 사람이었다.

또 우리는 일본인들의 무자비한 기질을 봉건시대의 기아(飢餓)해결책에서도 잘 볼 수 있다. 식량이 부족하면 마을 어른들이 모여서 마을의 어느 유아를 죽이느냐를 결정해서 식량문제를 해결했다. 이것을 마비키(間引, 솎아내기)라고 했다. 내가 알기에는 인도와 중국의 일부에서도 그런 짓을 좀 했지만, 식량부족문제를 이런 방식으로 해결한 민족은 별로 없었다. 그리고 인도나 에스키모 기타 여러 민족의 경우에는 노인들의 자발적 또는 관례적 희생으로 식량부족문제를 해결해왔다고 한다.

섬나라 기질과 봉건주의시대를 통해 뿌리깊게 내린 무자비한 기질이 일본사회의 정신적 기반이기 때문에, 일본은 현대에도 언제든지 무사주의적 국가가 될 요소를 지니고 있다는 것을 알아야 할 것이다.

31.
신호를 울린 자가 누구냐?

    소문에 듣기에는 미폭격기가 온 전날 밤에 한 민간인이 밤에 상공을 향해서 어떤 신호를 하는 것을 보았다는 것이었다. 그것은 필경 자유주의자 아니면 친미파가 있어서 그랬다는 소문이었다. 20세기 초 관동(關東)대지진이 일어났을 때에 조선인들이 도쿄에 있는 건물과 집에 불을 질렀다는 헛소문이 돌아서 수천 명의 동포가 일본인 손에 살륙되었다는데, 지금 이 소문이 또 잘못되어서 죄 없는 동포들이 희생되지 않나 하고 나는 속으로 걱정을 하고 있었다. 일본 관동지방은 도쿄(東京)가 있는 지역이다.

    그러나 그 후 얼마 되지 않아 이 지방의 어느 일본인 자유주의자가 이 일로 잡혔다는 소문을 듣고 마음이 좀 놓였다. 그러다 보니 나만 살아나면 되지 않느냐는 생각 외에 동포도 모두 무사했으면 하는 생각도 저절로 드는 때가 있었다. 이것도 인간으로서 당연히 느껴야 할

감정이며, 내 몸의 피가 그렇게 시킨다는 것을 다시 느끼게 되었다.

일본사람 중에 전쟁시에 반정부 행위를 하는 사람이 있다는 것은, 생각지도 못했던 일이기에 나로서는 매우 놀라운 일이었다. 나는 일본 사람들은 모두 황국신민이나 부르짖고 외국인은 모두 야만인이라고 생각하는 열광적 민족주의자라고 생각했었다. 또 민주적인 인사가 있어도 전쟁시에 그렇게 용감한 짓을 하리라고는 생각하지 못했던 것이다. 일본사회에도 그런 사람이 있다는 것, 그리고 일본도 자세히 살펴보면 약하고 강한 인간이 섞여 있는 보통인간의 사회라는 것을 더욱 잘 인식하게 되었다. 어느 사회가 훌륭한 체제를 가지고, 탁월한 지도자를 더 많이 배출할 수 있느냐가 문제라는 것을 새삼스럽게 느끼게 됐다.

이 사람이 상공으로 올려보낸 신호가 무엇하고 무슨 관련이 있는지는 모르겠지만 어떤 사람들은 그것이 소문이 아니라고 믿고 있었다. 그 이유의 하나는 수긍이 되는 일이 있었기 때문이다. B-29가 오던 날에는 훈련을 잘 받았다는 고사포부대의 장병들이 많이 휴가를 가서 부대에는 초년병이 많이 남아 있었으며, 그들이 주로 전투를 했다는 것이었다. 그러므로 미폭격기의 고도 측정을 위시해서 고사포와 기타 장비의 조종을 잘 못해서 전과가 별로 없었다는 말이 돌고 있었다.

신호를 보낸 자에 관한 것은 뜬소문 같았고, 또 과연 잡힌 자가 있는지 끝내 알 수 없었다. 그러나 여러 사람들이 그것을 믿고 있는 것을 보고, 인간의 부족과 무지와 편파적 의견이 얼마나 무서우며, 그것 때문에 많은 사람이 희생 된다는 것을 알게 되니, 인간이나 인간사회의 험악하고 잔악한 일면을 잘 드러내는 것 같아서, 또 우울해지는 것을 금할 수 없었다. 재언하지만, 내가 고등상업학교에 있을 때에 인간은 그리스시대 보다 정신적으로 진보한 것이 없다고 생각했는데, 그 후의 현대 세계역사가 그것을 잘 증명해 주고 있다.

그 후 미폭격기의 야하다 폭격은 몇번 더 있었다. 나는 고사포탄이 명중하는 것을 한번도 목격하지 못했지만, 한 폭격기가 비틀거리며 저공으로 날아가는 것은 한 번 보았다. 나는 그 때 친미파는 아니었지만 일본의 패배만이 조선을 구할 수 있다는 생각이 들어서 미폭격기를 보는 것을 좋아하고, 반면에 비틀거리는 미폭격기를 보는 것은 좋지 않았다.

그 후에 사단장은 심한 훈련을 명령하고, 침입한 B-29의 2%~3%를 격추했다는 믿을 수도 없는 통계를 발표했다. 나는 떨어지는 B-29를 한 대도 본 일이 없어서 그것은 조작한 숫자라고 보았다. 이것 때문에 그들이 또 어떤 분자가 신호를 올렸다고 헛소문을 퍼뜨린 것이 아닌가 했는데, 훈련을 잘 받은 많은 고참병들이 휴가로 부대를 떠났을 때에 B-29가 처음 온 것을 보면 이것은 조작한 것으로 볼 수 없었다. 나는 일본에도 그런 용감한 사람이 있다는 것을 믿어야 한다고 생각했고 또 그래서 마음이 시원했다. 그래도 미심쩍은 것은 그 후의 전황도 크게 다르지 않았다는 것이었다.

32.
아, 당신은 조선사람이다!

　일본 부대의 고요(公用)라는 것에 관해서는 앞에서 말했다. 물론 그
것은 사병이 하는 일인데, 자유시간이 생기고 거리구경도 하고, 또 지
방사람들하고 이야기할 기회도 있어서, 모두가 고요로 나가기를 고대
하고 있었다.

　나는 원대에 있는 동안 계속되는 훈련 때문에 고요는 딱 한 번밖에
나가지 못했다. 그 때 나와 또 한 일본사병하고 두 명이 부대에서 가까
운 와카마쓰시에 나갔다. 일이 끝나고 시간이 좀 있어서 우리는 한
음식점에 들러 간단한 식사를 하기로 했다. 사실 식사시간도 아니어서
배는 고프지 않았지만 민간인 식당에 가 본다는 것이 무척 좋았다.
한 식당에 들어갔는데 거기는 좀 작았지만 깨끗하고 아담했다. 젊은
여종업원이 혼자 있었는데 일본사람인 줄 알고 일본말로만 상대를 했
다. 같이 간 일본사병이 변소에 간 사이에 식당에 손님도 없어서 그

여종업원하고 이야기를 하고 있었다. 변소라는 뜻으로 쓰는 화장실이라는 단어는 해방 전이나 해방 후 한 20년 동안은 없었고, 그전에는 화장실이라는 말은 여자들이 들어가 화장만 하는 방만을 지칭했었다.

그 여종업원이 말을 시작했다.

"헤이다이산(사병님), 어디서 오셨어요?"

"고향 말이오?"

"아니요, 부대 말씀이에요."

"제13중대요."

"그것이 어디 있어요?"

"아, 소레와 아노 야마노 우시로니 아루(아, 그것은 저 산 뒤에 있어)"

"아앗! 안따와 조센진다(아앗, 당신은 조선사람이다)!"

나는 깜짝 놀랐다. 그러나 무슨 소리를 하나 하고 시치미를 뚝 떼고 말했다.

"아니야, 나는 오키나와 사람이야."

"거짓말 마세요."

"왜 거짓말이야?"

"말씀해 드릴까요?"

"그래."

"일본사람은요 "야마노 우시로니 아루(산 뒤에 있어)"라고 안 해요."

나는 깜짝 놀라고 좀 뜨끔했다. 내가 보통학교부터 전문학교까지 일본말로 자라다시피 했는데,

"야마노 우시로니 아루(산 뒤에 있다)"

라고 말하지 않는다는 것도 모르다니! 물론 그 때 그가 조선계 아가씨

라는 것을 알게 되었다.

"그럼 무엇이라고 해?"

"야마노 무코가와니 아루(산 저쪽에 있다)"라고 하지 않아요?"

"아, 그런가?"

나는 이 때 당황하기도 하고 부끄럽기도 해서, 그 여자에게 나는 조선사람이라는 것을 실토하지 않을 수가 없었다. 내가 처음부터 속이려고 시작한 말이 아니어서 사과는 하지 않았다.

나는 이 때 외국어가 얼마나 어려운 것인가 하는 것을 절실히 느꼈다. 후에 안 이야기지만, 한 소련 대학생이 일본어를 전공하고, 일본유학을 수년 동안 한 후에 일본여자하고 결혼하고, 한 일본대학에서 수년간 강의를 하다가, 소련으로 돌아가서 일본어를 교수하고 있었다. 그는 그런 배경을 가지고 있는데도 '50센다마(50전짜리 동전)'라는 말을 몰랐다는 것이었다. 나도 지금까지 영어를 거의 일생동안 공부하고 미국에서 학위를 세 개나 받고 미국에 살면서, 집에서 나가면 영어만 써왔지만, 미국인들이 쓰는 영어의 아주 쉬운 말을 모르는 일이 어쩌다가 있는데, 그것도 무리가 아니라는 것을 이것과 관련해서 가끔 생각한다.

나는 그 때에는 그런 것을 알 리도 없어서 그 때의 기분은 경악에 가까운 느낌이었으며, 지금도 그 아가씨가 한 말을 가끔 생각한다. 나의 일생의 직업이 언어교육이어서 더욱 그런 자극적인 에피소드를 잊지 못하고 있다.

내가 그 아가씨한테 나는 사실 조선학병이라고 실토를 하니까, 그 아가씨도 그런 사람은 처음 보았다며 반가워했다. 나도 퍽 반가왔지만 섭섭한 것이 두어 가지 있었다. 하나는 그가 조선을 아주 모른다는 것이고, 또 하나는 그의 자세와 행동이 꼭 일본여자 같다는 것이었다. 그야 어쩔 수 없는 일이었겠지만, 젊고 이해심이 넓지 못한 그 때의 나로서는 퍽 섭섭했다는 것을 지금도 잊지 못하고 있다. 그 후에 다시 고요로 나가 그 아가씨를 만나서 이야기라도 더하고 싶었지만, 내가 13중대에 있는 동안 그런 고요의 기회는 다시 나에게 돌아오지 않았다.

23.
간부후보생

일본학병들은 우리보다 두어 달 전에 입대해서, 우리가 입대했을 때에는 기본훈련을 거의 끝내고 있었다. 그들은 수주일 후에 시험을 치르고 모두 간부후보생이 되었다.

간부후보생은 갑종과 을종으로 나뉘어 있었으며, 갑종은 훈련 후에 장교가 되고, 을종은 훈련 후에 하사관이 되었다. 일본학병의 반쯤은 갑종이 되고, 반쯤은 을종이 되었다. 우리 조선학병들은 그런 것은 바랄 수도 없다고 생각했다. 그리고 그저 얻어맞지 않으려고 훈련과 주어진 업무만을 열심히 했고, 기본훈련이 끝난 후에 고참병이 되어 좀 편히 살 날을 고대하고 있었다.

두어 달 기본훈련을 하고 있는데 조선학병도 간부후보생 시험을 치르라는 지령이 내렸다. 물론 지원제도였다. 우리는 어떻게 하면 좋을지 몰라서 결단을 내리지를 못하고 며칠을 지냈다. 물론 소대장과 분대장은 지원하라고 격려했다. 이것은 일본학병만 간부후보생으로 만드는 것은 너무 차별적이어서 조선학병들에게도 기회를 주자는 것으로 이해하려고 했지만, 그 진의를 확인한다는 것은 어려웠다. 또 과연 우리가 그것에 응해야 할 깃인지에 관해서는 결론을 내리기가 쉽지 않았다. 결국 8061부대에 있는 조선학병들은 서로 기회를 봐서 상의를 시작했다. 중대가 분산되어 있어서 연락이 어려웠지만 노력하면 할 수가 있었다. 중대에 통신반이 있어서 그것을 틈타서 이용할 수가 있었고 편지연락도 가능했다. 우리 중대에서는 나이가 나보다 좀 위인 김학병이 맡아서 했다. 우리가 1주일 동안 노력한 결과 의견을 모을 수가 있었다. 그것은 다음과 같이 요약할 수 있다.

1. 우리가 간부후보생이 된다는 것은 일본정책을 적극적으로 지지하는 것이 아니다.
2. 현재 전황을 보면 우리는 언제 남양에 파견되어 죽을지 모른다.
3. 장교나 하사관이 되면 훨씬 편하다.
4. 그러니까 한 사람이라도 지원하고 합격해서 사병들보다 조금이라도 편하게 지내자.
5. 그런 뜻에서 우리는 모두 지원하자.

그 때까지만 해도 남양의 여러 섬을 일본군이 점령하고 있을 때여서 군인은 가끔 하나둘씩 그리로 파견되었었다. 이것은 우리뿐만 아니고 일본사람들도 모두 두려워했다. 중국에 미공군이 대기하고 있던 때여서 다행히도 고사포병은 남양에 많이 파견되지 않았다. 그래도 대대에서 미움을 사서 남양으로 파견된 사람이 1년에 몇 명씩 있다고 하는 말이 돌고 있었다. 우리는 간부후보생 시험을 쳤다. 그러나 우리 연대의 31명 중에서 일곱 명밖에 합격하지 못했다. 아니, 일곱 명만 합격한 것이 아니라 군부가 정책상 일곱 명만 뽑은 것이었다. 일본학병들은 거의 모두 간부후보생으로 뽑았고 반 이상을 갑종으로 만들었다. 그에 비하면 큰 차별이 있는 것은 명백했지만 어찌할 도리가 없었다. 약소민족과 피지배민족의 슬픔을 또 느낄 뿐이었다. 결국 우리는 일본인과는 이질적인 존재인데, 우리가 더 이상 바라는 것은 어리석다는 결론을 내렸다. 아니다, 바라는 것이 아니고 비교를 해 본 것이었다.

조선학병 김 이등병은 성병이 있다는 이유로 뽑히지 못했다. 그런데 부대에서 나의 좋지 않았던 학교 교련성적을 받아 보지 않았으리라고는 생각이 되지 않고, 그것을 알면서도 나를 갑종으로 뽑았다는 것을 이해하기가 어려웠다. 그리고 우리 집을 위시해서 우리 친척이 친일파로 간주될 이유도 전혀 없었다. 그렇다고 부대에 와서 얻어맞지 않으려고 열심히 뛰긴 했지만, 다른 일본학병이나 김 이등병보다 내가 성적이 더 좋은 것은 하나도 없었다. 그러니 더 이해가 되지 않았다. 또 다른 학병들이 나를 조금도 비난하지 않았지만, 그들한테 무슨 죄나 진 듯한 기분도 없지 않아서 좀 거북한 감도 있었다. 다행히 내가 잘못했다는 기색을 조금이라도 보이는 사람이 없어서 나의 죄책감은 오래 가지 않았다.

내가 갑종이 된 이유를 내 나름대로 생각해 보지 않을 수가 없었다. 첫째로 미네마쓰연대의 조선간부후보생 시험위원장이 우리 대대장이었다. 그 대대장은 두어 주일에 한 번씩 우리 중대에 왔는데, 그 때마다 온 중대 장병들이 열을 지어 그를 맞았다. 그럴 때마다 웬일인지 그는 김 이등병하고 나한테 말을 붙이고 친절한 태도와 자세를 보여 주었다. 우리는 물론 그것이 무척 감사했다. 그리고 그는 우리 중대장과 친한 것 같았다. 우리 중대장은 일본 육사 출신으로, 중국사변에 참전해서 공을 세운 사람이라고 했는데, 웬일인지 인종차별이 없는 젊은 사람이었다. 그는 심 이등병과 나에게 차별하는 눈치는 조금도 보이지 않고 늘 친절히 대해주었다. 이질감이 있었겠지만 조금도 나타내지를 않아서 좋았다. 일본은 1931년에 만주를 침공한 뒤에 이상한 구실을 만들어서 선전포고도 하지 않고 중국사변이라고 하면서 중국에 쳐들어갔다. 우리 중대장은 그 전투에 갔다 온 것이었다. 일본군은 200만명이나 되는 병력을 중국에 파견했으나, 처음에는 장제스의 중앙정부군과, 후에는 마오쩌둥의 공산군하고 싸우느라고 오래 궁지에 몰려 있었다.

소대장은 교토(京都)에 있는 기독교대학교인 도시샤대학(同志社大學) 출신인데 우리를 꽤 친절히 대해 주었다. 그리고 우리의 분대장은 교토대학교에서 경제학을 전공한 신사였다. 그래서 그들은 모두 나를 잘 추천해 주었을 것으로 생각한다. 우리 대대장이 혹시 원산이나 경성고등상업학교하고 무슨 인연이 있는 사람이었는지도 모르지만, 그가 나를 갑종 간부후보생으로 뽑았는지 알 수 없었다.

그러나 후에 보다시피 그 사람의 이런 특별한 배려 때문에, 나는 일본군에 간 대부분의 조선청년들보다 12개월 내지 15개월 동안 훈련을 더 받느라고 고생을 막심하게 했으니, 인간의 일이라는 것은 참 우리 힘으로는 추측도 하기 힘든 일이라고 하지 않을 수가 없다.

34.
기사마와 나마이키다
(네 녀석은 건방지다)!

조공대는 밤에만 전투를 하는 특수부대였다. 그리고 밤에 하늘을 날아오는 비행기를 상대로 전투를 해야 하기 때문에, 레이더가 잘 발달되지 않은 그 당시에는 거의 모든 것을 병사들이 손으로 해야 했다. 레이더가 고사포나 사광기(조공등)와 연동하지 않았던 그 때에는 육안으로 하늘을 상대할 수밖에 없었다. 사광기는 원격조종이 가능했지만 사광기와 레이더가 연결되어 있지 않아서 손으로 조종해야 했다.

그래서 우리는 저녁에 훈련을 많이 했는데, 북두칠성과 그 주위의 별 몇 개의 이름과 위치도 배워야 했다. 신병들은 점호 때에 얻어맞지 않으려고 그것도 열심히 배웠다. 김 이등병과 나는 조선학병이라는 자부심이 있어서 일본사람들한테 지지않으려고 더 열심히 배웠다. 또 고등교육을 받다가 입대했으므로 그런 것은 두어 번만 들으면 모두 외웠다. 그런데 나이가 많은 일본 제2보충병들이 우리보다 한 달쯤 늦게 들어왔는데, 그들은 외우는 것이 느려 거의 매일 밤 점호 때에 얻어맞고 있었다.

그런데 하룻밤은 훈련을 하다가 쉬고 있었는데, 나이 많은 보충병들도 훈련을 받다가 옆에서 쉬고 있었다. 훈련시키던 중사는 어디론가 잠시 가버렸다. 모두 서로 아는 처지에 잡담을 하다가, 그들이 별에 대해서 물어봐서 나는 그 신병들한테 아는 대로 말을 해줬다. 그들이 조금이라도 더 외워서 밤에 덜 맞게 하려는 뜻에서 한 것이었다. 그런데 그 때 마침 쓰쓰미(堤) 상등병이 지나가다가 그것을 보았다.

밤 점호 때에 쓰쓰미 상등병이 나한테 트집을 잡기 시작했다.

"네가 신병들하고 무슨 말을 하고 있었느냐?"

"별에 관한 이야기였습니다."

"왜 신병들에게 별을 가르치고 있었어?"

"가르친 것이 아닙니다."

"그럼 왜 신병들한테 별들에 대해 설명하고 있었어?"

"설명도 아니었습니다."

"야? 그럼 왜 신병들하고 별 이야기를 했어?"

"그들이 물어봤습니다."

"그럴 때에는 고헤이(고참병)한테 물어보라고 해야잖아?"

"그 생각은 못했습니다."

"여하간 고헤이한테 물어보라고 해야 하지 않아! 도니가쿠 기사마와 나마이키다(여하간 네 녀석은 건방지다)! 가마에(몸자세 준비)!"

내가 가마에를 하니까 때리기 시작했다. 어쨌든 자기 마음에 맞지 않는다고 때리는데 어찌할 도리가 없었다. 여러 번 세게 맞았으나 이번에는 내가 이를 악 물고 버티고 서서 처음에는 쓰러지지는 않았다.

그러나 여러 번 맞고 쓰러지고 말았다. 그는 나를 끌어 일으키고 다시 주먹으로 여러 번 힘껏 때렸다. 내가 또 쓰러지자 그는 나를 일으켜 세워 놓고 또 주먹으로 때리기 시작했다. 그는 이렇게 몇 번을 반복했다. 그 날 저녁에 많이 맞았다. 끝났을 때에는 얼굴이 대단히 아파 화가 치미는 것을 어찌할 수가 없었다. 소리를 내고 울 수도 없고 속으로 슬픈 눈물을 많이 흘릴 수밖에 없었다.

35.
지쓰니 게시카란(참 못됐다)!

간부후보생으로 뽑히자마자 우리는 후보생 하사로 승급하고, 계급 장 옆에 별이 든 사가네(座金)라는 금속으로 된 둥근 것을 칼라에 붙였 다. 그리고 훈련 중에 계급이 하나 더 올라갔다. 후보생으로 훈련이 시작되기 전에 두어 주일 동안은 같은 내무반에 있었다.

나의 전우는 다다라 하사이었다. 간부후보생이 되었어도 내가 같은 내무반에 있는 한 나의 전우를 전처럼 돌봐 줘야 했다. 나는 그와 계급 도 같았지만 사가네를 붙인 계급이어서 그렇게 할 수밖에 없었다. 더 구나 그 때 일본군 고참병들은 마음대로 사가네 계급은 정상계급이 아니라고 주장하고 있었으니 그게 무슨 군대였는가?

전처럼 전우를 돕는 것은 어려운 일이 아니었다. 그러다 하루는 불 상사가 기어코 발생하고 말았다. 저녁식사를 하며 고참병들이 술을 마시고 있었는데, 다다라 하사가 과음을 하고 식탁과 바닥에 더러운 것을 많이 토했다. 이것을 내가 치워야 하는데, 나는 그런 색다른 더러운 것을 본 일도 없었고, 또 그런 일을 해 본 일도 없어서, 그것을 죽어도 치울 수가 없었다. 나는 치우지 않으면 고된 기합을 받는다는 것을 잘 알면서도 할 수 없었다. 그래서 다른 신병들이 치워줬다. 나는 물론 기합을 받을 각오를 단단히 하고, 밤 10시에 점호가 끝 난 후, 잠자리에 누워서 누가 나한테 기합을 주는가 하고 기다리고 있었다. 그러나 오래 기다릴 필요도 없었다. 내가 제일 싫어하는 쓰쓰미 상등병이 나한테 와서 일어나라고 했다. 나는 물론 하필이면 왜 그 자가 이번에 나한테 기합을 주는지 알 수가 없었지만 그것이 문제가 아니었다. 내가 일어나서 식탁 옆에 서니까 쓰쓰미 상등병이 소리쳤다.

"기사마와 지쓰니 게시카란!(네 놈은 참 못됐다)! 가마에!(몸자세 준비)!"

나는 다리를 좀 벌리고 양손을 허리에 대고 버티고 섰다.

"키사마와 혼니 게시카란!(네 녀석은 정말 못됐다!)"

쓰쓰미는 이렇게 소리치며 주먹으로 내 얼굴을 힘껏 치기 시작했다. 몇번 맞으니 정신이 멍했고, 또 몇번을 더 맞으니 땅에 쓰러질 것 같았다. 나는 아무 생각도 없이 그를 피해 내무반에서 나왔더니 그가 쫓아나왔다. 나가서 진지 위에 있는 조그만 연병장으로 올라가니까 그가 거기까지 쫓아왔다.

그 자한테 전에 많이 맞은 일도 있어서 나는 화가 북받쳐서 견딜 수가 없었다. 다행히 우리는 연병장에 단 둘이 있었다. 나는 소리쳤다.

"이 미친 자식아! 내가 후보생이래도 계급이 너보다 위가 아니냐!"

"사가네를 붙이고도 까불어? 그런 계급은 소용없어! 개자식아!"

"개자식? 왜 내가 개자식이야! 너 같은 놈이 개자식이지!"

"너 지금 까부는 거야?"

"까부는 것 아니야!"

"사가네는 아무 것도 아니야! 쥐새끼 같은 놈!"

"뭐? 쥐새끼? 네가 무식한 쥐새끼야!"

"무식한 쥐새끼?"

그는 아주 놀라고 화가 바짝 난 것 같았다.

"이 미친 자식아! 너 같은 놈이 있으니까 일본군이 지금 지고 있잖아!"

나는 이 소리를 하고 '아차!' 했다. 말이 튀어나왔으니 취소할 수도 없고 화는 치밀고 해서 그저 계속했다.

"너 같은 놈은 내 주먹 맛을 좀 봐야 해!"

이렇게 말하면서 나는 그를 때리기 시작했다. 나는 그 때 나로서는 체격이 제일 좋을 때였고 또 쓰쓰미의 체격은 나만 못했다. 그래서 서로 쳤지만 내가 그를 압도하기 시작했다.

나는 학병으로 입대하기 전부터 인간은 운명의 지배를 받을 수밖에 없는 존재라고 절실히 느끼고 있었다. 그런데 그 때 마침 통신호에서 무슨 정보를 받아 가지고 중대 사무실로 가는 통신병이 지나가다가 내가 쓰쓰미를 때리는 것을 보고, 곧 우리 내무반에 뛰어 내려가서 알렸다. 이것도 운이 아니고 무엇일 것인가?

곧 내무반의 고참병들이 몰려 올라왔다.

"게시카란!(못됐다!) 지쓰니 게시카란!(참 못됐다!)"

"나쁜 놈!"

"나마이키나 야쓰!(건방진 놈!)"

"너는 가만둘 수 없어!"

"이 놈 죽여라!"

그들은 소리를 치면서 한꺼번에 덤벼 나를 때리기 시작했다. 나는 몰매를 맞아본 일이 없어서 속으로 각오를 했다.

"나는 이젠 죽었구나!"

반쯤 죽을 각오를 단단히 하고 맞고 있었다. 몰매를 조금 맞는 동안에 나는 놀라운 것을 알게 되었다. 여러 사람이 여기저기 때리니까 제대로 맞는 주먹이 많지 않았고, 가마에를 하고 정면으로 맞을 때에 비하면 그다지 대단치가 않았다. 물론 그것이 오래 가면 다르겠지만 사병이 보통 밤에 맞는 시간만큼 계속 맞았으니까 비교가 가능했다. 발로 차는 사람은 별로 없었다.

조금 있으니까 내 전우인 다다라 하사가 올라와서 말렸다. 고참병들이 내무반으로 우루루 돌아가니까 다다라가 말했다.

"다시 그러지 말아!"

그리고 나를 내무반으로 끌고 내려갔다. 나는 그 때 내 전우의 덕을 보았지만, 속으로 왜 그 자가 더 일찍 올라와서 말리지를 않았나 하고 원망스러운 생각도 했다. 그러나 내가 그의 토한 것을 치우지 않았으니까 많이 원망할 수도 없었다. 그러나 그 사람은 쓰쓰미가 나를 전에 여러 번 때렸는데, 한 번도 말리지 않았었다.

나는 그 이튿날 중대에서 무슨 일이 있을까 하고 걱정이 컸지만 분대장도, 특무상사도, 소대장도, 중대장도, 모두 모르는 척 했고 다른 사람들도 아무말도 없었다. 나는 또 속으로 이자들이 나를 이등병으로 강등시키고 남양으로 전속시키려고 그러는 것이 아닌가 하고 며칠 동안 불안했지만, 아무일도 없어서 안도의 숨을 또 한번 쉬게 되었다. 이것에 관해서도 소대장과 중대장의 덕을 보았다고 오랫동안 생각하고 감사했었다.

36.
간부후보생의 훈련

　간부후보생으로 뽑힌 후, 두어 주일쯤 있다가 우리 중대에 후보생 내무반을 따로 만들고 우리가 예비사관학교 또는 하사관학교에 가기 전에 준비교육을 받기 시작했다. 이것은 일본후보생과 조선후보생을 포함한 훈련이었다.

　후보생의 훈련은 아침과 저녁에 심했지만 기본훈련 때처럼 맞지는 않았다. 일본군에는 하사관은 때리지 않는다는 불문율이 있는 듯했다. 고참병을 때리는 일이 있다는데 나는 본 일이 없었다. 그러나 신병을 때려도 좋다는 성문법도 물론 없었다.

　간부후보생은 사가네를 달기는 했지만 하사관이었다. 그래서 그런지 우리들은 후보생훈련을 시작한 후 한 번도 맞은 일이 없었다. 그 점에 있어서 우리는 신병보다는 편했다. 그러나 그것도 잠깐이지, 머지않아 간부후보생으로 뽑히지 않은 사람들은 고참병이 되어서 하루

하루를 고생하지 않고 잘 보낼 것이다. 그러나 우리는 간부후보생으로 몇개월 동안 더 훈련을 받느라고 고생을 많이 했다. 그 후 을종 후보생들은 3개월 동안 하사관 훈련을 받고 하사관이 되어서 생활이 꽤 안이하게 되었지만, 갑종 후보생들은 지바(千葉)와 하마마쓰(浜松)에 있는 고사포학교에 가서 1년 동안 심한 훈련을 받았으니, 결국 갑종 후보생들은 일본군의 훈련생 중에서는 제일 길고 심한 훈련을 받고 고생도 제일 많이 한 셈이었다. 갑종 후보생으로 뽑힌 내가 우리 부대의 조선 학병 중에서 제일 많이, 그리고 제일 오래 고생을 했다. 결국 우리 대 대장과 중대장이 나를 도와준다는 것이 결과적으로는 역효과를 초래한 것 같으니, 인간의 운명이라는 것은 참 예측할 수도 없고, 저울질할 수도 없는 것이라는 것을 또다시 느꼈다.

나는 지금 미국에 와 있다. 나는 지금 집사람하고 둘이 살고 있는데, 우리는 다른 가정처럼 자가용차 두 대가 있다. 나는 하루는 자동차보험 일로 보험회사를 찾아가서, 젊은 미국여자 직원하고 내 보험에 관해 상담을 하고 있었는데, 우리는 예기치도 않은 놀라운 대화를 하게 되었다.

"이 세상은 모든 것이 공정하고 평등한 줄 아십니까?"

"왜요? 그렇지 않아요?"

"놀라실 것입니다."

"무슨 뜻입니까?"

"우리는 늘 공정히 손님들을 대하려고 하지만, 그렇게 되지 않을 때가 많아요."

나는 그의 대답에 놀랐다.

"정말이요?"

"그럼요! 생각보다 많아요."

"그것이 옳다고 생각해요?"

"우리는 그런 상황을 줄이기 위해 최선을 다하고 있습니다만……"

"아주 없앨 수는 없어요?"

"농담 마세요. 그건 불가능합니다. 물론 액수는 아주 약소하지만……"

나는 놀랐다. 젊고 예쁜 미국여자 입에서 그런 말이 나오리라고는 생각도 못하고 있었는데, 그 말이 나로 하여금 나의 일생을 주마등처럼 돌이켜 보게 했고, 그 여자의 말이 옳다는 것을 절실히 느끼게 됐다. 내가 갑종 간부후보생이 된 것도 그렇고, 그 때문에 내가 학병 중에서 제일 많이, 또 제일 오래 고생하게 된 것도 그렇다고 볼 수밖에 없었다. 모든 것이 운명이고 모두 공평할 수 없고 주어지는 것을 감수할 수밖에 없다는 것을 그 때는 물론 지금까지도 가끔 느끼게 되었다.

중대 내에서 이루어지는 후보생의 훈련은 이렇게 거의 3개월 동안 바쁘게 계속됐다.

37.
어려운 수학

나는 곧 수학 때문에 곤란을 당하게 되었다. 후보생들은 사병들과 달라서 조공대의 간부가 되니까 수학과 전기학을 어느 정도 알아야 한다고 하며, 그것을 자세히 가르치지도 않으면서 터득하라고 했다. 특히 갑종 후보생은 더 잘 알아야 한다고 했다. 다른 사람들은 몰라도 나는 난처한 처지에 놓여서 낙제해 버릴까 했지만, 자존심이 그것을 허락하지 않았다.

나는 상업학교에서 수학을 배우기는 했지만 1학년 때부터 '사노'라는 일본군 소위가 군복에 군도를 차고 가르치는 것이 어리긴 했지만 내 마음에 흡족하지 못했다. 그 바람에 수학에 취미를 잃고 시험 때에만 그것을 좀 공부했었다. 성적은 그리 나쁘지는 않았지만 좋지도 않았다. 사실 나는 보통학교 6학년 때 세 반 중에서 산수과목 성적으로는 1, 2등을 다투었는데, 상업학교에 와서는 그 꼴이 되고 말았다. 고등상업학교에서는 고등수학이라는 과목이 있었지만, 5년 전부터 수학에 취미를 잃은 나는 거기서도 그 공부를 소홀히 했었다. 그래서 후보생교육 중에 수학 때문에 고생을 하게 되었다. 반면에 전기학은 수학을 널 써서 쉬우 빠르는 갈 수가 있어서 고생을 덜 했다.

이때도 나는 운이 좋았다. 같은 갑종 후보생 중에 가쓰라라는 키가 작은 젊은 사람이 있었는데, 그는 일본 육사에 입학해서 공부하다가 몸이 약해서 퇴교했다고 했다. 그는 몇 달 전에 징집되어서 갑종 후보생으로 뽑혔다. 그래서 그런지 그는 수학을 교관보다 더 잘 알았다. 그가 내 딱한 사정을 알고 자진해서 나한테 수학을 가르쳐 주기 시작했다. 그가 쉬운 말로 찬찬히 가르쳐 주는 덕택에 여러가지를 속히 배워서 남한테 크게 뒤지지는 않게 되었다. 나는 지금도 그를 잊을 수 없다. 다시 말하지만 반일감정이라는 것은 나쁜 정치체제나, 정치가나, 경제지도층이나, 극단적 국수주의자를 대상으로 해야지, 일반인에 대한 적대감정이 되어서는 안된다는 것을 점차 체험을 통해서 터득하게 되었다.

물론 일본에도 양식있는 정치가나 경제인이 없는 것은 아니다. 예를 들면, 한국의 한 재벌회장이 한 50년 전에 자동차를 제조하려고 세계를 돌아다니면서 그 제조법을 가르쳐 달라고 했으나 모두 거절했는데, 일본의 한 재벌회장 만은 자동차 제조기술 이전을 승락했다고 한다.

38.
너는 상관을 쳐도 좋다!

을종 후보생 중에 가네코라는 일본학병이 있었다. 대학도 3류 대학을 다니다가 입대한 학병이었다. 그는 나보다 두어 달 전에 들어와서 먼저 간부후보생이 됐고 나보다 계급이 하나 위였다. 그는 자기는 일본인임에도 을종인데, 나 같은 조선인이 갑종이 되었다는 것을 원망하는 눈치였다. 나는 모르는 체하고 내 할 일만 하고 있었다.

그런데 하루는 점호 전의 자유시간 중에 나를 내무반이나 사무실에서 떨어져 있는 통신호로 오라고 했다. 나는 무슨 일인지도 모르지만 나보다 계급이 하나 위인 사람이 그리 오라니까 갈 수밖에 없었다. 통신호로 가니까 그가 혼자있고, 근무병은 어디로 보냈는지 보이지가 않았다. 나를 보더니 다짜고짜로 트집을 잡기 시작했다.

"오마에와 나마이끼다!(너는 건방지다!)"

나는 그가 나를 때리려고 오라고 한 것을 즉시 알았다.

"저를 그렇게 보셨다면 미안합니다."

"나만 그렇게 본 것이 아니야!"

"그래요? 그건 몰랐습니다."

"여하간 너는 건방져!"

"제가 그렇게 보였다면 미안해요."

"너는 기합을 받아야 해!"

"스미마센.(미안합니다.)"

"웃통을 벗어!"

"예?"

"너하고 나하고 계급을 무시하고 동격으로 싸워 보자."

"그것은 안 됩니다. 어느 형식이든 윗사람하고 싸우면 안 되잖아요?"

"내가 원하니까 그것은 괜찮아!"

"저는 괜찮지 않은데요."

　나는 참 난처했다. 도리어 몇 대 맞는 것이 낫지, 군대에서는 계급이 위인 사람하고 격투한다는 것은 어떤 상황에서도 안 된다. 이것은 일본군만 아니라 세계 어느 군대에서도 허용치 않을 것이다. 이 사람이 나를 남양으로 추방할 간계를 꾸미고 있지 않은가 하는 생각을 하니, 더욱 난처하고 두렵지 않을 수가 없었다.

　그는 우와기(상의)를 벗더니 나한테로 다가왔다. 나는 맞을 자세를 취했는데, 그는 때리지 않고 내 계급장을 자기 손으로 뜯기 시작했다. 그러나 계급장은 단단히 달렸는지, 또는 그가 너무 흥분해서 그런지 잘 뜯어지지를 않으니까, 내 웃저고리를 벗겼다. 나는 거기서 나오려고 했으나, 그가 문을 가로막는 바람에 못 나가고, 그는 나를 때리기 시작했다.

"격투하자. 괜찮으니 너도 때려라!"

"나는 윗사람은 못 때립니다."

"괜찮다고 하지 않았어?"

"저한테는 괜찮지 않아요."

"좋다. 상관없어!"

그러면서 다가와서 또 때렸다. 참다 못해서 나는 그를 밀쳤다. 그는 체격이 나와 비슷해서 내가 힘껏 급히 미니까 뒤로 나가떨어졌다. 그는 화가 나서 뛰어 일어나서 또 마구 때리기 시작했다. 나는 하는 수 없이 그를 다시 밀쳤다. 우리는 이 짓을 여러 번 반복했다. 나는 꽤 맞고 그는 여러 번 넘어졌다. 그 자는 기어코 기진맥진 해졌다.

"그만 두자."

그는 허둥지둥하면서 그만두자고 했다.

"좋아요."

"이제 너는 내 주먹 맛을 알았지?"

"……"

"알았어?"

"그만 하죠."

"너 다시 까불면 가만두지 않아!"

"내무반으로 돌아갑시다."

"내가 말한 것 잊지 말아!"

"내가 가네코씨한테 잘못한 것이 하나도 없지 않아요?"

"여하간 지금부터 조심해!"

"알았어요, 갑시다."

그리고 우리는 거기를 나왔다. 나는 화가 났지만, 그것보다도 기가 막혔다. 이런 일은 전혀 예기치 않았고 한심하기가 짝이 없어서 심기가 대단히 좋지 않았다. 나는 그 녀석을 밀치기만 하고 때리지는 않았는데, 그 녀석이 무어라고 하는지 걱정이 이만저만이 아니었다. 남양으로 갈런지 영창으로 갈런지 모르기 때문이었다.

그러나 다행히 그는 그 말을 다른 사람한테는 하지 않은 모양이었다. 이것에 관해서 중대 내에서는 아는지 모르는지 아무 말도 없었다. 가네코 후보생이 밉기는 했지만 이 일에 관해서 다른 사람에게 여러 말을 하지 않은 것은 기특하고 감사하다고 생각했다.

39.
오멘(御面)!

가네코 후보생은 나만 보면 미워하는 눈치였다. 아무 이유도 없는 것 같기도 하고, 또 조선사람이 갑종 후보생이 되어서 그러는 것 같기도 했다. 나는 같은 내무반에서 같은 훈련을 받으면서도 그하고 말다툼한 일도 없어서 그를 좋아하지도 않고 싫어하지도 않았는데, 그것이 못마땅했는지 모른다. 그러나 그는 통신호에서의 사건 후에 다시 그런 대결을 반복할 눈치를 보이지 않아서 좀 마음이 놓였다.

후보생들은 1주일에 두어 번씩 검도연습을 했다. 이 연습은 교관 없이도 연습할 때가 있었는데, 그럴 때에는 조금 하다가 그만두면 되었다. 물론 검도복을 입고, 머리에 멘(面)을 쓰고 연습했다. 멘은 오멘(御面)이라고도 했는데, 그것은 일본도(日本刀) 대신 연습용으로 쓰는 시나이(竹刀)로부터 머리를 보호하기 위해 머리에 쓰는 것이다.

나는 상업학교 때에 몸이 작고 유도는 두려워서 택하지 않고, 검도를 택했었다. 그것도 열심히 하지도 않고 견학을 많이 해서, 거의 매학기 낙제하지 않을 정도의 점수를 받았다. 그래도 그것을 5년 동안 그럭저럭 조금씩 연습을 하고 나니 아마추어는 아니었던 모양이다. 다행히도 고등상업학교에서는 섬노나 유노라는 무도과목은 없었다. 여하간 입대했을 때에는 가네코 후보생하고 대결할 만한 정도의 검도실력은 있었던 모양이다.

어느 날 교관 없이 검도연습을 하고 있는데, 가네코 후보생이 나한테 와서 같이 하자고 청했다. 나는 싫기는 했지만 무서울 것도 없어서 승락했다. 연습을 하는데 조선놈이 하면 얼마나 하겠느냐는 듯, 나를 깔보고 덤비는 것이 뻔했다. 그러나 조금 하다가 내가 만만치 않으니까 약이 올랐는지 더욱 더 덤벼들었다. 나는 조금 하다가 발을 옆으로 차서 쓰러뜨리는 아시파라이(다리 후리기)라는 것을 했더니, 그는 별안간이라서 그런지 땅에 쓰러지고 말았다. 아시파라이는 그 때나 지금이나 반칙이 아니다. 가네코가 반쯤 일어났을 때에 나는 '오멘(御面)!'이라고 크게 소리를 지르면서 죽도로 그의 머리 위 한복판을 힘껏 내리쳤다. 그랬더니 그는 다시 쓰러졌다. 그가 다시 일어나려고 비틀거릴 때에 나는 다시 또 '오멘'이라고 외치며 그의 머리 위의 한 가운데를 힘껏 내리쳤다. 그는 좀 쓰러져서 있다가 뒤로 조금 기어가서 일어나더니 슬그머니 다른 데로 가버렸다. 나는 그의 멘(面)을 두 번이나 힘껏 때려서 어디 상처를 입히지나 않았나 하고 걱정을 많이 했다. 그러나 며칠 동안 두고 보니 아무일도 없어서 마음이 놓였다. 그래도 멘이 그의 머리를 꽤 보호했던 모양이다.

나는 이 때 원산상업학교 5학년 때에 일어난 일을 상기했다. 검도연습을 하지 않고 견학을 너무 여러 번 하니까, 하루는 사노 소위가 나에게 검도복을 입으라고 지시했다. 내가 검도복을 입으니까 그는 나의 멘을 똑바로 서너번 세게 내리쳤다. 나는 정신이 멍해져서 비틀거렸다. 그 교관은 놀라서 걱정이 되는지 나를 응시하더니 그 후 나를 괴롭히지 않았다. 그러니 이번에 내가 그것을 설욕한 셈이지만, 불행히도 상대가 그 교관이 아니고 가네코 후보생이었다.

가네코 후보생은 이것에 관해서도 아무한테도 말을 안 한 모양이었다. 그 녀석도 기특한 점이 있다는 생각을 전에 했었는데, 이번에도 그렇게 생각하고 그를 또다시 보게 되었다. 물론 그 후 그는 다시는 나를 귀찮게 굴지 않아서 어려운 고비를 또 넘긴 셈이었다.

다시 말하지만, 나는 상업학교 때에 성의 부족으로 검도연습을 너무 소홀히 하고 견학을 자주 했었다. 후에 안 일이지만 검도도 조선에서 일본으로 건너갔다는 것을 알았는데, 그것을 내가 그 전에 알았으면 내 태도가 좀 달랐을 것이다. 내가 애국심이 강해서 그런 것이 아니라, 검도가 조선무술이라는 것을 알고 그것에 대한 긍지만 있어도 조금은 달랐을 것이 아닌가! 인간의 무식이라는 것이 교과서를 모르는 것만이 아니고,

"이런 무식도 이렇게 인간의 자세와 행동을 좌우하는가"
하는 생각을 많이 하게 되었다. 후에 한국의 어느 대학교 검도팀이 내가 있는 미군의 외국어대학을 찾아왔을 때에도 그것을 모르고, 이 학생들은 하필이면 왜 일본무예를 닦고 있나 하고 못마땅하게 생각했으나, 후에 검도가 원래 조선무예였다는 것을 알고 내심 퍽 부끄러웠으며, 또다시 나의 무식을 자책했다. 일본사람들도 이것을 모르는 사람이 많고, 일본전토에서 자기네 고유무술인 줄 알고 검도를 열심히 연습하고 있다.

이것은 누가 나한테 깨우쳐준 것도 아니고, 일본민속사전을 읽고 알게 된 것이었다. 또한 일본고유의 풍습이라고 일본사람들이 자랑하는 오차노유(御茶之湯)도 조선시대에 일본에 건너갔다는 것을 그 사전에서 읽고 깜짝 놀랐었다. 이것은 우리 말로는 다도(茶道)라고 한다. 이것을 읽고 일본에도 조선에 관해서 진실을 말하는 사람들이 있구나 하고 놀라기도 했다.

또 어느 책을 보니, 지금 세계적으로 유명한 침술도 중국의 한 고서에는 고대 조선에서 먼저 시작되었다고 써 있다고 한다. 그러니까 이것도 고대에 일본에 넘어간 것인데, 이것을 아는 일본사람이 몇 명 있을 것인가? 다른 것과 같이 다도도 중국에서 넘어왔다고 할 것은 뻔한 일이다.

또 놀라운 것은, 751년에 만든것으로 보이는 목판인쇄물이 한국에서 발견되었음에도 불구하고, 외국의 역사가들은 목판인쇄의 역사와 관련하여, 서양의 목판 인쇄물인 구텐베르그 성서(Gutenberg Bible, 1456)보다 4세기 앞선 11세기에 중국에서 세계최초의 목판인쇄가 시작되었다고 한다. 이런 역사적 오류를 시정하기 위해서 한국의 학계와 정부가 노력을 해야 할 터인데, 그런 징조가 조금도 보이지 않으니 참 유감스럽다.

왜 일본 대중들이나 대부분의 일본학자들이 자기 나라가 예로부터 여러 면으로 조선의 영향을 많이 받았다는 것을 인정하지 않는지 이해하기가 어렵다. 이해 못하는 것보다, 왜 많은 일본인들은 그렇게 우월감을 가지고 조선과, 조선인과, 조선문명을 경시하고 거의 야만시하는지 분노감을 느낄 때가 많다. 그들의 섬나라 근성을 어찌할 수가 없는 모양이다. 일본의 신세대는 좀 더 자기네의 뿌리를 진지하게 연구하고 극단적인 국수주의의 왜곡된 테두리를 벗어나서 이성적이고, 인간적이며, 세계적인 백성이 되기를 바랄 뿐이다. 또 그런 날이 조만간 오리라고 믿는다.

40.
징병되어 온 조선 젊은이들

　원대를 떠나서 지바 고사포학교로 가기 몇 주일 전에 징병 당해서 온 조선청년들이 입대해 왔다. 우리 중대에도 열 명이 들어왔는데, 다들 늠름하고, 일본군인들보다 키가 크고, 잘 생긴 것 같았다. 이것은 나의 편견은 아니었다고 믿는다.

　그러나 걱정스러운 것은 그들의 일본말 능력이었다. 거의 보통학교 정도의 교육밖에 못받은 것 같아서 어떻게 훈련을 받으며, 특히 교범들을 어떻게 읽고 외우나 하고 걱정이 많았다. 그들이 나와 김 일등병하고 다른 것은 한 내무반에 있는 것이었다. 우리는 물론 그것이 부러웠다. 여하간 많이 걱정을 했으나, 한 두어 주일 지난 후에 중대 내에 그들에 관해서 말이 돌기 시작했는데, 그 말을 듣고 나는 놀라지 않을 수가 없었다. 조선 신병들은 훈련성적도 괜찮고, 일을 성실히 해서 일본 사병보다 기합을 더 받지 않는다는 것이었다. 교범 외우는 것은 그들한테는 강요하지 못한 듯했다. 여하간 일본말을 잘 모르면서도 교범만 제외하고 성적이 좋다니 듣기에 기쁜 소식이었고, 백의민족이 우수하지 않은가 하는 생각을 더욱 굳히게 되었다.

나는 그들을 붙잡고 이야기라도 실컷하고 싶었으나, 그런 기회가 많지 않았다. 섭섭하기 짝이 없었지만 서로 바빠서 어찌할 도리가 없었다. 그들을 붙잡고 모국어도 많이 해보고, 고향 이야기를 실컷 하면 얼마나 속이 시원했을 것인가! 이 먼 곳에 와서 일본인들 사이에서 생활을 하면서 그들을 자주 만나지도 못하니 서운하고 답답하기가 짝이 없었다. 그저 하늘에 그들의 건강과 무사히 귀국하도록 빌 수밖에 없었다. 내가 조금 샘이 나고 부러운 것은 그들은 다행히도 모두 한 내무반에서 훈련을 받고 생활을 하는 것이었다.

41.
지바 고사포학교

일본군은 조공대를 포함한 고사포 장교를 양성하기 위해서 고사포학교를 두 군데에 설치했었다. 하나는 도쿄 동남쪽에 있는 지바(千葉)에 있었고, 또 하나는 도쿄에서 서태평양쪽으로 좀 떨어져 있는 해안도시 하마마쓰(浜松)에 있었다. 하마마쓰는 나고야(名古屋)에서 가깝다.

을종 후보생들은 소속 중대에서 몇 개월 후보생훈련을 받은 후에 하사관이 되고, 갑종 후보생들은 지바 고사포학교로 파견되어서 1년 동안 장교훈련을 받게 되었다. 나는 1944년 8월 초순쯤에 우리 대대의 몇 사람과 같이 지바 고사포학교로 파견됐다. 그 학교는 지바시에서 좀 떨어진 고나카다이(小仲臺)라는 경치도 별로 볼 것 없는 벌판 한가운데에 서 있었다. 규모도 꽤 크고 건물들도 벽돌로 지어서 겉으로는 괜찮아 보였지만, 내부는 삭막한 내무반과 무기고로 된 훈련소에 불과했다. 우리는 하마마쓰 분교로 이동할 때까지 반 년 이상 거기 있었지만 정이 들지 못한 곳이었다. 나는 일본의 한 시골의 삼엄한 진지에서 고생하고, 또 지바에 와서 정을 붙이지도 못할 곳에서 고생을 하는 것을 한탄하게 되었다.

나는 지바에 도착하자마자 옛사람들처럼 나의 운명을 또 생각하지 않을 수 없었다. 나는 기타 규슈의 촌구석에 가서 기본훈련과 간부후보생 훈련을 6, 7개월 받고 새 진지 구축에도 참여했다. 그리고 볼 것도 없는 살 풍경한 곳에 와서 또 훈련을 거의 1년 동안 받으면시 고생을 해야 한다니, 앞날은 암담하다고 한탄할 수밖에 없었다.

새로 이 곳에 온 후보생 중에 조선학생은 전교를 통해서 꼽을 정도였다. 처음에 우리는 물론 반가워서 서로 인사를 하고 내력을 피력하고 기회만 있으면 서로 만나 이야기를 하기로 약속했다. 그러나 거기서의 훈련은 아침부터 밤까지 강행군이어서 어찌나 바쁜지, 다른 조선학생을 만나서 가슴을 터놓고 이야기를 하고 서로 위로할 기회가 별로 없었다. 1년 동안에 너댓 번 만났을 뿐이었다. 우리 내무반에는 나밖에 없어서 시간이 있을 때마다 외로움을 느꼈고, 그런 것을 토로하고 서로 위로할 사람도 없었다.

고나카다이는 넓은 벌판에 위치해 있고 고사포학교는 지바시에서 멀지 않았지만, 우리는 그 도시를 한 번도 구경하지 못했다. 야외훈련은 가끔 했지만 모두 인가가 별로 없는 벌판에서만 했다. 훈련은 그렇게 심했고 쉴새가 없어서 우리는 휴가를 받아서 밖에 나가본 일이 1년 동안 한 번도 없었다.

42.
인간은 먹는 동물이다

　고나카다이에 가서 우리는 거의 한 달 동안 식사문제 때문에 고생을 많이 해야 했다. 원대에 있을 때에는 음식종류는 많지 않지만 분량은 충분했다. 그러나 지바에 오니까 원대 식사의 반 쯤밖에 주지 않았다. 그래서 후보생 모두가 아침저녁으로 배가 고파서 허덕였다. 불평을 했지만 소용이 없었다. 이 분량은 1년 동안 변하지 않았다. 나는 지금까지도 젊은 후보생들에게 음식을 왜 그렇게 적게 주었는지 이해할 수가 없다. 학교의 간부들이 우리들의 식품을 몰래 외부 사람들한테 판다는 말이 있었지만 확인할 길이 없었다. 그 때 일본사람들은, 특히 군대에서는 정직과 충성을 늘 부르짖고 있어서 이 소문을 믿기가 어려웠다.

　그 학교에서도 식사를 하루에 세 번씩 주었는데, 매번 식사당번이 학교 취사장에 가서 큰 통에 음식을 받아서 내무반에 가지고 와, 식탁

위에 있는 그릇에 분배해 놓았다. 식사시간만 되면 학생들은 어느 그릇에 밥이 조금이라도 더 담겨 있나 하고 우왕좌왕했다. 나는 그런 일을 그 때까지 본 일이 없어서 인간이 이런 것인가 하고 한탄했지만, 우리도 같은 동물이라는 결론밖에 나오지 않았다. 이것은 내가 처음 보는 일이었고 놀라운 일이었다.

그러나 한 달쯤 지나니까 좀 견딜 수 있게 되었다. 나는 또 인간이 이런 것인가 하며 육체적 인간에 관해서 생각을 하지 않을 수가 없었다. 후에 듣기에는 월남전 당시, 미군과 같이 싸우는 베트남군인들은 무슨 큰 작전을 위해서 멀리 도보로 이동할 때에는, 식량을 적게 휴대하고 아주 적게 먹는다는 것이었다. 그 때서야 육신을 극도로 움직일 때에는 음식을 적게 먹어야 한다는 것을 알게 되었다. 그러나 지바에서는 육신을 많이 사용하지 않을 때에도 음식을 극히 적게 주었다. 부식도 두어 가지밖에 주지 않았고 그 분량도 물론 적었다. 고기나 생선은 4, 5일 만에 한 번씩 나오고 그 분량도 매우 적었다.

음식 부족을 모르고 자란 나는 여기 와서 식량이 인간에게 얼마나 중요한 것인가 하는 것을, 체험을 통해서 뼈저리게 느끼게 됐다. 인간은 먹는 것 때문에 일하고, 그것이 인간의 모든 경제활동의 동기가 되고 원동력이 된다는 것을 알게 됐다. 그리고 왜 여러 경제학자가 전쟁의 주원인은 경제적 갈등이라는 것을 주장하는지 어느 정도 알게 되었다.

43.
너는 충성심이 없다!

　지바에서는 주먹 기합은 없었지만 기합으로 당번을 더 시키는 것이 보통이었다. 그러나 또 다른 형식의 기합이 있었다. 원대에서 훈련을 할 때와 마찬가지로 유도연습은 없고 검도연습을 가끔 했다. 그 때에 검도를 잘하는 상급자인 교관들이 하급자인 후보생들에게 기합을 주는 것이었다. 기합을 주는 교관들은 대개 몸이 크고 검도를 잘하는 사람들이었다. 그 교관들은 검도 규율을 위반하지는 않았지만, 죽도로 여기저기 마구 세게 때려서 벌을 주었다.

　그런 교관 중에 니시모토(西本)라는 소위가 있었다. 하루는 검도연습을 하고 있는데, 그가 나를 상대하겠다고 하며 내 앞으로 왔다. 나는 잘못한 것이 없어서 기합을 받으리라고는 생각도 못했다. 그런데 조금 하다가 보니, 그가 나에게 기합을 주려고 하는 것을 알았지만 피할 수가 없었다. 서로 죽도를 휘 두르면서 대화를 좀 했다. 그 소위가 훈계의 말을 시작했다.

"너는 지금 나라를 위해서 일해야 할 때가 아니냐?"

"그런데요?"

"너는 모든 것에 성의를 가지고 전력을 다해야 하지 않으냐?"

"저는 최선을 해왔다고 생각하는데요."

"야? 최선이 뭐야!"

"예?"

"내가 너를 오랫동안 보아 왔는데, 너는 무엇이든지 열심히 하지 않고 형식적으로만 하고 있고, 성의가 부족하다고 생각한다."

"그래요? 저는 힘껏 하는데요."

"너는 조센진이지만 일본군의 장교가 될 사람이 아니냐!"

"그건 압니다. 저는 그렇게 하고 있다고 생각합니다."

"그렇게 하고 있다고? 나는 그렇게 생각하지 않아!"

"그렇게 생각하셨다면 죄송합니다."

"그러면 다시 말하지만 무엇을 하든 더 열심히 성의를 다해서 해야 하지 않으냐? 남한테 욕을 먹지 않고 칭찬을 받을만한 모범생이 되어야 하지 않으냐?"

"예, 노력하겠습니다."

"내가 두고 볼 테니 잘해!"

"하이, 하이!(예, 예!)"

검도를 하면서 이런 말이 오갔고, 그는 나를 징계한다는 뜻으로 죽도로 여기저기 많이 때렸다. 물론 검도복을 입었지만 여러 군데를 심하게 많이 맞았고, 또 몇번 쓰러지고 일어설 때에도 얻어 맞았다. 나는 원대에서 가네코 후보생을 검도를 하면서 혼을 내주던 생각이 났다.

나는,

"되로 주고 말로 받는다"

는 말이 생각났다. 또 원산상업학교 재학시에 사노 소위한테 견학을 많이 힌다고 멘(面)을 두이 번 직통으로 맞고 정신이 힝히던 생각이 또 새삼스레 났다. 나는 남을 해친 일이 한 번도 없는데 왜 이렇게 고통을 겪어야 하는지 이해하기가 어려웠고, 계속해서 나의 숙명을 비관하게 되었다. 그렇다고 그것을 물리치고 새 운명을 타개한다는 것도 불가능하니, 답답하고 슬프기가 짝이 없었다. 이러다가 내가 죽으면 개죽음이지, 내 가족 아니면 누가 나를 아까워할 것인가 하는 구슬픈 생각도 되풀이했다. 이것은 인간 사회에서는 보통일인지 몰라도 나는 아직 젊어서 꽤 슬펐다.

내가 "하이, 하이(예, 예)"라고 했을 때에 나는 상업학교 졸업반인 5학년 때에 일어난 일이 머리에 번쩍 떠올랐다. 나는 이 말을 요코다 (橫田)라는 선생한테 썼다가 혼이 난 일이 있었다. 하루는 내가 각반을 다시 잘 매느라고 조례에 좀 늦게 된 것을 이 선생이 복도에서 보고 재촉하며 말했다.

"하야쿠, 하야쿠!(빨리, 빨리!)"

나는 아무 생각도 없이

"하이, 하이!(예, 예!)"

라고 대답했다. 조례 때에는 군대식의 분열식이 있어서 각반을 매야 했는데, 그것도 잘 매지 않으면 졸업반 학생이나 교관한테 기합을 받을 때가 있었다. 조례가 끝나니까 요꼬다 선생이 자기 교무실로 오라고 해서 열 명의 선생들이 쓰는 교무실로 들어갔다. 요꼬다 선생은 얼굴이 문어 대가리처럼 생겨서 학생들이 다꼬(문어)라는 별명을 지어

준 사람이었다. 나는 왜 그 선생이 나를 보자고 그러는지 영문도 모르고 그 교무실로 들어갔다. 그랬더니 그 선생은 내가,

"하이, 하이!"

라고 했다고 내가 건방지니, 자기를 존경하지 않느니 하면서 다그쳤다. 나는 사과를 하고 존경을 안하는 것이 아니고 너무 바빠서 생각을 깊이 못했고, 또 그 선생이,

"하야꾸, 하야꾸!(빨리, 빨리!)

라고 해서,

"하이, 하이!(예, 예!)"

를 반복했다고 변명했다. 그래도 그는 만족지 못하고 교무실의 선생들이 있는 데에서 나를 때리기 시작했다. 나는 그렇게 무례를 한 것 같지도 않아서 언어맞으리라고는 생각도 못했었다. 그뿐만 아니라, 나는 또 졸업반 학생이었다. 선생들은 졸업반 학생들은 생각해서 좀처럼 손을 대지 않았었다. 선생한테 맞은 일은 이것이 나의 일생 처음이고 마지막이었다. 나는 여러 선생들 앞에서 맞아서 당황하고 수치스러워서 어쩔 줄을 몰랐다. 나는 그저 언어맞기만 하고 그가 끝낼 때만 기다릴 수밖에 없었다.

그는 끝난 다음에 나를 스즈키라는 나의 담임선생한테로 보냈다. 그는 나보고 건방지게 굴지 말고 선생들한테 대한 태도를 고치라고 했다. 나는 물론 그런 소리를 아무 선생한테서도 들은 일이 없어서 듣기 싫었지만, 그저 가만히 있을 수밖에 없었다. 나는 담임선생도 나를 때릴까봐 겁이 났지만 그는 때리지는 않았다. 이 일이 머리를 스쳐 갔을 때에 나는 니시모토 소위도 요코다 선생처럼 내가,

"하이, 하이"

라고 한 것을 문제삼으면 어떻게 하나 하고 걱정을 했으나 그는 그것은 문제삼지 않았다. 같은 말이지만 두 사람한테 다르게 받아들여진 것이었다.

니시모토의 기합을 받은 후, 나는 어기저기 아픈 것이 어러 날 계속했다. 나는 상업학교와 고등상업학교 때부터 교련이나 무도나 체육과목은 싫었고, 그런 과목의 성적도 늘 좋지 않았다. 그것 때문에 나의 평균성적이 자연 떨어졌다. 그래도 내 종합성적은 늘 10위 이내에 들어 있었는데, 그런 과목 아니면 훨씬 더 좋았을 것이다. 입대했다고 나의 그런 기질이 변할 리가 없었다. 지바에서도 그저 낙제나 하지 않으면 된다고 생각하고 훈련을 받고 있었는데, 니시모토가 그것을 간파하고 나의 미지근한 태도를 고치려고 한 것 같았다. 그래서 그 후에 나는 니시모토가 무서워서 좀 노력을 했지만 내 신념을 고칠 수는 없었다.

그 후 니시모토 소위는 나에게 기합을 또 주지는 않았지만 그가 늘 보고 있는 것 같았고, 또 그를 염두에서 지울 수가 없어서 좀더 뛰는 체했다. 그러나 나의 본심을 근본적으로 고칠 수는 없었으니까 니시모토는 나를 체념했는지도 모른다고 생각하고 있었다.

44.
지바평야의 조선 할머니

　기타 규슈의 원대에 있을 때에는 주로 이미 잘 구축된 진지에서 기술훈련을 했는데, 지바(千葉)에 오니까 이론을 잘 알아도, 일선에 가서 무엇이든지 고장이 났을 때에는 수리를 잘 할 수 있어야 한다며, 기초적인 기계학과 전기학도 가르쳤다. 그것들은 그런대로 배우고 지났지만 힘든 것은 야외훈련이었다. 사광기(조공등)와 기타 장비를 화물차에 싣고 야외로 가서 임시 진지를 단시간 내에 구축하고 장비를 차에서 내려 전투준비를 하는 것이었다. 이것이 나에게는 퍽 힘든 일이었다.
　무기와 장비를 가져가지 않고 모의훈련을 할 때도 있었다. 그러나 모든 일이 힘겨웠다. 그래서 야외에 가면 꾀를 부리려고 했지만 그것이 불가능할 때가 많았다.
　지금 새삼스럽게 생각이 나는 것은 그 차의 상표였다. 그것은 닛산(日産)이었는데, 그 회사의 상품이 아시아대륙과 남양 각처의 전선에서 많이 쓰였을 것이고, 미군에 막대한 손해를 입히는 데 공헌했을 터인데, 전쟁이 끝난지 20년도 되기 전부터 미국 전역에 그 상표를 단 자동차가 많이 달리고 있다. 대미 전쟁에 공헌한 회사의 자동차가 미국전역을 돌고 있다니! 참 세상일은 모를 일이고, 누가 그것을 감히 예견할 수 있었을 것인가!

인간의 일은 불가사의하고 모순되는 일이 많다. 나는 1948년에 미국에 유학생으로 도착했을 때에 전국적으로 퍼져 있었던 반일감정을 기억한다. 미국의 반일감정 역사가 꽤 오래 되었고, 일본의 반미감정 역시 그 역사가 오래 되었는데도, 미국과 일본이 그렇게 빨리 화해하고 광범위한 분야에서 교류가 활발해진 것에 놀라지 않을 수 없었다. 나는 전쟁은 경제적 이유로 발발된다는 것이 사실일텐데 그렇다면 화해도 경제적 이유로 이루어질 것이니 그것이 신속할 수도 있겠다고 생각했다.

하루는 학교에서 좀 떨어진 지바평야의 야외로 기동훈련을 나갔다. 그 훈련 내용 중의 하나는 진지가 될 만한 적당한 장소를 탐색하는 실습훈련이었다. 쉬운 과목인 줄 알았는데, 그것도 머리를 여러가지로 써야 하고 적당한 장소를 찾는 것이어서 쉬운 일이 아니었다. 그것만도 몇번 되풀이해야 했다. 한번은 같은 임무를 띠고 소대 임시지휘소에서 좀 떨어진 곳을 왔다갔다하며 지형을 보고 다녔다. 우리는 물론 이런 것을 좋아했다. 머리를 잘 쓰면 어느 정도 자유시간도 생기고, 주민들과 이야기도 하고, 구경도 할 시간이 생기기 때문이었다.

그런 임무를 띠고 후보생들이 팀을 짜서 각각 다른 지역으로 흩어져 갔다. 훈련 후에는 보고를 자세히 해야 하기 때문에 할일을 끝내는 데에 시간이 좀 걸렸다. 그러나 시간이 조금 남아서 나하고 일본후보생은 시골을 구경하기로 했다. 시골이라야 벌판 같은 곳이기 때문에 볼 것은 별로 없었다. 그래서 우리는 농가를 하나 찾아가서 그 곳 사람들과 이야기도 좀 하고 쉬기로 했다. 농민들은 대개 젊은 군인들을 친절하게 대해 주었다. 또 어떤 때에는 먹을 것을 주어서 고사포학교에서 많이 먹지 못하는 우리에게는 그것이 말할 수 없이 고마운 선물이었다.

돌아보니 자그마한 농가가 하나 있어서 들어가 봤다. 고령의 할머니 한 분이 혼자 있었다. 이야기를 좀 하다가 암만 봐도 그 노파가 조선 할머니 같아서 물어 봤다. 과연 경상도에서 온 분이었다. 그는 40년 전에 일본에 왔는데, 여기저기서 여러가지 일을 하다가, 결국 지바까지 와서 정착하고 농사를 짓고 있다고 했다. 보니까 빈농이고 집안에는 있는 것이 별로 많지 않았다. 같이 간 일본후보생의 양해를 구하고 우리는 조선말로 대화를 좀 했다.

"할머니는 여기가 좋으세요?"

"별로 좋아하지는 않지만 괜찮아."

"그럼 왜 이런 시골에 와서 사십니까?"

"그럼 어떻게 해?"

"좋으나 나쁘나 고향이 좋지 않아요?"

"우리도 물론 여러 번 생각해 봤는데, 어디 마음대로 되나?"

나는 그 때 그분의 심정이나 입장을 이해할 수가 없었지만, 내가 미국생활을 오래 하다 보니, 타국에 오래 살다가 귀국해서 산다는 것이 매우 어렵다는 것을 점차 알게 됐다. 두 가지 문화가 몸에 밴 사람을 사회학에서는 마지널맨(marginal man, 주변인)이라고 하는데, 이런 사람은 귀국하려고 해도 적응하기가 어렵다고 한다. 이민을 간 사회에서도 보통 이민자들은 현지 사람들과의 의사소통이 25% 정도밖에 안 된다고 하니 불편한 점이 적지 않을 것이다. 그런 사람들은 이민사회에서 사는 것도 쉽지도 않고, 또 고국에 돌아가서 사는 것도 쉽지 않다고 한다. 이 힐미니는 그런 것을 어렴풋이 느끼고 있는 분인 것 같았고, 이제 내가 타국에 오래 살다 보니 이해가 간다. 우리 말에도,

"10년이 지나면 고향에 돌아가지 말라!"

라는 말이 있다.

거기서 한 시간 반쯤 있다가 작별인사를 하고 나왔는데, 마음이 좋지 않았고, 일본에 와서 만난 할머니를 다시 못 볼 것을 생각하니 좀 섭섭하기도 했다. 그것도 또 숙명으로 돌려버렸다.

지금 그분은 고인이 되었겠지만, 그런 동포들이 세계 각처에 여러 사람이 있을 것을 생각하면 조금 우울해진다. 인간을 그렇게 움직여야 하고 그것을 초래하는 사회를 슬프게 생각하지 않을 수가 없었다.

45.
조선 간부후보생의 죽음

고사포학교 재학중에 놀라운 소식을 들었다. 사실 그 때 제일 큰 충격을 받은 일이 생겼다. 도쿄제국대학 재학 중에 학병으로 징집되어 온 조선 간부후보생 한 사람이 고사포중대에 있었는데, 나는 조공대 소속이어서 그하고 별로 만날 기회도 없었다. 일본인도 도쿄제국대학에 입학하는 것은 사실 하늘의 별따기 보다 더 어렵다고 했는데, 조선 사람으로서 입학했다는 것은 참 장한 일이었다. 그가 뛰어난 수재였다는 것은 말할 나위도 없다.

그 학병이 지바에 와서 몇 개월 훈련을 받고 있던 중 뇌막염으로 수일 동안 입원했다가 죽었다는 것이다. 그는 체격이 좋고 건강했었는데 별안간 죽다니 무슨 영문인지 이해하기가 어려웠다. 나쁜 일본인들한테 맞아죽은 것은 아닌가 하는 생각도 들었지만, 그는 참하고 온유한 사람이어서 그럴 리가 없다고 생각했다. 만약 일본사람이 죽였으면 그것을 밝혔을까? 후에 안 일이지만 여러사람들이 집단생활을 하면 그런 병으로 죽는 사람이 간간이 생긴다고 한다. 그러나 하필이면 왜 그런 일이 조선인 수재에게 생긴단 말인가? 전쟁 상황을 보면 귀국하는 것도 멀지 않은데 그런 개죽음을 하다니, 참 안타깝고 슬픈 일이었다.

　이삼일 후에 장례식이 있었는데 원하는 사람은 참석해도 좋다고 해서 우리 부대에서는 나만 참석하였다. 장례식은 군대식이어서 간단했다. 그의 부모님들이 멀리 함경도에서 왔는데 그 슬픔을 누가 감히 헤아릴 수가 있을 것인가? 그러나 그분들은 일본인들 때문인지 조선식으로 울고불고 하지는 않고 그저 눈물만 흘리고 있었다. 얼마나 원통했을 것이냐! 나도 잘 알지도 못하는 사람이었지만 자연 나도 눈물이 나왔다. 이것도 나를 더욱 숙명론으로 몰아갔다.

46.
뻔뻔스러운 일본정부

　지바켄(千葉縣)은 도쿄의 동남쪽에 위치한 곳인데 지바라는 조그만 도시도 있다. 조선의 도(道)와 비슷한 일본의 행정구역을 켄(縣)이라고 한다. 이런 것에서도 그들은 차별을 했던 것 같다. 나는 상업학교 시절부터 이것을 알고 있었는데, 이것을 지적하는 사람들이 별로 없는 것 같았다. 조선시대에도 도(道)라고 했으니까, 내가 그것을 차별로 본 것은 잘못일른지 모르겠다. 그들은 창씨까지 강요하고 보통학교와 심상소학교를 구별하고, 고등보통학교와 중학교를 차별하고, 또 도(道)와 켄을 구별하고 있지 않았는가! 그들은 차별이 없다는 말을 하는 것을 나는 한 번도 들은 일이 없으니 참 뻔뻔스러운 사람들이었다. 그들은 아직도 여러 면으로 뻔뻔스럽다.

　일본정부의 뻔뻔스러운 한 좋은 예는 정신대 문제이다. 그들은 주로 조선에서 젊거나 어린 여자아이들을 강제로 끌고가서, 일본군 장병들의 성욕 만족에 썼다는 증거가 자꾸 나오는데도, 그것을 도외시하려고 갖은 노력을 다해 왔다. 그것에 대한 전세계의 압력에 마지못해 그 범행을 시인하고 사과하는 데에 5년 이상이 걸렸다.

정신대는 위안부라고도 하는데 20만 명이나 있었다고 한다. 거기에는 여러 나라의 처녀와 젊은 여자들이 끼어 있었지만, 대부분이 조선 여자들이었다고 한다. 고학년의 보통학교 아이들과 저학년의 중학생들이 일본경찰과 그 앞잡이들에게 끌려갔다니, 학병들보다 몇 배나 더 어렵고 비참한 지경을 당했을 것이다. 일본정부는 천벌을 받아도 부족할 짓을 하고도, 이를 인정하거나 사과를 안하려고 5년 동안 버티고 온 파렴치한 정부였다. 속으로는 그렇지 않은 사람들도 있었겠지만, 보수적이고 오만한 자민당과 그들을 지지하는 과격 민족주의자들의 책임은 더하다. 전쟁 직후 정신대의 존재가 세계에 폭로될까봐 정신대 여성들을 전선에서 사살했다니 언어도단이다.

해방 후 생존한 정신대원들은 강제로 당한 일임에도 불구하고, 부끄러워서 1991년까지 아무 말도 못하고 살았다고 한다. 1991년에 비로소 한 두 여자가 그것을 폭로했다. 한국정부는 이것을 모를 리가 없는데, 그 때까지 이 문제를 도외시한 책임도 크니까, 그것을 국민에게 사과하고 그 여자들을 도와 주어야 한다. 1980년에 일본 관헌에 의한 유괴, 학대와 학살의 실태가 폭로되었다. 히로히토왕이 그 만행을 허락하는 칙령이 최근에 발견됐다니 놀라지 않을 수 없다. 이런 것을 만든 국가의 수령이 역사상 또 있었을 리가 없다. 일본인들은 자기네 어린 딸들 20만 명이 그런 지경에 몰렸으면 그들의 감정은 어떠했을 것인가? 나는 일본에 있는 후방 부대에 있었기 때문에 이것에 관해서 당시에는 전혀 몰랐었다. 나는 정신대원을 한 사람도 만나 보지 못했으나, 만났으면 나는 그들을 동족으로서 지극히 사랑했을 것이다.

이 일이 결국은 온 세상에 알려지게 되었는데도 불구하고, 왜 국제기구들은 이에 대하여 적극적으로 토론해서 일본을 징계하지 않는지 모르겠다. 이런 것을 도외시하거나 경시하는 것도 범죄의 하나이다. 그래서 나는 맥아더장군을 존경 못한다. 그는 일본왕 제도를 폐지하거나 징계도 하지 않고 일본을 너무 우대했다는 생각을 지울 수 없다. 이윽고 일본정부는 정신대원들에게 보상한다고 하면서도 민간단체를 만들고 일반시민들한테서 기부금을 모아서 보상하겠다고 했다. 이것은 정부가 관여하지 않고 일본정부의 책임을 회피하려고 하는 술책에 지나지 않는다. 돈을 기부하는 일반시민들도 많지 않다고 하니, 그들도 일본정부가 해야 할 일이라고 생각하고 있는지 모르겠다. 또는 그들도 자기네 정부 모양으로 그것을 기피하려고 하는지 모르겠다. 그후 이 일이 어떻게 되었는지 나는 잘 모른다.

일본사회당에서 총리가 된 사람이 반 세기가 지나서, 이제야 제2차 세계대전 때에 저지른 죄악에 대한 사과를 했지만, 보상문제는 아직도 석연치 않다. 박정희 대통령이 정치자금을 얻기 위해서 일본에서 돈을 약간 받고 대일 보상문제를 다시 거론하지 않기로 했다니 참 어리석은 짓이며 한심한 일이다. 또 일본은 경제 대국으로서 부끄럽지도 않은지 모르겠다. 이 보상문제도 보수적인 자민당은 줄곧 반대해 왔으며, 또 반대하는 일본인도 많다니 참 뻔뻔한 인간들이다. 그들은 절대로 독일이 한 것처럼 정식으로, 또 진심으로 사과하고, 응당한 보상을 절대로 하지 않을 것이다. 일본이 이처럼 파렴치하게 굴고 똑같은 태도로 미국경제를 해치고 있다는 것을 미국사람들은 잘 모르고 있다. 미국은 자유무역정책을 취해 왔으나, 일본은 오랫동안 자국 무역보호정책을 써왔다.

일본은 인류의 요람지가 일본이라는 엄청난 말을 믿는 사람이 수백만 명이나 있는 섬나라이다. 일본은 이 극단적 민족주의의 탈을 벗지 못한다면 세계의 심각한 골칫거리로 전락할 것이며, 민주국가의 내열에 끼기 힘들 것이다. 그들은 문명국이니, 선진국이니 하며 떠들고 있는만큼 문명국의 행세를 해야 할 것이다. 일본은 경제적으로나 기술적으로는 발전했지만 과거의 과오를 고집해 간다면, 개명된 국가도 아니고 문화국가의 자격도 없는 것이다. 인구가 많고 부유하다고 진실한 문화국이 되는 것이 아니다.

일본은 자기 나라의 역사를 옛부터 지금까지 다시 써야 한다. 내가 보기에는 일본정부와 일본인들은 아직도 제2차 세계대전 이전과 전쟁 중의 특징이었던 좁고 융통성이 없는 소견과 정책에 파묻혀 있다. 어느 유명한 미국학자가 일본은 바로 이것 때문에 대국이 못 된다고 평했다. 그 좋은 예는 태평양전쟁 중에 저지른 반인륜적 범죄를 인정하고 그에 대해 사과하고 보상하는 일에 아주 소극적일 뿐 아니라, 오히려 그에 대해 궤변을 늘어놓고 있는 것이다.

또 하나 세상사람들이 모르는 사실은 제2차 세계대전이 끝날 무렵 조선 출신 장병들을 연합군 포로수용소의 책임자들로 만든 일이다. 그들은 미군이 승전을 계속함에 따라 포로수용소의 책임자들은 종전 후, 전범으로 총살될 것을 무서워하여 조선장병들에게 그 일을 넘겨준 것이었다. 사실 그로 인해 많은 수의 조선인 장병들이 연합군 전범재판에서 유죄판결을 받고 총살을 당했다고 한다. 그중의 유명한 사람은 한 조선 출신의 중장이었는데, 그가 전쟁지역 포로수용소의 총책임자로 일을 했기 때문에 일본인들이 예측한 것처럼 처형되고 말았다고 한다.

47.
불바다가 된 도쿄

지바에 간 지 몇달이 지났다. 1945년 3월 초순의 어느 날 야반에 비상경계가 내렸다. 비상경계라 해도 우리는 다행히 훈련중이어서, 전선이 아닌 이상 전투준비는 안 하고 그저 대기태세로 있을 뿐이었다.

30분쯤 지났는데, 도쿄 쪽의 하늘이 사광기의 불빛들로 여러 군데 조명되었고, 또 그 불빛들이 하늘을 휘젓기 시작했다. 필경은 미폭격기가 일본열도의 남쪽에 있는 이오지마(유황도)에서 오는 것이었을 것으로 추측했다. 그러나 나는 후에 그 B-29들은 도쿄에서 거의 600마일이나 남쪽에 있는 마리아나 군도의 티니안도에서 왔다는 것을 알게 됐다. 그것도 그럴 것이 미군은 1945년 2월 19일에 2만 명의 병력을 이끌고 이오지마에 상륙했다. 미군은 그 해 3월 16일에 소탕작전을 끝마쳤는데, 작은 항공모함 한 척과 6,000명의 미군과 수만 명의 일본군이 희생되었다. 그러니까 이 때에 미군기가 이오지마에서 왔을 리가 없었다.

이 당시 고사포학교 내에 소문이 돌고 있었다. 미군이 점령하고 있는 이오지마를 폭격하려고 일본군이 폭격기를 여러 번 파견했는데, 가기만 하면 하나도 돌아오지 않는다는 것이었다. 물론 이오지마기 너무 멀어서 가미카제 특공대를 그 섬에 보냈을 리는 없다. 일본군은 미군이 그 당시 이미 레이더와 고사포의 연동기술을 실현시켰다는 것을 모르고 있었던 것이다. 나도 이 사실은 해방 후에 미군장병들한테서 들어서 알았다. 지금은 고사포와 레이더가 연동되어서 사광기는 필요가 없어졌고, 몇십 개의 불빛이 어두운 하늘을 비추어서 적기를 찾으려고 휘젓는 장관은 다시는 보지 못할 것이다.

도쿄는 지역이 야하다보다 넓어서 그런지 미폭격기들은 집단으로 오지는 않았지만 여러 군데로 흩어져서 기습해 왔다. 한 군데로 여러 대가 한꺼번에 오지 않고 꼭 한 지역에 한 대씩 몇분 간격을 두면서 왔다. 그러니 야하다에서 발생한 광경이 도쿄에서는 여러 군데에서 한꺼번에 일어나고 있는 것이었다. 지바가 도쿄에서 너무 멀지 않아서 도쿄 상공에서 벌어지는 그 광경이 지바에서도 잘 보였다. 도쿄 지상에서 하늘까지 밤에 불빛이 덮는 광경이 눈앞에 전개되고 있었으니 지금으로서는 불바다를 텔레비전으로 보는 것 같았다. 물론 그 때에는 텔레비전이 없었다.

머지않아 사광기의 불빛들이 미폭격기들을 포착해서 쫓기 시작했고, 또 폭격기들을 향해서 고사포탄들이 올라가 터지고, 미폭격기들은 폭탄을 투하하기 시작했다. 후에 미국에 와서 안 일이지만, 미군은 일본폭격을 시작하기 전에 연구를 해서, 일본집이나 건물의 지붕을 관통할 수 있도록 무거운 탄피를 고안 했다고 한다. 그러니까 일본건물들을 위로부터 뚫고 들어가 불이 나게 하는 소이탄을 연구한 것이었다. 그래서 곧 여기저기서 불타오르는 건물의 불빛으로 밤하늘이 밝혀진 것이었다.

수십개의 사광기 불빛이 미폭격기를 탐색하기 위해 밤하늘을 휘젓고, 이내 불빛이 폭격기를 포착해 추적하면 한꺼번에 수십 개의 고사포탄이 폭격기를 따라 공중으로 날아올라가 터지면서 불꽃을 내뿜고, 그 아래에서는 수천 개의 건물들이 타서 온 도쿄가 불바다를 이루고 있었다.

그 불들이 공중에 비추어서 온 도시와 상공이 거의 대낮처럼 밝아 보였다. 그 광경은 아마 제2차 세계대전 중에 유럽에서도 있었겠지만, 그 규모가 이것보다 훨씬 작았을 것이다. 그런 장관은 역사상 없었음은 물론 그 후로도 없었을 것이며, 몇조 억원을 주어도 살 수 없는 광경인 것은 틀림없었다. 나뿐만 아니고 일본학생들도 걱정하면서도 장관이라고 감탄하고 있었다. 물론 나의 마음은 타지 않았지만 그들의 마음은 몹시 탔을 터인데, 왜 그런지 그런 말을 하는 사람은 하나도 없었다. 그 후 조금 그들하고 이야기를 해보니까, 그들은 일본이 이기리라고는 생각도 못하고 있었으며, 전쟁이 광범위하게 확대되면서 수년 동안 계속되는 바람에 일본국민들이 사실은 지쳤다는 말을 비쳤다. 그저 그들은 패전 후의 일만을 근심하는 눈치였다.

"글쎄, 미국놈들은 털이 많이 난 야만인들이니까……"

미국인들을 게토(털보)라고 세뇌교육을 오래 받아와서, 대부분의 일본사람들은 미국인들은 털이 많이 난 야만인에 가까운 사람들이라고 생각하고 있었다. 물론 문명기구들을 미국인들이 많이 발명하고 미국이 기계문명적으로 퍽 발전한 것은 알고 있었지만, 그들의 성격이 야만에 가깝다고 생각하고 있는 모양이었다. 그 때의 나는 물론 그들이 야만이든 아니든 관심사가 아니었고, 웬일인지 그런 것은 나하고는 관계가 없는 것 같았다.

그 장관은 두어 시간 계속 되었다. 이것이 있은 후에 똑같은 공습의 장관이 몇 차례 계속됐고, 그로 인해 재산은 물론 인명도 피해가 적지 않았다는 소식이 들려왔다. 일본이지만 그처럼 다수의 인명을 잃고 엄청난 재산피해를 당했다는 소식을 듣고, 역사적 공습을 수차례 목격한 나는 일본인이 그 모양으로 나쁜 위정자들 때문에 죽을 고생을 하고 있는 것이 측은해졌으며, 왜 인간은 전쟁없이 문제를 해결치 못하나 하는 생각도 가끔하게 되었다. 그 반면에 나는 아시아전쟁은 일본의 침략에 기인한 것은 잘 알고 있었다. 사회학자들은 모든 사회문제는 타협으로만 원만히 해결할 수 있다고 말한다. 그런데 왜 인간들은 그것을 항상 못하는지 알 수가 없다.

하카타 폭격 때에도 강원도의 벽촌에서 자란 촌녀석이 무슨 운명의 장난으로 일본에까지 와서, 그런 역사적 장관을 목격하게 되는가 하고 이상한 기분에 젖어 있었는데, 도쿄의 불바다를 보고 이 기분이 더 강해졌다.

나는 미군기가 떨어지는 것을 본 일이 없는데, 후에 일본군은 몇대의 미폭격기를 격추했다는 믿을 수 없는 통계를 발표했다. 나를 위시해서 믿는 사람이 많지 않은 것 같았다.

48.
파리처럼 떨어지는 일본 전투기들

　이 때를 전후해서 미 전투기 열 대씩 가끔 지바 상공에 나타났다. 물론 이들은 낮에 나타났다. 어디서 오는지는 알 수 없었으나 이오지마에서 오는 것으로 생각이 됐다. 하지만 거기는 작은 전투기가 단독으로 오기에는 너무도 먼 거리 같았다. 태평양측의 일본해안을 자유자재로 오가는 미 항공모함에서 왔을 가능성이 많았다.

　또 전투기들이 단독행동을 하는 것도 이상히 여겨졌다. 여하간 의외인 것은 미 전투기 열 대가 오면 일본 전투기는 대여섯 대가 떠올랐다. 왜 적은 수의 전투기로 대응했는지 모르겠다. 여하간 전투기에는 전투기만이 도전할 수 있는 모양이었다. 미 전투기나 일본 전투기는 크기가 거의 같았는데, 공중전을 하면 여러 각도로 선회하면서 서로 총격을 가했다. 그런데 4~5분 후에는 꼭 일본전투기가 파리가 약을 먹고 떨어지듯 떨어졌다. 일본 비행기들은 이렇게 일방적으로 지는 공중전을 하고 있었다. 물론 나는 그 이유를 알 수가 없었다.

이 뿐만 아니라, 일본군은 전선 여러 곳에서 우리가 예상했던 것보다 더 빨리 후퇴하고 있었으며 전투마다 패하고 있다는 소식도 들리고 있었다.

그 정도면 일본과 미국의 실력차이는 확연한데, 왜 일본이 항복하지 않나 하는 안타까움을 감출 수가 없었다. 아주 친해지면 일본사람도 나한테 그런 말을 했다. 나는 어떤 일본사람하고는 이토록 솔직한 말을 주고받고 의견을 교환할 수 있다는 것을 알게 되었다. 물론 조심해야 할 사람들도 많이 있어서 사람을 잘 알아서 대해야 했다. 후에 안 일이지만 일본은 1945년 6월부터 상호불가침조약을 맺으려고 교섭중이던 소련을 통해서, 천황 제도만을 제외한 무조건 항복을 교섭하고 있었다고 한다. 불행히도 우리는 그것을 그 때 알리가 없었다.

고사포학교에는 고사포와 고사기관포, 그리고 고사기관총 등이 있었지만, 후보생들은 여기서도 훈련중이라는 이유로 일절 전투참가를 금하고 있었다. 물론 나는 이것을 환영했다. 지바에는 고사포학교 외에 다른 예비사관학교와 군사시설이 있었는데, 그 중 어느 누구라도 미 전투기를 향해 사격했다면 분명 미 전투기의 기총소사를 받았을 것이다. 고사포학교의 수백 명은 훈련중이라고 해서 일절 실탄사격을 안 했기 때문에, 우리는 하마마쓰로 이동할 때까지 기총소사나 폭격을 직접 받지 않았다.

49.
하마마쓰로 이동

　우리 훈련이 8개월쯤 되었을 때에 서부 부대에서 온 고사포학교 학생들은 중부지역으로 이동해 간다는 말이 돌기 시작했다. 미폭격기와 전투기가 빈번히 침입해 와서 위협을 느꼈는지, 서부지역에서 온 후보생들을 하마마쓰(浜松)에 있는 분교로 분산하기로 한 모양이었다. 그렇게 해야 한 학교가 큰 폭격을 받아도 후보생을 모두 잃지 않을 것이라는 추측이었다. 가능하면 앞으로 필요한 고사포장교들을 확보하겠다는 계획이었다.

　그것도 그럴 듯했으나, 나는 일본인들이 언제까지 버티려고 그러는지 우리 조선학병들은 한탄하며 한숨을 쉬는 날이 계속되었다. 전황이 그처럼 악화됐는데도 왜 전쟁을 계속하려고 하는지를 이해하지 못했었는데, 그 이유를 하마마쓰에 도착한 후 두어 달쯤 지나서야 알게 되었다. 그들은 우리에게 그들의 최후 발악작전을 가르치고 훈련하기 시작했다. 물론 최후 발악작전을 배우면서도 왜 그놈들이 항복하지 않는지 더욱 초조해졌다.

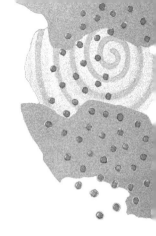

50.
참호(斬壕)를 파다

하마마쓰 고사포학교는 시설이 지바의 본교만 못했다. 퍽 간소한 교사와 내무반이 우리를 기다리고 있었다. 연병장도 지바만 못하고, 손질도 하지 않은 풀밭이었다.

이 때 미군의 폭격이 심해져서 일본 각처에 대피호를 많이 팠다. 전선에서는 장병들이 대피하고, 쉬고, 전투준비를 하고, 백병전을 하는 곳이라고 해서 대피호를 참호 또는 산병호라고 불렀는데, 일본 국내에서는 대개 다이히고(대피호)라고 했다. 전에 판 대피호는 거의 다 직선으로 팠는데, 몇 군데 대피호에 폭탄이 명중했을 때에, 그 호들이 직선이어서 그 안에 있던 사람들이 다 죽었다고 한다. 호가 길면 길수록 피해가 많았다. 그래서 대피호를 곡선으로 파야 한다고 해서 우리도 굴곡형의 대피호들을 여기저기 파야 했다. 우리들은 젊기는 했지만 그 일이 꽤 힘이 들었다. 그러나 이미 판 호들은 메우는 것도 아까워서 그냥 두고, 그 끝에 가로 굴을 파서 굴곡형의 호로 만들었다. 그래서 일본 민간인의 고생도 이만저만이 아니라는 것을 체험으로 알게 됐다. 전쟁이 끝나지 않고 미군의 일본 본토 폭격이 심해지자 대피호가 더욱 중요해졌고, 다행히 그 중의 하나가 나의 생명을 보호해 주었다.

51.
미군기의 기총소사

　하마마쓰에 갔을 때에는 지바와 마찬가지로 미 경폭격기와 전투기가 자유 자재로 기습을 해왔다. 그들은 대개 낮에 와서 폭격을 하거나 기총소사를 하고 사라졌다. 전투기는 더욱 자주 돌아와서 지상의 장비와 사람들한테 기총소사를 가했다. 그들의 시발점이 남방의 바다를 오가는 미함정이라는 것은 짐작하겠으나, 그 경폭격기들이 일정한 방향에서 오거나 일정한 곳으로 사라지지를 않아서 그것들에 대한 대책을 세울 수가 없고 잘 대피할 수도 없다고 했다. 그러나 그것이 일본의 항복과 백의민족의 해방과, 우리의 귀국이 가깝다는 신호 같아서, 우리 조선학병들은 속으로 무척이나 좋아했다.

　폭탄이 떨어질 때에는 큰 소리보다 신경을 찌르는 듯한 날카로운 소리를 더 조심하라고 했다. 그런 소리가 나면 폭탄이 아주 가까운 곳에 떨어진다는 것이라고 했고, 또 그것을 후에 체험했다.

지상에 있는 사람들은 기총소사가 있을 때에는 속수무책이었다. 저공으로 날아가다가 무시로 지상을 비로 쓸 듯 몇십 미터를 종횡으로 사격하기 때문에 피할 시간이 별로 없었다. 낮에는 폭격을 받지 않았으나, 연병장에서 훈련을 하다가 무시로 여러 번 기총소사를 받았다. 아주 가까이 대피호가 있으면 그 곳으로 뛰어들어갔고, 없을 때에는 그저 지상에 엎드려서 염불이나 할 수 밖에 없었다. 나는 그 때 크리스찬이 아니었다. 누가 나의 종교가 무엇이냐고 물으면 불교라고 했지만, 절에도 잘 다니지 않고 불경도 잘 모르는 주제에, 급한 일이 있으면 두어 마디밖에 모르는 염불 구절을 되풀이 외우고 있었다. 그러니 종교라기보다 그저 급하면 심리적으로 아무거나 의지하고 위안을 받을 것이 필요했던 것이다. 그 두어 마디밖에 모르는 구절을 몇번 되풀이 하고 나면 그래도 기분이 좀 나아지니까, 가끔 급하면 그것을 반복하고 심리적 위안을 적지 않게 받았던 것이다.

52.
함포 융단포격과 뜨거운 포탄

그 후 얼마 안 되어 한 밤중에 비상경보가 내렸다. 이 때 비상경보가 내리는 것은 미국 비행기가 온다는 것을 뜻하는 것이었는데, 밤중에 오는 것이 이상하다고 생각하면서 우리는 급히 대피호로 달려갔다. 그러나 한 10분 동안 조용해서 우리는 대피호 밖에 나가서 앉아 있었다. 우리는 무슨 일이 일어나고 있는지를 알 수가 없었다. 저 멀리 하마마쓰시의 불들은 모두 꺼져서 우리학교 주위는 꽤 어두웠다.

조금 있더니 미군기 몇 대의 프로펠러 소리가 멀리서 들려오는데, 그 수는 많지 않았다. 그 비행기들은 하마마쓰 지역의 네 구석에 조명탄을 올리고 어디론가 사라졌다. 대단치도 않은데 웬 비상인가 하고 의아하게 생각하고 있었지만, 그 후 곧 그게 아니라는 것을 알게 되었다. 일생 보지도 못한 놀라운 광경이 그 후 얼마 안 되어서 우리 눈앞에서 전개된 것이다. 나는 그런 일이 일본 본토에 벌어지리라고는 꿈에도 생각지 못했던 것이었다.

태평양 쪽에서 대단히 큰 함포들이 사격하는 듯한 소리가 나더니, 포탄들이 우리 머리 위를 불빛을 그으면서 하마마쓰 북쪽으로 날아가기 시작했다. 그 폭발하는 소리도 유난히 컸다. 그렇게 2~30분 동안 계속되었으나, 포탄들이 모두 북쪽으로 날아가는 것을 보고 우리들은 어느 정도 안심하고 있었다. 그러나 그 포탄들이 불빛을 뿜으며 날아가는 것과 그 폭발하는 소리를 귀기울여 들으면서 우리는 놀라지 않을 수가 없었다.

그 때 짐작도 했고 또 후에 안 일이지만, 그 포탄들은 하마마쓰 남쪽으로 가까이 온 미군함들이 함포사격을 하고 있는 것이었고, 또 우리가 신문, 잡지나 책에서 읽어서 아는 융단사격이라는 것을 하고 있지 않은가! 우리는 그것을 제일 무서워했다. 융단 함포사격은 비행기의 융단폭격과는 달랐다. 비행기가 할 때에는 대개 낮에 한다. 혹시 밤에 한다 해도 사광기 불빛에 포착되기도 한다. 그러나 함포사격은 다르다. 함포사격을 할 때에는 매우 큰 포탄이 하늘의 한쪽 구석에서 다른 구석으로 계속해서 아무런 저항 없이 날아가기 때문에 사람들을 더욱 불안하게 하고 공포심을 안겨 주었다. 사실 사람들은 이것을 제일 무서워할 수밖에 없었다.

당시에 일본에서는 레이더가 아직 잘 만들어지지를 않아서, 밤중에는 가미카제 특공기나 다른 비행기들이 미군함을 공격할 수도 없었다. 사실 그 날 밤에는 일본비행기를 1대도 볼 수가 없었다. 우리는 그저 가만히 앉아서 운명만 기다려야 했다. 운이 나쁘면 그 포탄이나 파편에 맞아죽고, 운이 좋으면 맞지 않고 살아남는 것이었다. 그러니 나는 어쩌다 들어서 알게 된 두어 마디의 염불이 저절로 나올 수밖에 없었다. 나만 그런 줄 알았더니 주위의 일본학생들도 마찬가지였다. 그러나 나하고 다른 점은 그들의 염불구절은 나보다 훨씬 많고 길었을 것이다.

그 때의 포격이 일본본토를 목표로 한 최초의 융단포격이었다. 행운이라면 이상한 말이지만, 나는 무슨 행운으로 기타 규슈에서도 일본에 대한 최초의 미군의 대공습을 목격했고, 도쿄의 불바다 대공습도 대부분 보고, 또 이제 여기 와서 일본에 처음 가하는 함포사격, 그것도 융단사격을 체험하며 구경할 수 있느냐! 그 반면에 까딱하면 그 포탄을 맞고 개죽음을 하게 되는 것이 아닌가 하는 신세타령 같은 것도 하게 되었다.

시간이 얼마나 지났는지 모르겠지만 점점 포탄을 따라가는 광선과 포탄의 파열음이 우리학교에 가까워졌다. 우리는 빨리 대피호 속으로 들어가서 한 구석에 앉아서 폭음이 가까워지는 것만 들으면서 염불을 되풀이하고 있었다. 우리 호에는 나 말고 두어 명의 일본후보생들이 같이 옆에 있었지만 캄캄하니까 그들의 표정을 볼 수도 없었고, 또 사선에 놓여 있는 상태에서 말을 건넬 용기조차 나지 않았다.

폭음은 점점 더 커지며 우리 쪽으로 향해 오고 있었다. 몇 분을 그러더니 별안간 귀가 뚫어지는 듯하고 천지가 개벽하는 듯한 파열음이 우리 오른쪽에서 나더니, 내 몸이 몇 센티미터쯤 뜨는 것이 아닌가! 몸이 뜨다니? 이것은 거짓말 같은 말이지만 경험해 보지 않은 사람은 믿을 수 없는 일이다. 나는 이제 일본에 와서 정말 개죽음을 하는구나 하고, 모든 것의 마지막을 직면하는 듯한 체념과 운명감 같은 것을 느끼지 않을 수가 없었다. 그리고 반갑지 않은 죽음의 사자를 기다리듯 다음 포탄을 기다리는 수밖에 없었다.

나는 최악을 예상했는데 다음에 일어난 일에 크게 놀랐다. 나와 같은 대피호에 있던 일본후보생들도 같은 심정이었을 것이다. 그런데 웬 일인가! 우리는 큰 폭음이 우리에서 가까운 곳에서 들려서, 그 다음 포탄은 우리 호에 아주 가깝거나 우리 호 바로 위로 떨어질 줄 알았는데, 조금 있더니 거의 같지만 좀 덜 강한 폭음이 우리 왼쪽 가까이에서 났다. 그 다음의 폭음들은 점점 우리에게서 멀어져 갔다. 우리는 한숨을 쉬고 서로,

"이키다나. 요캇타!(살았구나. 잘 됐다!)"
라고 하며, 우리가 사선을 무사히 통과한 것을 기뻐했다. 나는 그래도 내가 읊은 염불의 덕을 봤구나 하는 생각도 들었으나, 그 후 알아보니까 다른 데서 수백 명이 생명을 잃었다는데, 그들도 염불을 많이 올렸을 것을 생각하니, 또 그것도 아니로구나 하는 생각이 들었다.

한참 있다가 우리는 두더지 모양으로 대피호에서 기어나왔다. 주위는 어둡고, 조금씩 멀어져가는 포탄의 폭발하는 소리밖에 아무 소리도 들리지 않았다. 하늘에는 별이 여기저기 보였고, 역사적 큰 살륙작전이 진행되고 있는 것을 무심히 내려다보는 것 같기도 하고, 이 비참한 전경을 비판하려고 내려다보는 것 같기도 하였다. 나는 마음속으로 외쳤다.

"오, 신이여! 신이 계시면 왜 이런 참극을 허락하시옵니까? 포탄이 몇 발 적중하였으면 인명과 재산의 손상은 얼마입니까? 일본이 저지른 죄의 벌을 받고 있겠지만 왜 죄없는 백성들이 죽어야 합니까? 그러나 나를 아끼시고 목숨을 앗아가시지 않으셨으니 감사합니다. 이런 역사적 참사를 나 같은 놈이 두 눈으로 보게 하시니 인간의

운명이라는 것이 이런 것입니까? 신이 계시면 참 불가사의한 일입니다. 왜 인간은 귀한 인명과 재산을 희생하며 이런 싸움을 해야 합니까?"

나는 순식간에 이런 생각을 하며 대피호 위에 잠깐 앉아 있었다. 별안간 이상한 유황 같은 냄새가 나의 코를 찌르기 시작했다. 옆으로 어둠 속에 어렴풋이 보이지만, 작은 보통학교 운동장만큼이나 크고 몇 십 척이나 깊게 보이는 구멍이 파여 있었고, 거기서 터진 포탄의 냄새가 진동하고 있었다. 나는 지옥이 이런 것인가 하고 어둡지만 어이없이 그것을 내려다보고 있었다. 그것을 보고 있는 동안에 여러가지 생각이 나의 머리를 스쳐 갔다.

우리가 들어가 있었던 대피호의 위에는 몇 개의 파편이 떨어져 있었다. 가서 보니 파편들이 꽤 크고, 만져보니 퍽 뜨거웠다. 그리고 그 파편의 한쪽은 평평했으나, 다른 쪽에는 포탄이 파열할 때에 찢어졌는지 날카롭고 칼날같은 것이 여러 개가 붙어 있었다. 다른 후보생들은 구경하고 만져만 보고 병사로 돌아갔지만, 나는 감상적이어서 그런지 그것들을 그냥 버리고 가는 것이 아까운 것 같았다. 그래서 그 중에서 제일 작은 것을 집어서 내무반으로 가져다가 배낭에 잘 넣어 두었다. 그것은 꽤 크고 무거웠으며 거의 배낭의 반을 차지했다. 나는 그것을 끌고 기타 규슈까지 가지고 갔으나, 귀국할 때에 짐이 너무 많아서 다른 일본군인에게 주려고 했다. 그러나 그들에게는 지겨워서인지 모두 거절해서 버리고 말았다. 그것이 좀 작고 가벼웠으면 지금까지도 그것을 내 거실 한 가운데에 두고, 무섭고 어려웠던 그 날을 가끔 회상하고 있을 것이다.

다행히 우리가 1945년 8월 초순에 하마마쓰의 학교를 떠날 때까지 함포사격은 다시 없었다. 그러나 함포사격이 다른 몇 군데에 있었다는 말을 후에 들었다. 그 후에도 비록 함포사격은 없었어도 산발적인 기총소사와 경폭격기의 폭격은 1945년 8월 15일의 일본항복 때까지 계속됐다. 시차 때문에 브이제이 데이(VJ-Day : 승전일)가 동양에서는 8월 15일이지만 미국에서는 8월 14일이다.

53.
일본군 최후의 발악작전

　1944년 10월에 맥아더 장군은 그가 필리핀에서 쫓겨날 때에 약속한 대로 필리핀에 대군을 끌고 귀환했고, 1945년 초에 그 열도를 정복했다. 그 해 4월에는 미군이 오키나와에 상륙했다. 이 때쯤 종전을 관리하는 임무를 띤 스즈키(鈴木) 일본내각이 수립됐다.

　1945년 6월 22일에는 오키나와가 함락되었다. 사태가 이렇게까지 악화되자 일본은 해방 3개월 전부터 소련을 통해서 항복을 교섭하고 있었으나, 우리는 그것을 알 리가 없었다. 나는 일본군이 항복을 하는지, 강화를 구하고 있는지, 잘 몰랐는데 표면적으로 그들은 전쟁을 계속하고 있었다. 그 때쯤 그 이유를 점차 알게 되었다. 그들은 최후의 발악작전을 계획하고 있었다. 그 후 얼마 안 되어서 일본이 히로시마(廣島)와 나가사키(長崎)에 떨어진 원자탄 때문에 항복했는데, 나는 그것을 빙자해서 하는 말이 아니다. 그 때 신문과 라디오의 뉴스만 보아도 일본이 강화회의에서 조금이라도 유리한 점을 얻기 위한 작은 승리를 얻을 확률은 거의 영점이었다.

일본군은 예비사관학교에 있는 우리에게 그 최후의 발악작전 교육과 훈련을 맹렬하게 하기 시작했다. 이 직진은 이것을 고안해 낸 군부와 정부의 요원만이 알고 있으리라고 믿는다. 그 작전의 대요는 다음과 같았다.

1. 미군은 도쿄만 동북쪽의 해안과 규슈 동쪽에 있는 휴가(日向)해안에 상륙할 것이다. 이것이 제일 전선이 되며, 이 전투에 일본군은 전 비행대를 동원하겠지만 미군은 상륙을 감행할 것이다.

2. 이에 대비해서 해안에 고사포대를 제일선에 배치한다. 그 이유는 고사포가 제일 먼저 공격해 올 미공군기들을 요격해야 하기 때문이다.

   그리고 미군부대가 상륙하기 전에, 군함부터 파손해야 하는데, 고사포는 고속으로 비행하는 비행기도 격파할 수 있으니까, 그보다 저속인 군함은 거의 백발백중 격침시킬 수가 있다. 따라서 고사포대를 최전선에 배치한다.

3. 이 전투가 야간에 전개될 가능성이 많으며, 그럴 때에는 조공대가 필요하니까 조공대도 해안 제일선에 배치한다.

4. 이 작전에서 일본군이 밀리면, 가까운 산악지대로 후퇴해서 치열한 산악전을 전개한다. 이 작전에서 적에게 회복할 수 없는 타격을 준 후에 승전 태세를 재확립한다.

5. 규슈와 도쿄 지방의 산악전에서 패하게 되면 일본군은 혼슈(本州)의 높은 산악지대로 후퇴한다. 여기에 전 일본육군을 동원할

것이며, 이 전투에서는 절대로 패하지 않을 것이다.

이 작전은 최후의 발악작전임은 불을 보듯 명백했고, 또 그럴 듯한 작전이었다. 그러나 나에게는 큰 고민이 생겼다. 나는 일본군이 그 전에 항복하고 일본에 있는 우리 조선장병은 손도 대지 않고 무사히 귀국시킬 줄 알았다. 그런데 이것이 웬일인가! 이런 작전은 참 의외의 일이었고, 이 작전에 의하면 고사포부대와 조공대가 세일선에 배치된다는 것이다. 이 말을 듣고 나는 기절할 뻔했다.

나는 속으로 소리치지 않을 수가 없었다.

"이게 무슨 미친 짓이냐? 우리가 일선에 나가서 제일 먼저 희생이 되다니!"

그 고민은 여러 일본후보생의 얼굴에서도 역력히 읽을 수 있었다. 그러나 항의하는 사람은 한 사람도 없었고, 그것은 또 항의했자 소용이 없다는 것을 잘 알고 있었기 때문이었다.

우리는 하마마쓰의 학교에서 이 훈련을 두어 달 받았지만 다른 훈련과 다를 것이 없었다. 다르다면 그저 상대가 비행기로 되었다가 군함으로 되었다 할 따름이었고, 그저 비행기와 군함의 고도가 다를 뿐이었다. 군함은 비행기보다 훨씬 느리게 항행하니까 그것에 대한 훈련은 어렵지 않았다.

우리는 이 훈련을 마치고 졸업했지만, 졸업 후 수일 만에 투하된 원자폭탄 때문에 일본군은 그 작전을 감행하지 못하고, 우리의 수주일의 고민과 훈련도 다행히 무용지사로 돌아갔다.

54.
고사포학교 졸업

우리는 아까운 청년시대의 거의 1년을 지바 고사포학교와 중부지방의 하마마쓰 고사포학교에서 고생을 하면서 지냈다. 후에 알았지만 조선사람들 중에도 남양에 가서 죽은 사람도 있고, 그야말로 연옥에서와 같은 고생을 하다가 겨우 목숨을 건진 사람도 많았다는데, 그에 비하면 나는 훨씬 운이 좋았다고 생각했다. 그래도 나는 융단 함포사격과 기총소사 때문에 죽을 뻔한 것을 잊을 수가 없다. 그러나 나는 그 때에 그렇게 느끼지를 못했고, 그저 그 지긋지긋한 장기훈련이 끝난 것이 무척 기쁘고, 정말 해방이 된 기분이었다. 졸업할 때에 우리는 겨우 지옥을 벗어났다는 기분으로 미나라이시칸(수습장교)이 되었고, 상사의 휘장 옆에 사가네(座金)를 붙였다. 이것을 붙인 상사는 장교취급을 받았다. 그리고 싸구려로 만들었지만, 허리에 차고 다닐 수 있는 긴 일본도를 하나씩 지급받았다. 솔직히 말해서 그 때의 기분은 나쁘지 않았다. 하사관들도 다 복종해야 하기 때문에, 후보생 때와는 아주 딴판이었다.

우쭐한 기분보다는 나도 일본인들과 겨룰 수 있다는 느낌과, 이제는 전투가 없는 한 편히 지낼 수 있다는 것이 제일 좋았다. 우리가 수습 장교가 되니까, 고사포학교에서 교관을 보조하며 우리를 못살게 굴던 하사관들도 태도가 일변했고, 우리들에게 경례를 해야 했다. 참 이상한 세상이라고 느끼지 않을 수가 없었다. 이런 일이 이 세상에 없는 일도 아니겠지만, 경험한 사람이 아니면 이해하기가 어려울 것이다.

졸업식 같은 것도 있었지만 누가 무슨 이야기를 했는지도 모르고 또 관심도 없었다. 나뿐만 아니라 모두 그런 모양이었다. 일본군대 경험을 해 본 사람들은 잘 알겠지만, 군대 내에서 애국이니 나라에 충성이니 하는 말은 별로 하지 않고 강조하지도 않았다. 장병들은 매일 몸 편하고 먹을 것이 있으면 만족했고, 옆에 있는 사람들을 가능하면 돕는 것이 고작이었다. 일선에서 싸우는 사병들을 오래 연구한 미국의 한 학자도 이런 말을 했다. 즉, 전투하는 사병은 애국심 때문에 전투를 하지 않고, 자기의 생명의 유지와 전우를 배반하지 않겠다는 염원에서 열심히 전투한다는 것이다. 그것은 내가 경험한 일본군에서도 마찬가지였다. 모두 인간이니 일선에 나간 사병들의 심리가 동서를 막론하고 그리 다를 리가 없다.

55.
오사카(大阪) 역에서 하룻밤

　하마마쓰 고사포학교 졸업생은 모두 서부지역의 부대에서 파견된 학병들이었고, 규슈에서 온 학생들도 많았다. 그래서 규슈나 시모노세키 부근에서 온 우리는 모두 군용열차를 탔다. 우리는 차 안에서 해방된 기분으로 환담도 하고 차안에서 왔다갔다도 했다. 물론 조선학병은 몇명 없었고 일본학병들 틈에 끼어 있었지만, 그들하고 마음을 터놓고 말할 수도 없어서 고독감을 느끼지 않을 수 없었다. 일본학병들은 조선학병이 극히 소수여서 그런지 별로 괘념치 않고, 여러 말을 하며 마음 속에 있는 말도 가끔 튀어나왔다. 그들은 일본이 점차 후퇴하고 있으며 도저히 일본이 승전하기는 어려울 것이라는 말이었다. 그러나 그들은 전쟁 후에 일어날 일에 관해서는 아무말도 없었다. 그들이나 나나 미군이 승전하면 일본을 어떻게 처리할 것인지 예견할 수 없었기 때문이었다. 우리는 학교와 부대에서 교육을 받을 때에 미국놈들은 모두 털보고 성격이 야만적인 인간들이라는 세뇌교육만 받았기 때문에 앞날을 크게 무서워했다. 나도 귀국하기 전에 미군에 잡혀서 사형이나 당하지 않나 하는 생각까지 가끔 들어서 두려움이 없는 것도 아니었다.

열차가 오사카역에 도착하였다. 그런데 웬일인지 차가 좀처럼 떠나지를 않았다. 한 시간, 두 시간, 세 시간, 아무리 기다려도 떠나지를 않았다. 그렇다고 아무도 와서 그 이유를 설명해 주는 사람도 없었다. 여러 학병들이 다음 민간인 차칸에 가서 물어 보았으나 그 이유를 아는 사람은 하나도 없었다.

네 시간, 다섯 시간, 오랜 시간이 지나도 아무말도 없었다. 밤이 아주 늦어서 기어코 오사카역에서 밤을 새워야 한다는 지령이 내렸다. 무슨 영문인지도 모르고 우리는 어리둥절해서, 차 안에서 불편한 잠자리를 마련하고 자려고 했으나 잠이 올 리가 없었다. 거의 새벽까지 잡담을 하다가 지쳐서 눈을 좀 붙였다.

몇 시간 되지 않아 기차가 움직이는 소리에 잠이 깼다. 모두 일어나 수군거렸지만 사정을 알 수가 없었다. 조금 있다가 인솔장교가 들어와서 간단히 설명했다. 별안간 무슨 사고가 있어서 우리 열차가 늘 가는 태평양쪽의 산요센(山陽線)으로 가지 못하고, 우리가 지금 '동해'라고 부르는 일본해 쪽으로 가서 산인센(山陰線)을 타고 우회해서 간다고 했다.

그 때나 지금이나 일본사람들은 동해를 일본해라고 부른다. 이 지칭이 마음에 맞지는 않지만, 그 때에 이것을 문제 삼는 사람은 별로 없었다. 우리의 동해는 한반도와 일본과 러시아의 세 나라를 접하고 있는데, 일본해라고 부르는 것은 물론 너무나 일방적인 말이다. 2~3세기 전에도 영국, 프랑스, 화란 그리고 이탈리아 지도들은 그것을 조선해라고 기록했다. 일본은 메이지시대(1868~1912) 초기까지도 그 말을 쓰고 있었다. 그러나 그들은 러일전쟁(1904~1905)에서 승리한 후에 그것을 일본해라고 부르기 시작했고, 1910년 경술국치 후에 그것을 공식 명칭으로 만들어 버렸다. 이것은 그 후 1928년 일본의 요청에 따라 국제적 인정을 받았다. 참 뻔뻔한 놈들이다.

지금 우리는 이 명칭은 바꿔야 한다. 조선해라는 명칭도 그것이 3개국을 접하고 있는 이상 반대가 많을 것이다. 또 그것은 우리의 동쪽에 있지만 일본의 서쪽에 있고 러시아 남쪽에 있으니까 그것도 문제이다. 그러니 '평화대해'라든가 이것에 비슷한 명칭이 좋을 것이다. 나는 일본해라는 말을 오랫동안 싫어했지만 최근까지 그것을 문제 삼는 사람이 없었다.

여하간 나는 산인 쪽으로 가 본 일이 없고, 기차가 무슨 일인지 모르지만 그 쪽으로 돌아가게 되어서 속으로 "잘 됐구나!" 하며 기분이 좋았다.

56.
보고 싶던 이즈모(出雲)

　이즈모는 일본 건국신화와 관련해서 나오는 저명한 산이고, 또 그 고장의 이름도 이즈모이다. 보통 이즈무라고 하는데 이즈모가 일본 발음에 더 가까운 발음이다. 일본의 신화기록으로서는 가장 오래 되고 유명한 고지키(古事記, 712)와 또 같은 종류의 서적 니혼쇼키(日本書記, 72~887)는 일본 초창기에 이 고장에 어떤 신이 강림해서 일본건국에 큰 공헌을 했다고 기록되어 있다. 재미있는 일은 고지키는 니혼쇼키보다 일본 건국이 600년 후라고 한다.

　여하간 나뿐만 아니고 여러 책을 보면, 많은 사람들이 그런 신의 강하설을 믿지 못하고 있고, 나는 내 나름대로 현실적 해석을 하고 있다. 고고학자, 인류학자, 인종학자들 그리고 민속학자들까지도 내가 생각하고 있는 것을 뒷받침하고 있다. 여러 동북아시아의 신화는 자기 나라의 건국자가 하늘로부터 높은 산에 내려와 나무 옆에 섰거나, 그렇지 않으면 강림 후에 그 옆에 나무를 심고 하늘에 제물을 올렸다고 한다. 또 재미있는 것은 일본의 초대 임금이었다는 전설적 진무(神武)도 같은 방법으로 일본의 본토인 혼슈(本州)가 아니고, 그 서남쪽에 있는 규슈 서북지방에 있는 산에 내렸다고 되어 있다. 그래서 일본신화도 동북아의 신화 유형을 따르고 있는데, 그것은 그들이 아시아의 동북지방에서 한반도를 통해서 일본으로 건너갔기 때문이다. 고조선은 지금의 만주지방까지 포함하고 있었는데, 그들 중 일부가 일본의 북쪽에 있는 사할린(樺太)과 홋카이도(北海道)를 통해서 일본의 제일 큰 섬 혼슈(本州)에 이르렀다고 한다. 이들은 수가 적었고 세력은 약했으나, 일본 건국시대의 지배족에 속하였다고 한다.

그런데 이즈모지방에 강림한 사람은 조선장사(壯士)였고, 또 하늘에서 강림한 것도 아니고, 조선의 장사 한 사람이 부하를 이끌고 바다를 건너가서 인근을 정복하고 자리잡은 것이라고, 여러 사람들이 해석하고 있다. 나도 물론 그것을 지지한다. 지금도 여러가지 서적을 보면 볼수록 더욱 그렇다는 신념이 강해진다. 고고학적으로나, 언어학적으로나, 또 인류학적으로나, 아시아의 기마민족이 예로부터 일본 서부에 다수 건너가 동방으로 퍼졌다는 것이 명백히 증명되고 있다.

또 일본이라는 뜻의 '히노모토(日の本, 日の下)'도 조선 말의 '해의 밑'이라는 말에서 기원했다고 진지하게 주장하는 사람들도 많은데 나도 이에 동의한다. 몇해 전부터 많은 학자들, 특히 미국의 학자 중에는 이 북래설을 지지하는 사람들이 많다. 역사적으로 조선이나 중국의 역사가들은 진실만을 기록한다는 전통이 있어서, 그것을 지켜 왔고, 그것 때문에 역사를 왜곡하려고 한 왕들 때문에 억울하게 죽은 순직자들도 있었다. 이런 사람들이 『몽골비사』(1162~1227), 『청조기록』

(1636~1911), 『조선왕조실록』(1392~1910) 같은 귀한 역사의 기록들을 남겼다. 이것은 저명한 일본역사가들이 공공연히 역사를 왜곡하는 것과는 다르다.

참고적으로 여기서 부기하면, 청국은 만주족이 세운 나라로 거의 3세기 동안 중국을 지배했을 때를 말하는데, 그 마지막 황제는 영화로 세계적으로 유명해진 마지막 황제(The Last Emperor)였다. 청조는 고급관리를 다렌(大人)이라고 하면서 민주게의 관리를 만다렌(滿大人)이라고 했는데, 그것이 지금의 영어 단어인 만다린(Mandarin)으로 되었다. 즉, 청조의 관리나 그들이 쓰던 말을 뜻한다. 이 말은 요사이 영어에서는 주로 표준 중국어라는 뜻으로 사용되고 있다.

그런데도 국수주의적 일본인들은 아직도 인류는 바벨탑 옆에서 탄생하지 않고, 일본의 나라(奈良)에서 기원했다고 수백만 명이 믿고 있으며, 지금도 그것을 종교화해서 포교까지 하고있다. 일본학자 중의 대다수는 조선에 대한 편견이 강해서 조선이 일본건국에 얼마나 기여했느냐 하는 것을 모르거나, 잊었거나, 도외시하고, 일본의 문물을 중국이나 남양과 관련시킬망정 조선을 무시하거나 묵과하고 만다. 이런 인간들이 세계지도자가 되려고 떠들고 있으니 한심하기 짝이 없다.

예외가 있는 것은 사실이다. 예를 들면, 일본의 고고학자 에가미(江上) 교수의 북방 기마민족 도래설(北方騎馬民族渡來說)과 20여 년 일본의 기원에 관해 연구한 후에 책을 쓴 구니미쓰 시로(邦光史朗)씨이다. 그들의 책은 객관적으로 잘 써서 우리가 읽을 가치가 있다. 물론 그 밖에도 몇 사람 있다. 요즈음 또 2,000여 년 동안의 조선과 일본문물의 밀접한 관련를 쓴 일본 책이 몇 권 나왔는데, 그런 것이 조금씩 나오고 있는 것은 두 나라 장래의 상호관계를 위해서 좋은 일이라고 생각한다.

　이 역사에 관해서 양식 없는 거짓 주동자가 일본의 문부성(文部省)이다. 이 일본정부 기관은 전국의 초·중등학교에서 쓰는 교과서를 주관하고 있다. 그 문부성이 승인하는 교과서는 일본의 우월성을 주장하면서, 자국의 건국을 위시해서 그 후의 역사, 특히 근세에 자기들이 아시아의 여러 나라에 침입해서 무수한 인명을 살상하고, 엄청난 재산을 파괴한 사실을 숨기거나, 최소화하거나, 심지어는 미화하고 있다. 그들은 근대사를 많이 왜곡해서 그것을 아이들에게 가르치게 하고 있다. 이런 인간들을 21세기에 본다는 것은 매우 슬픈 일이다.

　근래에 한국인 중에도 그 정도는 아니지만, 비슷한 사람들이 있다는 것이 한심할 뿐이다. 1990년에 여러 한국 교사와 교수들하고 중국을 여행할 때에 장백산(백두산)을 구경했다. 백두산을 중국쪽에서는 장백산(長白山)이라고 한다는데, 나는 그것도 그 때서야 알게 됐다. 그 산의 만주쪽 바로 밑에 장백(長白)이라는 조그마한 마을도 있다. 그 장백산을 구경하는 사람들은 99%가 한국사람들이라고 하는데, 몇몇 교사들의 말이 걸작이었다. 백두산이 우리 조상의 탄생지라는 것이었다. 이런 것을 믿고 가르치니까, 한국사람들이 북한을 통해서 백두산에 오를 수는 없으니까, 기를 쓰고 만주로 가서 장백산을 오르려고 하는 것이다. 우리의 조상이 그 험하고 높고, 기후가 사나운 산을 일부러 지나왔다고는 생각도 되지 않고, 우리 민족이 그 곳에서 시발했다는 것은 참 가소로운 말이다. 그들은 나로 하여금 '우물 안의 개구리'는 어느 나라에도 많다는 것을 새삼스럽게 느끼게 했다.

　일본은 섬나라니까 그런 사람이 더 있을FMS지 모르겠지만, 한국에도 그런 사람이 많다니 말도 되지 않는다. 고조선 단군신화는 1952년에 쓴 책에서 옛 전설을 적은 데서 나온 것을 잘못 해석하고, 그런 곳을 수만 명의 한국인들이 매년 순례한다고 한다.

이 산이 우리 조상의 강림지라고 남북한의 각급학생들에게 가르치니까 이런 일이 생기는 것이다. 그러나 우리와 일본인의 차이는 우리는 아는 역사를 고의로 왜곡하지는 않지만, 일본인들은 역사를 고의로 왜곡하고 자기들이 저지른 아시아제국 침략을 그 나라들을 위해서 진주했다고 미화까지 하고 있는 판이다. 어느 나라가 미쳤다고 그들의 군대를 초대하고 환영했겠는가! 일본인들은 이 사실을 잘 생각해 봐야 할 것이다.

장백산에 오르니 아주 높고 험하고 일기도 아주 나빴다. 한국인 한 사람이 그 길을 오르다가 강풍에 떠밀려 길 옆 낭떠러지에 떨어져서 죽었다고 한다. 우리의 조상이 이런 데에 내렸다는 것은 상상조차 할 수도 없다. 그러나 북한사람들은 김일성과 김정일이 백두산에서 태어났다고 하여 그 곳에 기념관을 짓고 기념물들을 늘어놓고 있다고 하니 그것도 참 한심한 짓이다. 유감스럽고 한심스러운 것은 내용과 형태는 다르겠지만 이런 광신자들이 없는 나라가 없다는 것이다. 역사상 가장 문명하고 개화된 20~21세기가 이 모양이니 인류의 앞날은 아직도 멀고 암담하다.

나는 이즈모(出雲)에 우리 조상들이 가서 자리를 잡았으며, 그 족속이나 친척들이 결국 일본의 천황족이 되었다고 믿는다. 재언하지만, 일본의 연구가 구니미쓰 시로(邦光史郎)는 이것을 지지한다. 일본정부가 고대 일본왕들의 고분을 발굴하다가 고대조선 물품 같은 것이 많이 나오니까 그 작업을 중지해 버렸다. 그것들을 다 파헤치면 고대 일본의 지배층이 조선에서 많이 건너갔다는 것이 더욱 증명될 것이니까 일본 위정자들이 그 작업을 계속할 리가 없다. 자기네 나라를 뿌리째 뒤엎는 격이 될 터이니 그들이 그것을 감행하지 못하는 것이다. 일본 건국에 관한 서적들은 거의 모두 천황족이 이즈모에 있는 신들을 접촉해서 일본 건국에 참여시켰다고만 하고, 이즈모의 신들이 한반도에서 넘어갔다는 말은 한 마디도 하지 않는다.

또 이즈모 여자들이 미녀라는 것은 일본인이면 누구나 나 잘 안다. 일제때의 조선지식층도 그것을 전해 들어서 잘 알고 있었다. 나는 그 곳 여자들은 한민족의 후예이기 때문에 그렇다고 오래 생각하고 있었다. 그래서 그들에 관한 나의 호기심은 강할 수밖에 없었다.

열차가 이즈모지방에 들어가고 있었다. 여름이라 더웠지만 아주 좋은 날씨였다. 또 여름이어서 그런지 산과 들이 푸르고 경치가 조선보다 좀 다르지만 퍽 아름다웠다. 이즈모산이라고 누가 지적해 주는 산이 멀리 신비스럽게 서 있었지만, 과연 그것이 이즈모 산인지를 확인할 시간이 없었다.

열차가 드디어 이즈모역에 도착했다. 그 역에서 한 20분쯤 기차가 서 있었다. 역에는 모든 것이 귀한 때인데, 과일과 과자 부스러기를 파는 여자들도 있었다. 기차에 오르락내리락 하는 여자들도 있어서, 나는 유심히 그들을 쳐다봤다. 그 곳 부인회의 부인들이 나와서 우리가 군인이라고 위문하는 뜻으로 오차(차)를 따라 주고, 과자도 조금씩 주어서 고맙게 받아 먹었다.

나는 그 곳 여자들을 유심히 쳐다보고 속으로 평가를 해 보았다. 내가 일본에서 여러 고장을 다녀봤지만, 과연 이 곳은 일본에서 퍽 곱고 예쁜 여자들이 가장 많은 고장 같았다. 한국여자와 좀 다르면서도 참 아름다운 여자들이 많았다. 나는 내 나름대로 저 여자들은 조선의 피가 많이 섞여 있어서 그런 것이라고 결론을 지었다. 또 나는 지금까지도 그 결론이 진실이라고 믿고 있다.

요즈음 신문에서 읽었는데, 이즈모가 있는 일본의 시마네현(島根縣) 시민들이 자기네 조상들은 삼국시대의 신라(B.C. 57~676)에서 넘어왔다고 하면서 경상남도의 사람들과 친목하자고 해서, 이 두 지방 사이에 친목회가 성립되어서 교류를 하고 있다고 한다. 이것은 참 놀라운 일이다. 이깃이 오래 성공적으로 지속하기를 빌며, 이런 일이 속출하기를 기원하여 마지않는다. 그러나 이것도 독도 문제 때문에 해산됐다고 한다. 중세적 고이즈미총리와 시마네현의 무식한 사람들의 욕심으로 독도를 일본의 영토라고 주장하고 있으니 참 유감스럽다.

57.
나보고 죽으란 말이야?

　그 역에서 그 새로운 풍경과 광경을 즐기고 있는데, 별안간 차 안에 있던 한 학병이 소리를 지르는 것이었다. 그 학병이 그 곳 부인회 소속의 한 여인에게 죽이기라도 할 듯 소리치는 것이었다.

　"여봐, 나보고 죽으란 말이야?"

　그러니까 흰 다스키(어깨띠)를 하고 있던 부인이 쩔쩔매면서 머리를 숙이고 말한다.

　"도모 스미마셍!(대단히 죄송합니다!) 유루시데 구다사이(용서해 주십시오). 암마리 히도가 오이노데(너무 사람이 많아서)."

　이렇게 말하며 허리를 거의 80도로 굽혀 여러 번 절하며 사과를 하고 있었다. 물론 나는 무슨 영문인지 몰라서 호기심을 억제하기가 힘들었다. 그러나 너무 차 안이 어수선하고 떠들썩해서 물어볼 수도 없었다.

열차가 떠나자 나는 옆에 있는 일본학병 한 사람한테 어찌 된 일이냐고 물어 보았다. 그는 짤막하게 말했다.

"아, 그 여자가 왼손으로 차를 따라서 저 사람한테 주었어."

"그게 무엇이 나빠?"

"그것도 모르나?"

"난 잘 모르겠는데."

"일본에서는 죽은 영혼에게만 왼손으로 차를 따라 바치는 거야."

"아, 그래?"

"그럼."

"그 여자도 사람이 많아서 그랬다고 그러잖아."

"그래도 안 된다고 생각하는 사람들이 있어."

"그렇지만 저 사람 너무했다."

"그런 사람이 있는 걸 어쩌누?"

"그 부인이 불쌍하던데."

"나도 그렇게 생각했어. 저 학병이 너무했어."

그래서 풍속과 믿음이라는 것이 참 무서운 것이라는 것을 거기서 다시 심각하게 느꼈다. 이 세상에 잘못된 믿음이나 미신이 무수히 많은데, 그것들 때문에 무수한 생명을 살륙한 일이 인류역사상 얼마나 많은가! 지금도 인간을 신이나 반신이라고 믿으라고 하며, 그것을 믿지 않는 사람들을 살륙하거나, 노예사회와 같은 집단수용소에 가두는 나라가 있지 않은가! 20세기의 문화와 문명 속에서 한다는 짓이 이렇다니! 인간도 고대에 비하면 정신면에서 별로 진보하지 못한 것이 뻔하다.

고등상업학교 재학 시에 윤리학 학기말시험의 제목이 두 개 있었는

데 그 중의 하나가,

"20세기의 인류는 그리스시대보다 진보했느냐?"

라는 것이었다. 이것은 강의도 하지 않은 제목이어서 우리는 당황했다. 그러나 나는 어렵게 생각하지 않았다. 나는,

"인류는 물질적으로는 많이 발전했지만, 정신적으로는 조금도 발전한 것이 없다"

라는 내용으로 답을 썼다. 이것을 설명하는 데 시간은 걸렸지만 힘들지는 않았다. 교수는 그 답을 좋아했는지 나한테 제일 좋은 점수를 주었다. 아마 그도 똑같은 생각을 하고 있었던 것 같다. 그 후에 제2차 세계대전을 위시해서 여러 번의 살륙전쟁과 혁명전쟁이 있어서 거의 1억 명에 달하는 인명손실이 있었으니, 인간의 잔인성은 동물보다 더하지 않을까! 인간은 차원이 좀 높을른지 몰라도 동물에 지나지 않는다는 것을 자주 느끼게 되었다.

어떤 점에서는 인간은 동물만 못한지도 모르겠다. 동물은 동족을 죽이는 일이 많지 않은데, 인간은 역사상 수억 명에 달하는 인명살상을 자행했으니, 우리가 동물보다 나을 것이 무엇이겠는가? 나는 이즈모에서 본 이 어처구니없는 그 부인의 일을 지금도 가끔 생각해 본다. 누가 우리 어리석은 인간을 동물성에서 구해 줄 것인가? 이 21세기에 여러 국가의 수석들이 국사와 사회문제 처리에 관해서 점쟁이고 상의한다니, 이 일본학병하고 다를 것이 어디있겠는가?

58.
괴상한 폭탄이 떨어졌다!

　20분 쯤 후에 열차는 이즈모역을 떠났다. 보고 싶던 이즈모지역을 조금이라도 보고, 조선 후예의 미인들을 많이 보아서 나로서는 산인센(山陰線)으로 돌아온 것이 큰 수확이라고 생각했다. 그 지역을 다시 보고 싶은 마음은 굴뚝 같지만, 전쟁 후에 일본을 수차례 방문했으나, 그 곳에 갈 기회가 없었던 것을 매우 유감스럽게 생각한다.

　우리 군용차에 민간인들이 몇 사람 들어와 있었는데, 자리가 없어서서 대화하는 중에 한 사람이 다음과 같이 말했다.

　"히로시마에 그저께 아주 괴상한 미군폭탄이 떨어졌다고 해요. 지금 까지 보지도 못하던 아주 괴상하고 아주 큰 폭탄이래요. 글쎄, 아주 무서운 것이라고 해요."

　그는 '아주'를 반복하며 말했다. 우리는 더 정확한 정보를 얻으려고 했지만 그 민간인들은 그 이상 아는 것이 없었다. 다른 학병은 몰라도 나는 속으로 전쟁의 종말이 가까워진 것을 느낄 수 있었다. 민간인이나 수습장교들은 다 사기가 죽었다. 그 모양은 보기에도 측은했다.

한 시간쯤 후에 우리는 상상도 할 수 없는 폭탄이 히로시마(廣島)와 나가사키(長崎)를 거의 파괴했다는 소문을 들었다. 우리는 하나가 아니고 여러 개의 큰 폭탄이 떨어진 것으로 생각했다. 그 때로서는 폭탄 하나가 온 도시 전체에 그런 피해를 주리라고는 생각도 못했던 것이다. 나중에 폭탄 하나가 도시 하나를 거의 파괴하고, 수만 명을 죽였다는 말을 듣고 경악했고, 말세가 오지나 않았나 하고 두려워했다. 히로시마는 문화도시도 아니지만 서부지역 사령부가 있기 때문이 아닌가 추측들을 했다. 미군이 일본을 폭격할 때에 문화도시로 간주되는 도시는 삼갔다고 한다.

여하간 이것이 인류역사상 처음 나온 원자탄이라는 것을 후에 알았는데, 그로 인해 7만 명 이상이 죽음을 당했고, 히로시마시의 98%를 파괴했다. 그 후에 상처 때문에 20만 명이 죽었다고 한다. 얼마나 무서운 폭탄인가! 그 폭탄은 1945년 8월 5일에 투하되었다.

우리는 놀라지 않을 수가 없었다. 수십만 명을 순식간에 살상할 수 있는 폭탄을 제작했다니! 그렇지만 그 때에는 이 폭탄이 나를 위시해서 수백만 명의 인명을 구하리라고는 생각도 못하고 있었다. 그 폭탄 때문에 전쟁이 속히 끝나고 일본의 최후발악작전이 유산됐으니 그렇게 생각할 수 있었다. 인류역사를 다시 기술할 만한 이 수백만 명의 인명구조 사실을 우리는 그 때에 알 리가 없었다. 나는 그 때도 그랬고 그 후에는 더욱 그랬지만, 그런 무기가 생긴 것이 인류의 큰 비극이라고 생각했다. 일본의 패전을 원했지만 못된 위정자 때문에 민간인들이 큰 피해를 받는 것을 보고 듣고 하니 측은한 마음을 금할 수가 없었다.

좋은 위정자도 있는데 하필이면 도조 같은 광신자가 득세해서 죄없는 자기 나라 국민을 위시해서 여러 나라의 백성들을 몇 천만 명씩 희생하고 살육하다니! 하늘도 무심하시다는 생각을 자주하게 되었다.

그렇다고 나는 일본인들이 매년 히로시마에서 하는 일에 찬성하지 못한다. 그들은 히로시마 참사를 선전하고 기억하기 위해서 히로시마 도심지에 큰 탑을 세우고, 세계 각국의 저명인사들을 초청해서 일본이 필요없이 억울한 피해를 입었다고, 온 세계에 텔레비전과 라디오를 통해서 선전하고 동정을 구한다. 이것은 물론 큰 참사였으나, 100여 만 명의 일본인과 미국인의 생명을 구해 준 것을 아는 사람들이 많지 않다. 특히 일본사람들은 이 점을 알아도 시인하려고 하지도 않는다. 이 폭탄 때문에 일본은 최후발악작전을 포기하고 무조건 항복하게 된 것이다. 이 작전을 감행하면 100여 만 명의 인명이 희생되었을 것이라고 전문가들은 말하고 있다. 어떤 사람들은 그 희생이 수백만 명에 이르렀을 것이라고 한다. 일본은 그 말은 아니하고 히로시마의 피해만 거론한다.

그들은 중국의 난징 침공시에 일본군을 지휘했던 사령관이 40만~50만 명의 중국인을 죽였다고 했는데도 일본정부는 10만 명이었다고 속이고, 히로시마만 대대적으로 선전하면서 이것은 거론하지도 않는다. 10만 명도 상상조차 할 수 없는 엄청난 수가 아닌가? 또 제2차 세계대전 때 각국에서 그들 때문에 희생된 거의 몇백만 명의 귀한 생명은 거론도 하지 않으면서, 자신들의 외국침략이 오히려 피침략국에 도움을 주었다고 궤변을 늘어놓고 있지 않은가! 조선에서 반세기에 걸쳐 일본관헌들과 그들의 앞잡이들에 의해 희생된 800만 명은 왜 도외시하려고 하는가!

그리고 요즈음 발견됐다는 문서에 의하면 1945년 8월 18일에 조선 각층의 지식인들을 모두 죽일 계획을 하고 있었다는 것이다. 원자탄이 그 후에 떨어졌으면 크고 큰 참사가 한반도에 또 한번 있을 뻔했다. 나도 사살되었을 것이다. 하느님이 그것만은 허용하시지 않았다. 감사하여 마지 않는다.

여하간 1995년 여름에 일본의 총리가 겨우 사과의 말을 한 마디 했지만, 배상문제에 관해서는 한 마디도 없었다. 배상을 아무리 많이 한다 해도 그들이 끼친 피해를 갚지 못할 것이다. 여기서 만약 히로시마에 원자탄이 투하되지 않고, 일본의 최후발악작전이 감행되었을 경우에는 어떻게 되었겠느냐 하는 것을, 내가 일본 고사포학교에서 받은 훈련과 미국에 온 이후에 알게 된 정보를 잠깐 참조해서 가정해 보려고 한다.

재언하지만, 맥아더장군은 미군을 일본 본토 두 해안에 상륙시킬 2개 작전을 계획하고 있었다. 하나는 1945년 11월 1일로 계획된 규슈 동해안의 휴가(日向)상륙작전이었다. 이 작전에는 77만의 병력과 3개 함대를 투입할 계획이었다. 작전명은 '올림픽작전'이었다. 또 맥아더장군은 '코로넷작전'을 계획하고 있었다. 이것은 1946년 3월 1일에 도쿄만 동북쪽의 지바해안에 거의 100만의 병력을 상륙시켜서 도쿄로 진격하겠다는 작전계획이었다. 일본은 앞에서 말한 바와 같이, 이 같은 미군의 계획을 어떻게 알았는지 방어작전을 세우고 관계자들을 훈련시키고 있었으며, 미군 병력보다 많은 병력을 동원하려고 했다. 두 작전을 강행할 경우, 미국은 일본의 군인과 민간인 희생을 800만 명, 미군의 희생을 10만 명으로 예상하고 있었다고 한다. 그러나 원자탄 두 개를 히로시마와 나가사키에 투하해, 몇 십만 명이 희생되면서 전쟁이 끝났기 때문에, 결과적으로 이 두 작전이 취소됨에 따라, 작전을 강행할 경우에 예상되었던 800여 만명의 희생될 인명이 모두 구조된 셈이다.

일본도 원자탄을 만들고 있었는데, 우라늄 235가 없어서 뜻을 이루지 못했다. 성공했으면 미국본토나 태평양에 있는 미군에게 그것을 서슴지 않고 썼을 것이다. 일본은 또 풍선을 이용해 살포할 수 있는 살인 세균을 연구하고 있었다고 한다. 사람들은 이런 것에 대하여는 말하지 않는지 모르겠다. 미국과 세계는 아직도 세계에서 최고의 침략지였던 일본이 마치 피해자라는 간계에 넘어가고 있는 모양이다.

트루먼대통령의 히로시마와 나가사키 원자탄 투하 결재를 비난하는 사람들은, 일본이 강화를 하려고 하고 있었는데 왜 그랬느냐고 한다. 그러나 그들은 최후발악자전을 계획하면서 강화를 구하고 있었다는 것을 모른다. 일본의 강화사절을 믿는 서양사람들이 있었을까 의심하여 마지않는다.

59.
나는 신이 아니다!

우리는 시모노세키를 무사히 통과해서 규슈로 들어갔고, 곧 각자의 소속연대를 향해서 뿔뿔이 흩어졌다. 그러나 우리가 기본훈련을 받으며 신병노릇을 하던 원 중대로는 다시 파견하지 않았다. 원 중대로 돌아가면 여러가지 불미한 사건이 생길 것은 뻔했다.

나는 같은 연대, 같은 대대의 다른 중대로 배속되어서, 와카마쓰에서 좀 떨어진 이름도 없는 낮은 언덕에 위치한 중대로 가게 되었다. 고쿠라(小倉)에서 배를 타고 조그만 만(灣)을 건너가야 하는데, 거기서 같은 중대로 가는 구로다(黑田)라는 고사포학교 졸업생을 만나서 동행하게 되었다. 그는 활달하고 성격이 좋은 것 같았다. 만을 건너가니, 새로 부임하는 중대에서 하사관 한 사람이 안내하기 위해 나와 있었다.

우리는 인사를 간단히 하고 걷기 시작했다. 그 때는 휘발유가 금보다 귀했고, 중대에 승용차도 없어서 어디를 가든지 걸어야 했다. 또 야외에 버스가 있을 리도 없었고, 휘발유가 없을 때니까 택시도 다니지 않았다. 날은 유난히 맑았고 산책하기 좋은 날씨여서 우리는 이런저런 이야기를 하면서 걸어갔다. 그러나 8월의 여름 날씨는 매우 더웠다.

우리가 거닐면서 이야기하는 동안에 우리를 안내하는 하사관이 우리가 새로 부임하는 중대의 중대장에 관해서 이야기를 해주었다. 나는 중대장이 평양상업학교 졸업생이고 좋은 성격의 사람이라고 하는 말을 듣고 참 다행이라고 생각했다. 조금 가니까 인가는 별로 없고 논밭 가운데로 난 길이 나왔다. 그래도 길은 그리 좁지 않았다. 좌우의 풍경은 여름이어서 나무와 풀이 꽤 무성하고 푸르러서 볼 만하였고, 우리의 마음을 온화하게 해 주었다. 전원적인 풍경 속에 어쩌다가 농가가 몇씩 모여 있는 조그만 마을들이 여기저기 있었다.

5리쯤 가다가 우리는 너무 더워서 어디서 좀 쉬기로 했다. 그러나 그 곳에는 나무도 없었고, 햇볕을 피할만한 데가 없었다. 그래서 미안하지만 한 농가에 들러서 쉬자고 합의하고, 길가에서 가까운 농가를 하나 찾아 들어갔다. 쉰살이 좀 지나 보이는 주인 부부가 나와서 우리한테 일본식으로 서너 번 깊은 절을 하면서 정중하면서도 친절하게 맞아 주었다. 우리도 세, 네 번씩 깍듯이 인사를 하고 마루 같은 데에 앉아서 쉬고 있었다. 그 집 할머니가 일본사람들이 사철 춥던 더웁던 늘 마시는 오차(차)를 들고 나왔다.

그런데 주인이 곧 전깃줄을 질질 끌면서 라디오를 가지고 나와서 틀어놓고 말한다.

"조금 있다가 덴노 헤이카(천황 폐하)가 무슨 중요한 말씀을 하신대요."

우리는 깜짝 놀랐다. 나는 물었다.

"덴노가 직접 말할 때가 있어요?"

나는 헤이카(폐하)라는 경어를 붙이는 것도 잊어버렸다. 한국의 존대법은 절대 존대법이어서 존대해야 할 사람이 면전에 있거나 없거나 존댓말을 써야 하지만, 일본어의 존대법은 간접 존대법이다. 즉, 직접 면전에 있는 사람에게는 존대법을 쓰지만, 그렇지 않을 때에는 존대법을 쓰지 않아도 된다. 그래서 그 버릇이 문득 나온 것이다. 그래도 예외로 왕족에 관해서는 그렇게 하면 안 되는데, 그 때는 그런 데에 신경을 쓸 경황이 아니었다. 또 그것을 책하는 사람도 없어서 다행이었다. 동행하던 구로다가 말했다.

"그런 일이 없는데, 무슨 큰 일이 있는 모양이지?"

내가 문득 덧붙였다.

"글쎄, 꽤 궁금하군요. 그런데 천황이 직접 라디오에 나와서 말씀을 해요? 나는 들은 일이 없는데."

사실 원산에서 학교를 다닐 때에 일본왕의 사진을 봉안전에 갖다 놓고도 매일 동방요배를 시켰지만, 한 번도 그의 음성을 들려 준 일이 없었다. 역사상 인간을 신격화한 사회가 얼마나 많은가! 결국 신으로 떠받들음을 당하던 사람들도 모두 인간이라는 것이 드러나고 모두 죽지 않았던가! 이 어리석은 짓을 최고도로 개명되었다는 20세기에 감행하고 있다니 우리 인간이 불행한 존재가 아닐 수 없다.

라디오를 조금 듣고 있노라니까 특별방송이 있다고 광고를 하더니, 엄숙하고 조용한 목소리가 나오기 시작했다. 아라히토가미(現人神)라고 모시는 일본왕의 음성이었다. 그것은 인간의 음성에 불과했고, 내용도 인간이 지어낸 것에 불과했다.

'진와(나는)….'

한 5분 계속되었는데 내용이 너무 충격적이었다. 나뿐만 아니고 전

조선 백성과 일본인들을 경악시켰을 것이다. 우리는 일본이 패하리라고는 생각했지만, 이처럼 히로히토 자신이 라디오로 무조건 항복을 선언할 줄은 몰랐다. 사태가 너무 심각해서 히로히토가 전통을 깨고 백성들에게 이야기를 하기로 결정했을 것이다. 내가 지금 기억하고 있는 히로히토의 발표내용은 다음과 같다.

"나는 신이 아니다. 나는 너 이상 백성을 희생시킬 수 없다. 일본은 항복하는 수밖에 없다. 모두가 장차 노력해서 좋은 나라로 만들자."

그 때에 나는 일본왕이 자기를 칭할 때에 쓰는 '진(나)'이라는 말에 관해서 나로서의 아마추어 어원 해석을 하고 있었다. 그것은 한국어의 '저는'이란 말의 준말인 '전' 하고 어원이 같다고 생각하고 싶었다. 일본왕이 조선계이니까 더 그렇다고 생각했다. 한자의 짐(朕)이 일어로 '진'이고, 그것이 한자에서 왔다고 하지만 과연 그런 것일까? 그 후 나는 언어학을 전공했지만 이것을 연구할 기회가 없었다. 그가 또,
"나는 신(神)이 아니다"
라고 할 때에 나는,
"물론 당신이 신이 아니지 무슨 소리요?"
하고 속으로 소리쳤다. 여러 출판물에서는, '나는 신이 아니다'라는 일본왕의 이 선언을 기록하지 않고 있는데, 나는 확실히 들었다. 참고적으로 말하면 1947년에 일본왕은 정치적 권한을 잃었는데, 미 점령군이 그렇게 조치했을 것이다. 문제는 지금도 그를 반신(半神)이라고 믿는 사람이 있다니 참 가소로운 일이다.

주위의 일본사람들은 침울한 표정을 하고 아무말도 없이 땅을 보다

하늘을 처다보다 하고 있었다. 나로서는 이런 기쁜 순간은 처음인 것 같았다. 입대 신체검사 결과가 병1종이었을 때에도 하늘을 찌르는 듯한 기분이었지만, 이번에는 그 몇 배나 더한 것 같았다. '내가 운이 좋아서 죽지 않고 집으로 돌아가게 되었구나' 하는 생각에 가슴이 벅찼다.

그러나 일본사람들 앞에서 춤을 출 수도 없었다. 하는 수 없이 위선자 모양으로 나도 묵묵히 여기저기 보고 아연히 앉아 있을 수밖에 없었다. 물론 그들이 무서워서 그런 것이 아니고, 인간으로서 그들 앞에서 그렇게 할 수밖에 없었다. 위선자 노릇도 어렵다는 것을 체험했지만, 그렇게 할 때의 기분은 꽤 좋지 않았다. 내가 그렇게 앉아 있었지만 그들은 내가 속으로 기뻐하는 것을 알아챘을 것이다. 그러나 그들은 아무말도 하지 않았다. 또 무슨 할 말이 있겠는가!

나는 며칠 전까지만 해도 일본 최후발악작전의 훈련을 받으면서 비관하고 한탄하고 있지 않았는가? 그 작전을 감행하면 나를 포함한 몇 10만명 또는 몇 백만 명의 사람이 죽었을 것이다. 그런데 우리는 별안간 히로히토의 항복선언을 듣지 않았는가! 일본에서는 특히 그 때에는 그의 말은 절대적이었다. 아무도 칙령을 어기지도 못하고 반문도 못했다. 그래도 이런 중요한 것은 아시아 침공을 위시해서 정신대 창설도 모두 어전회의(御前會議)에서 결정하였다니까, 항복선언도 거기서 결정했으리라고 믿는다. 온 백성에게 오랫동안 일본군은 백전백승했고 역사상 패한 일이 없다고 교육해 와서, 백성의 충격은 말할 것도 없었다.

여하간 나는 천국을 만난 것 같았다. 내가 신체검사 결과가 병1종으로 되어 학병으로 안 간다고 환희의 절정에 있다가, 몇 주일도 안 돼서 병1종도 징집된다는 소식을 듣고 절망의 도탄에 빠졌었다. 이제는 며칠 동안에 그 반대로 절망에서 환희의 절정에 오르다니 나의 운명도 희귀하다는 것을 또 느끼게 되었다. 나는 이제 미군의 강철 때문에 죽는다는 고민에서 구조되었다. 이번에는 절망에서 기쁨의 절정으로 올랐으니, 얼마나 좋은 일이며 감사해야 할 일이냐! 나는 그 때 불교에서 말한다는,

"낙후고 고후락(樂後苦苦後樂)"

이라는 순환공리를 생각하고 그들의 순환론도 아마추어식으로 생각해 봤지만 내가 전생의 죄의 벌을 현세에서 받는다고는 생각할 수 없었다. 이번에도 이런 것을 좀 생각하다가, 모든 것을 내 운명으로 돌리는 것이 고작이었다.

그러나 조금 후에 이 패전한 일본인들이 조선 젊은이들을 무사히 돌려보낼 것이냐 하는 생각이 들어서 새로운 근심거리가 생겼다. 불교의 순환설에 의해서 지금의 기쁨이 또다시 도탄에 빠지게 되는 것이 아닌가 하는 걱정까지 생겼는데, 그런 것이 아니기를 기원하는 수밖에 없었다. 그래도 나는 살아서 귀국하겠다는 희망과 결의를 다시 다짐했다. 후에 알았지만 조선 출신의 사병과 위안부들이 남양에서 일본놈들 손에 많이 죽었다고 한다. 그러니 내가 이렇게 생각하는 것도 무리가 아니었다.

우리는 그 농가에서 말도 많이 안 하고 일본왕의 라디오 선언이 끝난 후, 잠깐 앉아 있다가 간단히 인사를 하고 나왔다. 셋이 별로 말도 없이 묵묵히 중대까지 한 두어 시간 걸어갔다. 중대에 도착하니 온 중대가 상갓집 같았다.

60.
미나라이 시칸(수습 사관)의 생활

　새로 배속된 중대에 도착하니 새로 보는 진지여서 그런지 시원하고 기분이 아주 달랐다. 그 중대에서는 우리가 도착했을 때에 일과는 끝났지만 중대장은 귀가를 하지 않고 있었다. 인사를 하니까 위엄을 지키면서도 반가워했다. 주의사항도 없고 그저 일 잘하라고만 했다. 패전을 하고 군대가 해산 직전에 처해 있을 때에 무슨 큰 격려와 주의사항이 있을 것인가? 나는 중대장이 자기는 평양상업학교 출신이라고 말할 줄 알았더니 그 말은 꺼내지도 않았다. 가만히 생각하니 그것도 그럴 것이, 나는 고등상업학교를 가졸업하고 입대했으니까 그가 공부를 나만큼 못했다는 것은 확실한데, 그것을 나한테 폭로하고 싶은 생각이 없었을 것이고, 또 그럴 필요도 없었다.

　나는 그 중대에 조선사병이 있느냐고 물었더니 몇명 있다고만 대답했다. 왜 그런지 그가 조선사람에 관해서 말하고 싶지 않는 것 같아서 그 이상 물어보지 않았다. 그 후 알아보니까 모두 잘들 있다고 해서 마음이 좀 놓였다. 나는 그 중대에 한 달 반쯤 있는 동안 서로 바쁘고 일본사람들 눈치도 있고 해서, 조선사병들하고 자주 만나지 못했다. 왜 그런지 중대장을 위시해서 중대본부에서는 한 사람도 나한테 조선 사병에 대해서 아무말도 해주지 않았다.

수습 사관도 장교 대우를 해서 고시쓰(거실)라는 방을 주고 전속당 번도 한 사람 주었다. 고시쓰는 중대사무실이 있는 건물 한쪽에 있었다. 당번은 내무반에서 자면서 아침저녁으로 와서 식사, 청소, 기타 심부름을 해주었다. 나는 귀국 전이어서 무엇이든지 무사하게 처리하기로 결심하고, 내 당번에게도 친절히 대하고 심부름도 쉬운 것만 시켰다. 나는 원중대에 있을 때에 당번들이 자기가 맡은 장교나 선임하사관을 싫어하면 음식물에다 머리 비듬을 타서 바친다는 소문을 듣고 있어서 더욱 당번에게 잘 해 주었다. 지금 한국군이나 북한군에도 그런 나쁜 풍습이 있는지 모르겠다. 그뿐만 아니라 남을 학대한다는 것은 내 기질이 아니다. 그래서 귀국 전에 남한테 나쁘게 굴고 문제를 일으키고 싶지 않았다.

나는 귀국 전에 일본인들이 조선사람을 어떻게 취급할 것인지 궁금했다. 우리는 대다수의 일본군인들과 일반인들에게 둘러싸여 있으니까 무슨 일이 있을 것 같기도 하고, 또 일본인 중에 한 사람이라도 행패를 부리면 당할 수밖에 없는 처지라는 것도 부인할 수가 없었다. 그래서 나는 행패를 당하면 한 명이라도 죽이고 말겠다는 각오를 단단히 하고, 낮에는 반드시 일본도를 차고 다니고, 밤에는 그것을 내 와라 부동(짚 매트리스) 옆에 꼭 간직하고 잤다. 다행히 귀국할 때까지 그것을 쓸 필요가 없었다.

일본군대는 패전을 했어도 미군이 상륙한 후에 미군과 상의해서 적당한 시일에 해산한다고 했다. 그래서 사병들을 그 때까지 그냥 놀리면 군기가 문란해진다면서, 아침에는 서너 시간 주로 도보훈련을 하고, 오후에는 병기 청소를 시켰다. 부대장들은 상관의 지시의 따라 미군에게 깨끗한 무기를 양도해야 한다고 하며 사병들에게 매일 오후에 병기를 닦게 했다. 이 과정이 지루한 것은 말할 나위도 없고, 사병들이 성의를 다할 리가 없었다.

어느 부대나 마찬가지였겠지만 촌구석 언덕에 있는 우리 부대는 위병근무도 종전처럼 해야 했다. 이것은 사병들이 몇 명씩 위병소 뒷방에서 쉬거나 자다가 교대해서, 위병소 앞쪽에서 나와서 위병근무를 하는 것이었다. 군대해산 직전인 데도 그런 것을 여전히 하고 있었다. 위병근무에 관해서는 뒤에 나오는 일화 하나와 관련이 있어서 여기서 간단히 말해 둔다.

61.
수습 사관이
사병들한테 매를 맞았다

하루는 구로다 수습 사관이 볼이 많이 붓고 눈도 퍼렇게 부어 있어서 누구한테 많이 맞은 것 같았다. 물어보니 아무말도 없었다. 며칠 후에 내 당번한테 조용히 물었더니, 사병들이 구로다가 미워서 그를 밤에 밖에 끌고 나가서 몰매질을 했다는 것이었다. 또 그 후에 그런 소문도 들려왔다. 내가 원대에 있을 때에 몰매를 맞다가 전우가 말리는 바람에 그처럼 많이 맞지는 않았었는데, 사랑하는 분들 속에서 자란 나로서는 비참한 경험이었다. 구로다도 그 경험이 충격적이고 교훈적이었으리라고 믿었다.

왜 구로다가 사병들의 미움을 샀는지는 몰라도 한가지는 내 귀에 들려왔다. 앞에서 말했지만 패전 후 일본 국내인데도, 중대에서는 위병을 여전히 세우고 있었다. 구로다와 나는 중대장으로부터 위병근무를 감독하라는 지시를 받았다. 위병 서너 명이 위병소 앞쪽에 서서 드나드는 사람들을 감시하는 것이다. 장교가 지나가면 부동자세로 일렬로 서서 '게이레이(경례)!'하고 소리를 지르면서 경례를 붙여야 했다. 그러나 장교들은 자주 순찰하지는 않고 어쩌다가 형식적으로 가서 어떻게들 하고 있나 하고 사열을 하곤 했다.

나는 밤에 위병소를 순찰할 때에는 일부러 멀리서부터 일본도를 흔들어 소리를 내면서 접근했다. 그러면 졸거나 자던 사병들이 깨어서 경례를 붙이면 수고한다고 치사하고 돌아왔다. 그런데 구로다는 사람의 성격은 나쁘지 않았지만 웬일인지 위병소를 순찰할 때에는, 소리가 안 나게 칼집을 손으로 쥐고 조용히 가서 졸거나 자고 있는 위병들을 잡아서 기합을 주었다고 한다. 일을 성실히 하려고 그랬는지는 모르겠지만 그것은 내가 생각해도 좀 너무한 것 같았다. 특히 그 때에는 일본군이 해산되기 직전이었다. 그런저런 이유로 그는 사병들의 미움을 사서 몰매를 맞은 것이었다.

나는 일본군대에 이런 일이 있으리라고는 생각도 못했다. 이런 군대이니 일선에서 조선군인을 얼마나 죽였을까 하는 생각이 문득 들었다. 나는 또다시 일본인들은 이런 자들이니까 귀국할 때까지 조심하고, 최악의 경우에 나나 다른 조선사병을 해치려고 하면, 나는 일본인을 한 명이라도 죽이겠다는 각오를 또 다시 했다. 전과 달라서 이번에는 나뿐만 아니고 보호할 대상에 다른 조선사병들도 포함했다.

62.
부동자세로 30분 동안 서 있어라!

새 중대에 도착한 후 1주일쯤은 별일 없이 잘 지냈는데 사건이 하나 생겼다. 표면적으로는 모두들 나를 일본 장교하고 똑같이 깍듯이 취급해 주었지만, 기어코 불쾌한 일이 발생하고 말았다.

내가 중대에 올 때에 고사포학교에서 입던 피복하고 일본도만을 지참해서, 중대 피복고에서 새 피복하고 잠옷을 받아야 했는데, 내가 당번을 보내면 꼭 중고품을 보내왔다. 그러나 일본인장교 당번을 보내면 꼭 새 것만을 준다는 말을 내가 들었다. 그래서 당번에게 물어봤다.

"너는 왜 내가 피복고에 보내면 헌 것만 가지고 오냐?"

"아닙니다. 제가 그러는 것이 아닙니다."

"그럼, 누가 그러는 거냐?"

"피복 하사관님입니다."

"그럼 그 자가 다른 장교들한테도 다 헌것을 주는 것이냐?"

"아니오. 그렇지는 않는 것 같습니다."

"너는 그럼 그런 것을 알고도 가만히 있었느냐?"

"아니오. 항의했지만……"

"알았다! 내가 알아서 처리하겠다."

그 이튿날 아침 사병들이 훈련을 하는 시간에 당번을 보내서 피복담당 하사관을 중대사무실로 오라고 명했다. 그 시간에는 사병훈련은 모두 하사관들이 하고, 장교들은 사무실이나 자기들 고시쓰(거실)에 있었다.

피복 하사관도 사병훈련에 참여하지 않으니까 곧 사무실로 왔다. 나는 중대장을 위시해서 장교들이 모두 들으라고 내 힘껏 소리쳤다. 패전했는데 나를 지금 어디로 보낼 것이냐 하는 생각도 있어서 용감해졌으니, 나라는 인간도 야비하구나 하는 생각도 잠깐 했다. 그러나 나는 분풀이도 해야 하겠고, 야비하건말건, 이 중대가 다 알아야 하겠다는 생각이 더 지배적이었다.

"네가 피복 하사관이냐?"

"예, 그렇습니다."

"네가 내 당번한테 준 물품을 기억하느냐?"

"예, 압니다."

"모두 중고품이 아니냐?"

"그 때 그런 것밖에 없었습니다."

"그럼 너는 다른 장교들한테도 중고품을 준 일이 있느냐?"

"없습니다."

"그럼 내 당번이 갈 때만 새것이 없었다는 말이냐?"

"어떻게 그렇게 됐습니다."

"어떻게 그렇게 됐어?"

"예."

"너는 내가 조선인이니까 그런 것이 아니냐?"

"그건 아닙니다."

"나는 그렇게 생각한다."

"……"

"너는 하사관이지만 못된 놈이니까 벌을 받아야 해!"

"……"

"너는 이 사무실 한가운데에서 부동자세로 30분 동안 꼼짝도 하지
말고 서 있어!"

아마 이런 벌을 하사관에게 준 사람은 나밖에 없는지도 모른다.
그래도 나는 그에게 그렇게 명하고, 조금 보고 있다가 밖으로 나가
한 바퀴 돌고 돌아와 보니, 그는 명령한 대로 꼿꼿이 서 있었다. 나는
아무말도 안 하고 내 고시쓰에 들어가서 책을 읽기 시작했다. 30분이
넘었다. 나는 그가 어떻게 하고 있나 보려고 그냥 두었다. 30분이 더
지나서 나가 보니까 그는 그 자세로 그냥 서 있었다. 더운 사무실에서
거의 한 시간 동안 서 있어서 그의 얼굴은 땀으로 덮여 있었다. 또
사무실 벽에 시계가 하나 걸려 있었으니까 그는 한 시간이 지나도록
시간이 지난 것을 모를 리가 없었다. 나한테 와서 30분이 됐다고 말하
기 싫었던 것이었다. 만일 내가 일본 장교였으면 용서를 빌었을 것이
다. 사과도 하지 않는 기가 막힌 놈이라고 생각했지만, 증명할 수가
없어서 차별문제를 거론할 수가 없었다. 또 더 세워 둘 수도 없어서
다 들으라고 큰 소리로 말했다.

"이고 손나코토도 스루나!(이후 그런 짓 하지 말아!)"

"하이(예)!"

"모, 이께!(이젠 가!)"

그리고 나는 내 고시쓰로 돌아왔다. 나는 그 후 중대에서 무슨 말들을 하나 하고 신경을 썼지만, 모두 그 피복 하사관이 나쁘다고 생각했는지, 중대장 이하 아무도 말하는 사람이 없었다. 내가 당번에게 전에 받은 것을 모두 주어서 피복고에 보냈더니 이번에는 모두 새 것을 보내왔다. 물론 내 속이 시원했다. 나는 그들이 내 당번한테 시켜서 내 음식에 비듬을 넣지 않기를 바랐지만 내가 그것을 확인할 도리가 없었다. 다행히 나는 그 후 오랫동안 병이 들지 않았다.

63.
일본 농가의 초대

하루는 저녁에 구로다 수습 사관이 나에게 말했다.

"우리 같이 저녁식사하러 나가자."

나는 이 자가 또 무슨 일을 꾸미려고 하나 하고 경계하면서 대답
했다.

"나가도 되나?"

"그럼."

"오늘 저녁?"

"소오(그래)."

"알았어. 그렇지만…"

우리는 나이도 같고 같은 고사포학교 졸업생이어서 서로 반말을 쓰
는 사이였다. 일본말에도 반말이 있다.

"내가 중대장의 허락을 받았어."

"나도 가라고 해?"

"물론이지."

"그것 참 좋은 생각인데."

사실 당시에는 장교나 사병들이 밤에 중대에서 대기하지 않아도 무관할 때이니까, 장교가 밤에 외출하는 것은 어렵지 않았다. 사병들은 아침에 형식적으로 훈련을 하고, 오후에는 깨끗한 무기를 다시 닦고, 밤에는 아무런 할 일도 없었다. 훈련을 받는 신병도 없어서 점호 때에 기합을 받을 사람도 없었다.

나는 궁금해서 물었다.

"어디로 가는데."

"내가 좀 아는 사람이 초청했어."

"나까지 가도 되나?"

"나 혼자 가는 것도 뭐해서 너도 데리고 가겠다고 그랬어."

"그거 고마운데."

"그것쯤이야…"

"그럼 뭐 좀 가지고 가야잖아?"

"그건 내가 할 테니 걱정 마."

"그것도 고맙고…"

"그런데 거기 여학생이 하나 있어."

"나이가 어떻게 되는데?"

"졸업반 학생이야."

"그래? 어느 학교?"

"여학교 4학년의 처녀야."

"그거 잘됐군."

그제서야 나는 눈치를 챘다. 어떻게 해서 그 집안이 구로다를 알게 됐는지 모르겠지만, 구로다에게 자기네 딸을 만나게 하려고 하는 것이었다. 그런데 구로다 혼자만 초대하는 것도 노골적이어서 조선인 수습 사관도 볼 겸, 나를 초청한 모양이었다. 그 농부는 조선의 후예이었을 가능성도 있었다. 나는 중산층의 일본농가를 볼 수 있는 기회라고 생각하고 기뻐했다.

일본군인은 대개 사복이 없었기 때문에 외출하고 귀가할 때에도 군복을 입었다. 법이라기보다 그것이 관습으로 되어 있었다. 그 날 저녁 일찌감치 깨끗한 군복과 일본도를 잘 닦아서 차고 구로다를 따라 중대를 나섰다. 한 30분 동안 걸어서 평지에 있는 한 농가에 다다랐다. 그 집 주위에는 집도 많지 않았고, 집 차림을 봐도 호농은 아니지만 중농으로서는 잘 사는 것 같았다.

그 집 주인은 전화는 없었지만 우리가 도착할 때를 알고 있었던 모양이었다. 나와서 일본식으로 깍듯이 여러 번 허리를 굽히며 인사를 하고, 조상의 위패 두어 개를 입구에서 보이는 정면에 걸어 놓은 거실 같은 도코노마(床之間)로 안내했다. 그 방은 간소하고 깨끗하였다.

나는 그 집의 구조가 다른 지방의 집하고 같은지 다른지 꽤 궁금했다. 그러나 내가 일본농가의 내부를 많이 본 것도 아니어서, 내 의견이 옳다고는 생각하지 않았지만 비교는 해보고 싶었다. 대부분의 농가처럼 단층인데, 한 지붕 아래에 작은 마구간과 작은 곳간이 있었고 침실은 서너 개 있는 것 같았다. 침실은 한반도에서처럼 두껍고 굳은 벽으로 되어 있지 않고, 쇼지(障子)라는 창호지를 바른 칸막이로 둘러막았다. 도코노마는 지바의 할머니의 집에서 본 것 같았으나 더 좋은 물품들이 보였다.

방바닥은 온돌이 아니고 몇 인치쯤 두꺼운 다타미였다. 다타미는 갈대로 만든 멍석 같은 것으로 덮은 것인데, 3~4인치쯤 두꺼워서 여름에는 밑에서 올라오는 습기를 막고, 겨울에는 한기가 올라오지 못하게 만든 것이다. 일본의 습기는 한반도의 2배라고 하니까 이해가 가기도 한다.

여기서 덧붙이면 다타미라는 말의 어원도 한국어의 어떤 말이라고 하는데 재미있는 일이다. 여하간 이런 방은 물론 한반도의 부엌에서 불을 때서 굴뚝으로 열을 보내는 온돌하고는 아주 다르다. 우리 온돌은 지금 서양에서 좋아 하는 전기나 물로 방바닥을 따뜻하게 하는 레이디언트 히팅 시스템(radiant heating system)의 선구라고 볼 수도 있겠다. 일본은 땔나무가 많고, 또 많은 사람들이 예전에 조선에서 건너갔는데, 왜 온돌은 모방하지 않았는지 모르겠다. 다타미는 내가 알기로는 세계 다른 곳에서는 쓰고 있지 않는 것 같은데, 내 생각에는 남양이나 남아시아의 어느 지역에서 쓰던 특수한 멍석을 개량한 것 같다. 그래서 나는 일본의 인종적·문화적 하층에 남방의 영향이 많은 것으로 본다.

도코노마의 가운데에는 이로리(圍爐裏)라는 것이 있었다. 그것은 방바닥 가운데 밑으로 네모나게 2척 깊이로 파서, 그들이 쉴새 없이 마시는 차를 끓이거나 난방용으로 쓴다. 거기에다 대개 숯불을 피우는데, 오래동안 이로리를 쓰면 천장이 까맣게 그을려서 이상한 인상을 줬다. 일본식 집은 방에 천장이 없고 바닥에서 지붕까지 터져 있다. 후에 알았지만 그런 방바닥의 화로는 석기시대에 동북아에서 많이 썼다고 하는데 지금은 그 풍습이 많은 것 같지는 않다. 이런 것은 물론 남방에서도 썼을 것이고, 지금도 여기저기서 쓰고 있을지도 모른다.

여하간 이런 집안 구조는 아무리 생각해도 잘은 모르겠지만 남양식이지 대륙식은 아니었다. 물론 중국식도 아니고 조선식도 아니었다. 일본의 신사(神社) 앞에 세워져 있는 도리이(鳥居)는 이름은 알타이계인데, 그 모양은 내가 보기에는 남양식이지 대륙식이 아닌 것 같다. 그래서 나는 일본인은 남양의 피를 꽤 가지고 있다고 믿게 되었다. 물론 왕족이나 옛 지도층 일본인들은 대륙계 민족이라고 내 나름대로의 결론을 짓고 있있는데, 지금도 그 지론은 변치 않고 있다. 이것은 또 여러 학자들의 지론이기도 하다.

또 후에 안 일이지만, 일본의 가족제도는 합병식이라고 하며 남부나 서양식이지 대륙식이 아니다. 즉, 위로는 증조부모 이상의 호칭이 없고, 그 밖의 할아버지뻘 사람들은 모두 아저씨라고 하며, 아래로는 그저 증손자에 그친다. 그러나 한국의 가족제도는 중국 것을 본받은 것인데 그것은 계급식이라고 해서, 증조부 위에도 몇촌 할아버지니, 계급이 많이 있고, 아래로는 몇 촌 손자니 하며 계급이 또 많이 있다. 이처럼 중국식 계급제도는 일본식하고 매우 다르다. 이것도 일본문화의 하층에 남방 영향이 많다는 것을 말해준다.

우리가 도코노마에서 30분 동안 이야기를 하고 있는데, 그 부인이 저녁식사를 일본식으로 잘 차려 내왔다. 일본식으로 한 사람 앞에 조그마한 상을 하나씩 갖다 놓았다. 전쟁시여서 식량부족으로 일반민간인들은 고된 고생을 하고 있을 때였는데, 그 집은 농가여서 그런지 반찬도 여러가지 제대로 내왔다. 주인하고 구로다는 이런저런 이야기를 하다가 나한테 한마디 던지곤했다. 나는 이야기를 들으면서 음식을 맛있게 먹고 있었다. 물론 군대식사보다 훨씬 맛이 좋았다.

조금 있더니 그 집 아가씨가 나타났다. 키도 크지도 않고 작지도 않고 인물도 얼핏 보면 조선 아가씨 같은 인상을 주었다. 기타 규슈 조선족이 역사상 몇 천년에 걸쳐서 넘어간 곳이니까 그럴 것도 같다는 생각이 들었고, 또 그것이 사실일 것이다. 이것을 반대하는 것은 마치 앵글로 색슨족이 서유럽 북부지방에서 영국으로 건너간 것을 부인하는 것과도 같은 어처구니없는 말이다. 구로다는 남양 어느 섬에서 온 사람 같이 생겨서 좋은 대조였다. 그 아가씨의 아버지가 우리에게 인사를 시킨 후 조금 앉아 있는데, 그 아버지가 딸에게 지시했다.

"손님들에게 술을 한 잔 올려라!"

"하이, 오토산(네, 아버님)."

그 아가씨는 우리에게 오사케(御酒)를 따라주었다. 나는 그 때까지 술집 여자를 제외하고 여자한테 술잔을 받아본 일이 없었다. 그래서 나는 당황하고 거북했으나 잘 받아 먹었다.

구로다는 그것 때문에 기분이 매우 좋은 모양이었다. 그 아가씨하고도 말이 조금씩 오갔지만, 그 아가씨는 수줍은 척하면서도 할 말은 모두 공손히 잘했다. 그 아가씨는 술을 한 잔만 받았지만 우리는 그에게 잔을 돌리지 않았다. 조금 있다가 그의 아버지가 또 딸에게 말했다.

"너는 이제 네 방에 돌아가봐라."

그 딸은 자기 방으로 돌아갔다. 한 시간쯤 후에 우리는 그 집에서 나왔다. 그 후 나는 다시 그 집에 가보지 못했지만 구로다는 몇번 갔을 것이다. 그 후 구로다가 그 아가씨하고 인연이 있어서 결혼했는지 궁금하지만 확인할 길이 없다.

이것이 내가 일본에서 일본가정으로부터 초청을 받아 식사를 한 유일한 경험이었다. 일본사람들은 사교할 때에 아무리 친해도 예의를 깍듯이 잘 지키는 사람들이다. 이것은 우리가 배울 점이 아닌가 생각한다. 우리 조상이 예로부터 일본에 많이 건너가 살았는데, 어떻게 두 사회가 이렇게 다를까 하는 생각이 들지 않을 수가 없었다. 지정학을 잘 모르는 나는 그저 인간은 새 환경에 잘 적응하는 동물이고, 공식이든 비공식이든 교육이 얼마나 중요한가 하는 것을 느꼈다. 가정교육이 인간을 만드는 데 학교보다 더 중요하지 않은가 하는 생각도 했다.

64.
너는 일본군인인데 왜 도망했느냐?

하루는 내 고시쓰 위쪽에서 무슨 소동이 벌어진 것 같은 소리가 들렸다. 무슨 일이 있나 하고 그쪽 작은 연병장에 올라가 보니 사병들이 줄을 지어 서있는데, 그 앞에 상등병 한 사람이 있었다. 그를 하사관 두어 사람이 차례로 무자비하게 때리고 있는 것이었다. 조금 가까이 가니 그들이 그 상등병을 때리면서 하는 말을 들을 수가 있었다.

"우리는 패했지만, 너도 일본군인이야!"

"스미마센(죄송합니다)."

"그런데 도망을 해?"

"스미마센."

"머지않아 군대가 해산할지도 모르는데 그것을 못 참아?"

"스미마센."

"야, 이놈아 우리가 패해도 긍지는 가지고 있어야 하지 않아!"

"스미마센."

"너 같은 놈이 있으니까 일본군이 패했잖아!"

"스미마센."

패전의 분풀이를 그 상등병한테 하는지, 이런저런 말을 해가면서 그를 마구 때렸다. 그 옆에 중대의 시라이 소위가 서 있으니, 내가 말리지도 못할 형편이어서 보고 있을 수밖에 없었다.

왜 그 사람이 도망했는지 이유도 잘 모르겠고, 이렇게 잡혔는지도 궁금했다. 그렇지만 그것을 말을 해주는 사람도 없었고, 나 자신도 그런 것을 일본인들하고 거론하기가 싫었다. 그 일을 내가 거론한다는 것이 적절한 것 같지도 않았고, 나를 그런 일에서 의도적으로 제외하는 것 같아서, 일절 누구한테도 물어보지도 않았다. 내가 일본인이 아니니까 그러는 것은 뻔했다.

해산할 군대라도 일본군인으로서의 긍지를 가져야 한다는 하사관들의 말을 듣고 나는 놀라지 않을 수가 없었다. 이놈들이 이런 정신과 자세와 전통이 있으면 다시 봐야 할 민족이고, 또 어떠한 형식으로나 다시 일어날 민족이니까 경계해야 할 놈들이라는 인상을 받았다. 나는 일본식 교육을 받고 일본군대의 수습 사관까지 됐는데도 그런 생각을 못했다. 조선사람은 누구나 그렇게 생각할 수가 없었을 것이다. 이것이 일본군대에 있는 조선장병과 다른 점이었다. 이러니 일본은 우리가 늘 주시해야 할 나라이다.

지금 일본이 세계굴지의 경제국으로 부상하고, 군비에도 많은 돈을 쓰면서 군사적으로도 세계무대에 오르려고 하고 있다. 또 지금 일본에도 보수사상이 조금씩 팽창해 나가고 있고, 한국과 미국을 혐오하는 사조도 무시 못할 정도로 성장하고 있다. 또 모든 각료가 군국주의의 상징인 야스쿠니 신사(靖國神社)를 참배하고 있는데, 내가 이 때 받은 인상이 옳다고 생각할 수밖에 없다. 야스쿠니 신사는 주로 전사한 군인들의 혼령을 안치했다는 곳이지만 전범(戰犯)들도 포함되어 있다. 서양에서 경계해야 할 사람들은 독일의 국수주의자들이고, 아시아에서는 일본의 군국주의자들이 아니라고 할 수가 없다. 거의 2,000년 전에 서양의 한 석학이 역사는 되풀이 된다고 말했으니, 이런 광인들을 경계해야 할 것이다. 1995년 이후 일본총리와 그 밖의 일본인사들이 대동아전쟁을 미화하고, 야스쿠니 신사를 참배하며, '강한 일본'을 표방하고 있으니,

"또 도조 히데키(東條英機)같은 놈이 나왔구나"

하는 한심한 생각이 들지 않을 수가 없었다.

미국 텔레비전은 매년 봄마다 사쿠라(벚꽃)가 만발한 것을 보기 위해 미국의 수도 워싱턴에 사람들이 수없이 모여드는 것을 보여 준다. 그러나 그 벚나무들은 진주만 폭격 수십년 전에 일본이 미국에 선사한 것이다. 그 나무들의 원목은 도쿄에 있는데, 제2차 세계대전 당시 그 나무의 묘목들이 너무나 아름답게도 워싱턴에서 피고 있다고 해서 도쿄에 있는 그 원목들을 모두 잘랐던 것이다. 일본은 전쟁 후, 워싱턴의 벚나무 가지를 베어다가 도쿄에 심었다. 일본 내에도 벚나무가 무수한데 왜 하필이면 워싱턴에 있는 벚나무 가지들을 베어 갔을 것인가? 그것은 미 점령군에 아부하기 위해서 했을 것이다. 나는 이런 일이 다시 있지 않기를 바란다.

65.
조센진도 미나라이 시칸이 되어요?

　어느 일요일 우리는 휴가를 얻어서 중대를 나섰다. 다른 장교들은 모두 나름 대로의 계획이 있어서, 나는 혼자 나다니게 되었다. 나는 와카마쓰시로 나가서 그 전에 조선 아가씨를 만났던 식당에나 가 보려고 그리로 갔다. 그 전에 만났던 여자 종업원이 놀랐다.

　"조센진모 미나라이 시칸니 나루노?(조선사람도 수습 사관이 돼요?)"

　이렇게 말하며 반겼다. 점심식사를 하면서 손님이 없는 사이사이에 이야기를 하고 있는데, 그 아가씨가 어디 갔다온다고 했다. 나는 시가지 구경이나 좀 하겠다고 하고 나오려고 하는데 그 아가씨가 말했다.

　"두어 시간 구경하시고 꼭 이리 돌아오셔요. 꼭 오셔야 해요."

　자기 식당으로 오라고 강하게 권했다. 나는 특별한 약속도 없고 할 일도 없어서 그렇게 하겠다고 말하고 그 곳에서 나왔다. 와카마쓰는 큰 도시도 아니어서 중심가도 별로 크지 않았다. 주로 책방을 서너 군데 찾아보고 윈도우 쇼핑을 하며 한 두어 시간을 소비했다. 좀 이르지만 저녁 때가 가까워졌으므로 중대로 그냥 돌아갈까 하다가, 아가씨의 간청을 생각해서 들러서 인사나 하고 중대로 돌아가려고 했다.

그 식당에 갔더니 그 아가씨는 일이 끝났는지 외출준비를 하고 있었다. 그 여자는 나보고 같이 나가자고 했다. 여자하고 같이 걸은 일도 거의 2년이 되었지만 어딘지도 모르지만 같이 나가기로 했다. 그런데 바닷가나 식당 같은 데도 아니고 골목길을 여기저기 돌더니 한 오막살이 집 같은 데로 안내했다. 들어가 보니 남자들이 몇 명 모여 있었고, 여자들은 바삐 음식준비를 하고 있었다. 모두 조선사람들이었다. 나는 물론 반가웠다. 그들도 반가워하며 아가씨가 나에게 했던 같은 질문을 했다.

"조선사람도 미나라이 시칸이 돼요?"

그런데 모두 경상도 사투리를 쓰고 있었다. 거기서 환담을 하고 싶었지만 식사시간이 되어서 그냥 인사나 하고 나오려고 했다. 그러나 그것이 아니었다. 그 집회와 식사준비가 모두 나를 위한 것이었다. 조선인 장교는 처음 보았다고 하는 것이었다. 그렇게 생각하니 나 자신도 고사포학교를 졸업할 때까지 조선인 장교를 본 일이 없었다. 그때서야 나는 인근의 조선인들이 모두 나를 위해서 벼락잔치를 하려고 모인 것을 알고 감격하지 않을 수가 없었다. 고맙게도 식당 아가씨가 잠깐 어디 갔다온다고 하더니, 그 동안 집에 가서 이 잔치를 주선했던 것이었다. 내가 무엇인데 이런 환대를 받아야 하며, 또 내가 그들을 위해서 해 줄 만한 일이 무엇인가 하는 생각도 들었지만 거기서 발뺌을 할 경황도 아니었다. 나는 감동하고 감사하여 마지않았다.

일본에 와서 조센진이라고 천대를 받는 이분들! 그것을 다시 생각하며 그들을 내 두 눈으로 보니 기가 막혔다. 좋은 고향을 두고 무엇이 좋다고 일본에 와서 노동이나 잡일을 하고, 말할 수 없는 천대를 받으면서 사나? 하는 생각을 하니 더 측은했다.

인도에는 언터처블(untouchables) 즉 불가촉(不可觸) 천민이라고 해서 최하층 천민 취급을 받는 사람들이 있는데, 사람들은 그들을 대단히 천대하며 접촉을 피한다. 20세기에도 그런 사회가 있다는 것은 믿을 수가 없고 놀라운 일이다. 어느 해 여름, 내가 미국 미시간대학교 하계학교를 다닐 때에 인도에서 온 교수 한 사람하고 기숙사에서 방을 같이 쓰고 있었다. 우리는 여러가지 이야기를 했는데 나는 그에게서 인도의 카스트제도(caste: 四姓계급제도)에 관해서 많이 배웠다. 그는 진보적, 민주적 사상가라고 하면서도, 자기 딸을 불가촉 천민의 자식과 절대로 결혼시키지 못한다고 했다. 그는 쇠고기를 기회만 있으면 먹고 있었다. 내가 쇠고기를 먹는 것은 인도에서는 터부(금기)인데 왜 먹느냐고 하니까, 그는 인도의 소만이 성스럽다고 대답했다. 그리고 그는 인도에 가면 사람들 보지 않게 쇠고기를 실컷 먹을 수 있는 곳이 꽤 있다고 했다. 그런 사회는 아주 궤변적일뿐 아니라 그런 모순적인 풍습은 20세기 문명에 대한 모독이라 생각한다고 내가 말을 하자, 그는 인도의 문화와 전통이 그것을 합리화하고 정당화할 수 있다고 말했다. 물론 나는 그것을 받아들일 수 없었다.

일본에 있는 불쌍한 조선인들은 일본사회에서 인도의 불가촉 천민 같은 취급을 수십년 동안 받아왔다 일본은 6세기에 백제로부터 불교를 받아들였다. 그 후에 일본은 불교가 급격히 성장했고, 지금까지 불교가 제일 성한 나라이므로, 에타(백정)라는 사람들을 인도의 불가촉 천민 비슷하게 취급해 왔다. 일본인들은 인도 같지 않아, 역사적으로 육식을 해온 사람들이니까 그들은 더 궤변적인지 모르겠다. 그런 사회니이까 조선인을 백정처럼 천대하는 것이 어렵지 않을 것이다. 20세기에는 그런 것이 없어져야 한다고 생각하지만, 우리는 좋은 점도 많고 나쁜 점도 많은 인간성을 탈피 못하는 동물이니까, 그런 것을 모두 극복하는 것이 극히 어렵다는 것은 재언할 필요도 없다. 그러나 우리는 최선을 다 해야 할 것이다. 내가 그 후에 알게 된 것인데 이런 비합리적 풍습이 어느 사회에나 있다는 것을 알고 비관할 때가 많았다. 그러나 그 풍습에는 차이와 등급이 있어서, 인도의 풍습은 최저층에 속한다고 결론을 내릴 수밖에 없었다.

동포들과 말하는 동안에 일본인들이 미군의 폭격이 무서워서 지방으로 소개해 갈 때에, 헐값으로 팔고 가는 도심지의 토지를 포함한 집과 건물을 조선인들이 많이 샀다는 것을 알게 됐다. 폭격을 받아도 그것들이 모두 없어질 리도 없고 땅덩어리는 남아 있을 터이니까 그들이 전쟁 후에 큰 부자들이 되리라고 생각하니 마음이 좀 흐뭇하기는 했다. 나는 그들을 그 후 한 번도 만나지 못했지만, 그들이 지금쯤은 모두들 잘 살것이라고 생각한다. 나는 미국에 온 후에, 일본에 학병으로 갔다가 일본에 그냥 주저앉아서 사업을 시작한 한국사람을 한 사람 만났다. 그는 일본에서 크게 성공을 해서 스테인리스공장을 두어 개 가지게 됐다고 한다. 그 후 그는 오사카의 실업가 골프클럽의 회장이 되었다고 했다. 그러니까 조선인을 극히 차별하는 사회에서도 부호이면 우대를 받는다는 것을 알았다. 그러나 그는 귀화하고 부인도 일본인이었다. 그렇지만 그런 사람들이 얼마나 있을 것인가?

이윽고 저녁상이 나왔는데 나는 놀라고 놀랐다. 돼지고기, 쇠고기,

배, 사과, 해산물 등 없는 것이 없었다. 전쟁 중이어서 일반 민간인들은 구경도 못하는 것이 식탁 위에 많이 놓여 있었다. 나는 이런 상차림을 어렸을 때에 고향에서 몇만 석 부농의 오촌들이 결혼이나 장례를 치를 때에 하는 잔치에서만 볼 수 있었다. 그 때 그 부농의 잔치는 사흘이나 계속할 때가 있었다.

여하간 내 앞의 상에 장만해 놓은 음식을 모두 먹을 수도 없거니와 그 것들을 하나씩 맛을 뵈도 배가 부를 정도였다. 이야기를 하나 보니 조선인들은 야미(암거래)를 많이 해 그들에게는 없는 것이 없다고 했다. 나는 그들의 생활지능과 생활력에 감탄하지 않을 수가 없었다. 그들의 영원한 다복다남(多福多男)을 진심으로 빌며 저녁 8시 반쯤에 기쁜 마음으로 거기를 떠났다. 떠날 때 거기 있는 사람들에게 모두 깊은 절을 하고 심심한 사의를 표했다. 나는 그 후 얼마 안 되어 귀국해서 다시 방문하지 못했고, 그들 몇 사람의 성명과 주소도 분실해서 편지도 못하는 것을 아쉽게 생각하고 있다. 그러나 나는 지금도 그분들을 가끔 생각하고 그럴 때마다 흐뭇한 기분에 젖어 감사한 마음을 잊지않고 있다.

66.
미군이 민간인을
백화점에서 쏘아 죽였다!

　9월 초에 드디어 미군이 기타 규슈의 어느 지역에 진주했다는 소식
이 들려왔다. 어느 미군부대가 어디에 먼저 상륙했는지 모르겠지만,
그들은 하카타 쪽에 먼저 상륙한 것 같았다. 하카타는 가깝지는 않았
지만, 그들이 얼마나 빨리 우리 지역에 오는지 걱정거리였다.

　일본군인들은 미군들을 아주 두려워했다. 무자비하고 야만인에 가
까운 무리라고 세뇌교육을 받아왔기 때문에 무슨 일이 일어날지 몰라
서, 미군이 가까이 옴에 따라 더욱 전전긍긍하고 있었다. 일본인들은
미국인을 말할 때에 털박이라는 말인 게토(毛唐)라는 말을 썼다. 물론
이것은 당나라 사람을 욕하는 말이었는데, 후에는 아무나, 특히 외국인
을 욕할 때 쓰게 된 말이다. 그래서 일본사람들은 미국사람들은 대개
몸에 털이 많이 난 털보이며 미개한 횡둥이라고 생각하고 있었다. 그
들은 미국인이 전기를 위시해서 여러가지 놀랄만한 문명기구와 물질

을 발명 · 발전시켰지만, 정신적으로나 문화적으로 미개한 사람들이라고 믿고 있었다. 그 때까지만 해도 서양인을 본 사람들이 많지 않았고, 또 서양에 관한 책이 시중에 지금처럼 많지 않았으며, 있어도 그것들을 읽는 것을 금할 정도였다.

그래서 일본사람들은 미군이 가까워짐에 따라 그들을 아주 무서워하고 있었다. 그들은 미군이 트집을 잡을까봐 병기 청소를 매일하고 있지 않은가! 너무 자부심이 크던 사람들의 패전했을 때의 태도도 볼만했다. 일본군이 연합군, 특히 미군포로 학대에 대한 보복을 무서워하는 것이 뚜렷했다. 그들은 미군이 어떤 처벌을 할른지 몰라서 모두 전전긍긍하고 있는 것이 역력했고, 나까지도 불안하게 만들었다. 나도 물론 억울하게 군대에 끌려갔을 뿐이었지만 불안하기 짝이 없었다.

하루는 장교와 하사관들이 모여서 이야기하고 있는데 한 중사가 뛰어 들어 오면서 말했다.

"글쎄요, 오늘 미군이 우리 민간인을 하나 쏘아 죽였대요"

우리는 귀에 들려오는 말을 믿을 수가 없었다.

"그래? 어디서?"

"하카타의 한 백화점에서요."

"왜?"

"그 미군이 민간인 한 사람한테 무엇을 가지고 있는 것을 달라고 했는데 안 줬나봐요."

"무엇인데?"

"모른대요."

"그렇다고 쏴 죽여?"

"예. 그저 그 자리에서 두 말도 없이 쏘았대요."

"그래서 어떻게 됐어?"

"어떻게라니요? 아무도 말 못했대요."

"거 큰일 났군!"

"그래, 무엇이 어떻게 될른지 모르니까."

"그것 참. 어떻게 하면 좋아?"

이 소리를 듣고 나까지도 와락 겁이 났다. 나는 군복밖에 없으니까 군복을 입은 사람은 미군이 학대하거나 쏘아 버릴 확률이 많은 것 같았다. 내가 한국사람이라도 말이야 영어로 할 수 있지만, 영어회화를 유창하게 못하니 그 이상 자세한 설명을 하지도 못할 것이 아니냐! 곰곰이 생각해 보았지만 해결책이 없어서 그것도 운명에 맡길 수밖에 없었다.

그 후 다행히 미군이 일본 민간인이나 군인을 사살했다는 소식은 들려오지 않았다. 나는 귀국할 때까지 미군을 한 사람도 보지 못했다. 사실 나는 귀국 후, 북한에 있는 집에 돌아갈 때에 미국인은 딱 한 사람밖에 못 보았고, 1946년에 북한을 빠져 나온 후에 많이 보게 되었다. 하지만 그 때에는 세상이 전혀 달라져 있었다.

67.
사단장의 마지막 인사

1945년 9월이었다. 별안간 수습 사관들을 소위로 임관시킬 예정이 니 사단사령부로 출두하라는 명령을 받았다. 패전해서 군이 머지않아 해산할 이 마당에 수습 사관을 모두 소위로 임관시키다니, 할 일도 없구나 하는 생각도 있었지만 명령이니 출두하지 않을 수가 없었다.

구로다 수습 사관하고 사병 한 사람과 같이 와카마쓰 가까이까지 가서, 배를 타고 작은 만을 건너서 고쿠라로 갔다. 거기에 닿기 전에 일찍 점심식사를 했지만 고쿠라시 구경도 못하고 조금 떨어진 산에 있는 사단 사령부를 찾아갔다. 거기에는 많은 군인들이 이미 모여서 웅성거리고 있었다. 누가 조선출신인지 한눈에 알 수도 없고 돌아다니 며 물어볼 수도 없는 것이 안타까왔다. 그 많은 사람 중에 극소수밖에 없는 사람들, 그것도 모르는 사람들을 찾는 것은 쉽지 않았다. 같은 고사포학교에 다녔어도 조공대에는 몇 명밖에 없었고, 그들이 또 모두 우리 사단에서 파견한 사람들도 아니었다.

한참 후에 낯이 좀 익은 듯한 사람 한 사람을 겨우 찾았다. 가서 인사를 했더니 과연 그는 조선출신이었다. 그의 성은 최씨였다. 고사 포학교에서 중대가 다르고 서로 바빠서 몇 번 만나지도 못한 사람이지만 반가이 인사를 나누었다. 임관식 시간이 되어서 말도 오래 못하고, 임관식 후에 차라도 같이 마시자고 약속했다.

임관식이 시작되었다. 별을 단 사람을 나는 그 때까지 본 일이 없어서 자연 호기심이 컸다. 나만 아니고 모두가 어떤 사람인가 하고 호기심을 가지고, 그 사람이 나타나기를 기다리고 있었다. 날씨도 좋았고 임관식에 관계된 장병들이 모두 사령부 앞마당에 가득 줄을 짓고 서서 그를 맞았다.

그 사람은 일본사람으로서는 키가 좀 크고, 인물도 볼품이 있었다. 그러나 그의 굳은 표정은 역시 군인이로구나 하는 인상을 주었다. 그는 점잖은 음성으로 원자탄 때문에 일본이 패전한 것은 유감이라고 전제하고, 우리가 오랫동안 고생했다고 치사를 했다. 그리고 덧붙였다.

"일본은 무슨 일이 있어도 50년 내에 다시 일어납니다. 당신들도 이것을 잘 명심하고 제대 후에 열심히 국가 복구에 이바지하시오. 힘써서 일하시오."

그리고는 말을 마쳤다. 이것을 말하려고 임관식을 거행한 것이 아닌가 하는 의심도 들었다. 젊은 장교들을 한마당에 모아 놓고 일본은 패전했어도 자부심을 버리면 안 된다는 취지의 말을 하고 싶었던 것 같았다. 나는 그의 이 예언 같은 말을 지금까지도 생생하게 기억하고 있다.

50년 안으로 일본이 다시 일어나겠다고 해서, 나는 무슨 미친 소리인가 하는 생각을 하지 않을 수가 없었다. 오랫동안 전 아시아에 전쟁을 전개해서 여러 나라에서 1억 정도의 백성들을 사상하고, 수십억 명의 민생을 도탄에 빠지게 해 놓고, 미군폭격으로 자기 나라의 주요 생산시설이 대부분 파괴됐는데 무슨 미친 소린가 했다. 사실 그 때까지 일본의 66개 주요도시의 40%가 파괴되었다 한다.

그러나 그가 예언한 것처럼 일본은 지금 경제대국이 되지 않았는가? 미국의 막대한 재정지원과 한국전과 베트남전 때문에 미국이 일본에서 쓴 거액의 돈 덕택에, 일본경제는 빠르게 회복하였고 경이적으로 발전했다. 우리는 일본 때문에 죽을 고생을 했지만 경제적으로 일본한테 배울 점이 많다. 나는 전쟁 후 1981년에 일본을 처음 가 보고 그 후 몇번 더 방문했는데, 그 복구상황과 활기참에 놀라지 않을 수가 없었다. 일본은 과연 주시해야 할 국가이다. 그러나 그들의 군국주의 (軍國主義)는 경계해야 할 것이다.

이래서 패전 후이긴 하지만 나는 거의 1년 반쯤 고생한 후에 소위로 임관되었다. 내가 일본군에 입대하리라고는 생각도 못했고, 특히 갑종 간부후보생으로 선정됐다는 통고를 받을 때까지, 일본군 장교가 되리라고는 꿈도 꾸지 못했던 것이다. 참 인간의 운명이라는 것은 기이한 것이다. 우리 집안은 하위층의 서민으로 물론 친일파도 아니어서 이런 것은 바라지도 못했었다. 그러나 솔직히 말해서 일본군이고 머지않아 해산할 군대지만, 장교가 됐다는 것이 기분 나쁜 일은 아니었다. 그러니 인간은 이렇게 모순덩어리가 아닌가! 조선을 약탈하고 착취하고 노예화한 나라의 장교가 되고 기분이 좋다니! 물론 이것은 일시적인 느낌이지 정치적으로 말하면 즉시 일본군으로부터 도망했을 것이다. 또 그래야 가치가 있는 인간일 것이다. 그러나 나는 일본본토에 있었으니 어디로 도망할 수가 있었을 것인가?

마음 한구석에서는 또 귀국 후 나를 그것 때문에 친일파로 몰아대면 어떻게 하나 하는 걱정도 없지는 않았지만, 내 짧은 경력에 조금도 친일파로 몰릴 이유가 없어서 크게 걱정할 것은 없었다. 사실 귀국 후 한 사람도 그것을 가지고 문제로 삼는 사람은 없었다. 도리어 우리 집안을 위시해서 여러 사람들이 조선사람이 일본군이나마 장교가 되어서 장하다고 말해 주어서, 그런 걱정은 괜한 것이었다는 것을 알게 되었다. 또 귀환군인들 특히 전 일본 장교들이 한국군 건설에 공헌을 했다니 얼마나 장한 일인지 모르겠다. 내가 여기에 참여하지 않은 이유는 다음에서 말하겠다.

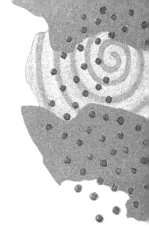

68.
조선사병 돕기에 바쁘다

　임관식이 끝난 후 나는 구로다한테 두 시간 후에 부두에서 만나자고 하고 최소위와 같이 고쿠라시로 내려가서 한 식당에 들렀다. 차를 마시면서 여러 가지 이야기를 주고받았다. 그는 평안남도 출신인데, 도쿄 어느 전문학교에 다니다가 학병으로 징집되어 온 사람이었다. 나는 입대 전에 평양을 한 번 돌아본 일이 있어서, 우리는 평양 이야기를 하며 그리워했지만, 언제 평양을 다시 볼 수 있을 것인지는 물론 예견할 수가 없었다. 내가 입대 전에 평양을 찾은 이유는 내가 죽기 전에 다시 보지 못할 것 같다는 예감이 있어서였다. 이것은 내가 꼭 살아온다는 예감하고 상치되는 것이지만 사실 이것은 예감이라기보다, 혹시 평양을 일생 못 볼른지 모른다는 생각이라고 하는 것이 옳았을 것이다. 그 후 나는 목숨은 잃지 않고 귀국했지만, 지금까지 평양은 다시 보지 못하고 있고, 또 내가 미국에 영주하고 있으니, 죽기 전에 다시 볼 기회가 올 것 같지 않다고 생각하고 있다.

　나는 모란봉의 아름다움, 기자릉을 참배했을 때의 감회, 평양국수의 맛 같은 것들을 최씨한테 털어놓았더니, 그도 동감하면서 평안남도 출신이어서 더욱 향수에 젖어 들었다. 나는 그 후 그가 평양을 다시 보았는지는 알 길이 없다. 모든 일이 그의 뜻대로 되어서 행복한 일생을 보내고 있기를 진심으로 바란다.

　나의 중대는 와카마쓰 서북쪽에서 멀리 떨어진 언덕에 있어서 밖에서 무엇이 어떻게 돌아가는지 잘 몰랐고, 우리들은 가끔 외출하거나 몰래 밤에 빠져 나간다는 것은 불가능했다. 그러나 이 때의 고쿠라 지역에 있는 부대의 조선인들은 가끔 밤에 빠져 나가서 술을 마시고 행패를 부리다가 경찰에 붙잡혀 갔다고 한다. 경찰이 부대에 연락하면 최소위가 경찰에 찾아가 말을 잘해서 그들을 빼내고 중대장에게도 말을 잘해서 가벼운 형이나 기합을 주도록 노력했다고 한다.

　그런 조선인들은 모두 징병으로 입대한 사람들이고 보통학교도 못 다닌 사람들이 태반이라고 했다. 그 때에는 조선 한 고을에서 중학교로 진학하는 사람은 손을 꼽을 정도였으니, 군대에서도 학병을 제외하고 중학교 출신의 조선사람을 본 일이 별로 없었다. 그러니 일본이 얼마나 조선사람들의 교육을 제한하고 통제했는지 잘 알 수 있었다. 지금 한국에서는 매일 몇백만 명의 젊은 사람들이 중고등교육을 받고 있다. 그리고 매년 30만의 젊은이들이 대학에 진학하고 약 100만 명이 매일 대학에서 공부하고 있다니, 얼마나 놀랍고 고마운 일인가! 이 숫자가 잘못이 아니기를 빈다.

　이것은 남한 인구 4천 5백만을 고려하면 놀라운 숫자이며 자랑스럽기 한이 없다. 일본사람들이 조선에서 하던 교육 억압정책에 비교하면 이것은 천양지차이며 놀라지 않을 수 없다. 한국의 젊은이들은 우리 시대의 사정을 파악하여 주어진 모든 기회를 충심으로 감사하고 열심히 공부에 정진해 주었으면 하는 바람이다.

69.
그는 기어코 개죽음을 했구나!

　최소위와 우리는 이야기를 계속하는 동안에 충청도 출신의 변씨라는 학병을 서로 알고 있는 것을 알았다. 그는 내가 부산에서 배를 타고 일본으로 오는 동안에 알게 된 사람이었다. 이 변씨는 일본인도 수재 아니면 입학할 수 없다는 교토(京都)에 있는 저명한 제3고등학교에 재학중이던 수재였다.

　그 때의 고등학교는 중학교 5년 후에 3년 동안 공부하는 학교니까, 연수로 보면 지금의 초급대학이나 전문대학에 해당하겠지만, 그 때의 전문학교의 교육내용은 지금의 대학 수준이었고, 그 때의 대학 수준은 지금의 대학원 수준이라고 한다. 변씨는 문학을 전공했는데, 생긴 모습도 문학 타입이었고 군대에 맞는 성격이 아니었다. 변씨는 시모노세키 지역의 한 고사포부대로 간 것으로 알고 있었다. 그와 내가 헤어지기 전에 우리 같은 인생을 한탄하는 시를 지어서 나에게 주었는데,

나는 참 잘 지었다고 감탄하고, 그는 과연 제3고등학교에 다닐 만한 수재로구나 하고 부러워했다. 그리고 장차 훌륭한 시인이나 작가가 되리라고 믿고 있었다. 변씨하고 최소위하고는 부대가 가까와서 연락이 좀 있었던 것 같았다. 그런데 최소위의 입에서 놀라운 말이 나왔다.

"그 변씨가 죽었어."

"뭐?"

"변씨가 죽었어!"

"그게 무슨 말이야!"

"며칠 전에 훈련하다가 죽었어."

"지금 무슨 훈련이야?"

"잘 알잖아. 사병들을 놀게 할 수 없다는 것."

"그게 무슨 관계가 있어?"

"그 사람들 참, 실탄을 가지고 훈련을 한 거야."

"그런데 왜 변씨가 죽어?"

"포탄의 신관을 영으로 한 것을 몰랐던 모양이야."

"그것을 장전하고 사격을 했어?"

"그랬던 모양이야. 그래서 발사하자마자 그것이 폭발한 거야!"

"기가 막힌 사람들!"

"참 아까운 사람이야!"

"그럼 그 사람만 죽은 거야?"

"그 때 훈련하던 분대의 몇 사람이 모두 죽은 모양이야."

"참 억울하다. 군대해산이 내일 모레인데 지금까지 잘 있다가 죽다니? 그 유족의 통한은 오죽하겠나!"

"아, 그럼. 우리 마음이 이런데, 유족이야……"

그런 슬프고 통탄할 노릇이 어디 있겠는가! 학병이 일본 패전후 귀국을 기다리고 있는 동안에 사고로 죽다니! 남양이나 중국에 간 것도 아니고, 일본 본토에 가서 고생을 했을망정, 비교적 안전히 있었는데 이게 무슨 일인가! 전쟁이 끝나고 귀국이 눈앞에 다가왔는데 죽다니! 나는 이때까지는 숙명론자였지만 이런 뉴스는 너무 충격적이어서 받아들이기가 힘들었다. 남의 일 같지 않아 나는 더욱 몸조심해서 무사히 귀국해야 하겠다는 결심을 다시 굳혔다.

두어 시간 후, 고쿠라 부두에 가서 구로다와 아침에 우리와 같이 온 사병하고 합류했다. 그들한테 변 일등병의 이야기를 했더니 그들도 의외로 무척 애석하게 생각해서 마음에 좀 위안이 되었다. 그러나 내가 침울하게 앉아 있으니까 구로다와 사병도 이해하는지 말을 붙이지 않았다. 나로서는 그저 그의 명복을 빌 수밖에 없었다. 나는 지금도 기독교인으로서 그의 명복을 비는 마음이 저절로 나는 것을 억지할 수가 없다.

70.
돈과 물품을 나누어 갖다

　기어코 목이 빠지도록 기다리고 기다리던 날이 닥쳐왔다. 1945년 9월 하순의 어느날, 고국의 하늘을 방불케 하는 천고마비의 가을날씨였다. 하늘에는 구름 한 점 없이 서늘하고 상쾌하고, 몸과 마음이 하늘로 날아올라갈 듯한 보기 드문 날씨였다.

　나는 일찌감치 당번이 갖다 놓은 세숫물은 그대로 놔두고, 나가서 산책을 하며 이른 아침풍경과 상쾌한 공기를 즐기며 진지를 휘돌았다. 산에서 내려 오는 물로 세수를 하고, 또 한참 산책하다가 고시쓰(거실)로 돌아왔다. 나는 왜 그런지 어려서부터 천성적으로 초자연의 존재를 어렴풋이나마 느끼고 있었으며, 예감이라는 것이 미신이 아니라는 생각을 하고 있었는데, 그 날도 무슨 큰 일이 있을 듯한 기분이 들었다. 아침 8시 반쯤 중대장이 장교와 특무상사를 불러서 지시했다.

　"이제 우린 수일 내에 해산을 하오. 미군에게 무기를 넘겨 줄 몇

명만 제외하고 다른 사람들은 모두 제대시키게 됐소. 중대에 있는 돈과 물품은 장교와 사병들에게 적당히 분배하라는 지령이 있었소. 히로하라 소위는 조선사병 약 100명을 인솔해서 하카타를 경유해서 귀국하시오."

오래도록 기다리던 일이지만 참 기쁘고 기쁜 날이 기어이 왔다. 예감도 있었지만 이 말을 들었을 때의 나의 감명은 이루 형용하기가 어려웠다. 내가 일본왕 히로히토의 항복선언을 라디오로 들을 때와는 또 다른 기쁜 환희를 느꼈다. 그 때까지의 고생이 가서지는 것 같았다. 암담하던 앞날이 일시에 밝아진 것 같았고, 서해로 졌던 태양이 다시 돌아와 중천에 서서 우리를 축복하는 것 같았다. 이 순간을 위해서 초자연적 존재가 우리를 2년 동안 혹사하고 곤욕의 길을 걷게 한 것이 아닌가 하는 엉뚱한 생각까지도 했다.

이틀 동안 중대 안에서 출발준비를 하며 또 많지도 않은 개인짐을 꾸리느라고 분주했다. 사실, 물품보다 마음을 정리하느라고 애썼다고 하는 것이 옳을 것이다. 나는 그 동안에도 일본도를 한시도 내 옆에서 멀리 두지를 않고, 무슨 급변이 있으면 그것을 쓰겠다는 각오는 변함이 없었다. 그러나 일본인들도 인간이었다. 우리 중대나 와카마쓰와 고쿠라지역에서 조선인이 피해를 받았다는 말은 한 번도 듣지 못했다. 연합군의 보복이 두려워서 자제를 했는지도 모르겠다.

귀국의 장도에 오르는 바로 그 날이 왔다. 일찍 일어나 세수를 하고 산책을 한 후에 사무실로 돌아왔더니, 내 당번이 돈 3,500엔이 든 봉투와 피복, 비누 등이 든 큰 보따리 세 개를 내 앞에 놓았다. 물론 나는 놀랐다. 그런 큰 돈은 기대치도 않은 것이었다. 내가 입대 전 서울에서 기숙할 때에 하숙비가 한 달에 약 30엔이었다. 그러니 3,500엔은 그 때의 나에게는 큰돈 이었고 무척 고마웠다. 일본군대가 주는 돈도 고마우니 어찌할 것인가! 나는 인간은 큰 돈 앞에서는 무력한 존재인가 하는 생각까지 했다. 그러나 그것은 일본이 조선에서 착취해간 돈의 극히 작은 일부분에 지나지 않는다는 생각을 하니, 내 마음이 좀 안정되었다.

보따리도 물론 기대치 않은 것이었다. 그보다 돈을 더 주었으면 얼마나 좋았을까? 그러나 고국에 있는 책 몇백 권과 옷 두어 벌 외에는 여기서 받은 것이 나의 전재산이었다. 고국에서는 이런 물품이 귀하다는데 버리고 갈 수도 없었다. 그러나 이것들을 이 시국에 우편으로 붙일 수도 없었다. 나는 당번에게 물어 보았다.

"이것을 조선에 붙일 수가 있나?"

"그건 불가능하답니다."

"그럼 이것을 어떻게 가지고 가나?"

"인솔하고 가는 사병들이 있다면서요?"

"그렇구나. 그들한테 부탁하면 되겠구나."

중대에서는 사병들에게 물품을 많이 주지 않았다. 그래서 그들에게 분배해 줄까 하다가, 부산까지 가서 거기서 분배할 수 있으면 하겠다고 생각을 하고 사병들에게 부탁해서 운반하기로 했다.

한 시간 후에 중대장이 나한테 중대 내의 조선사병들 15명을 인솔하고 와카마쓰까지 가서, 다른 중대에서 오는 사병들 85명과 합세해서 그들을 인솔하고, 하카타에 가서 배를 타라고 지시했다.

71.
돌아가서 좋은 나라를 만드십시오!

배가 드디어 와카마쓰 부두에 닿았다. 거기서 좌우를 돌아보며 다리를 걸어나가니까 오노우에(尾上) 병장이 서 있었다. 그는 나한테 경례를 붙였다. 나는 당황해서 빨리 답례를 했다. 그는 내가 신병으로 고생하던 때의 내무반장이었다. 그는 보통 아무말도 없이 우리들을 그저 지켜보기만 하던 말없는 신사였다. 그는 나보다 2년 전에 입대했는데, 그 전에는 소학교 교사이었다고 한다. 내가 말을 먼저 건넸다.

"병장님, 반갑습니다."

"예, 저도 반갑습니다."

"그런데 어디 가시는 길입니까?"

"여기까지 왔습니다."

나는 그가 경어를 써서 좀 당황했다. 내가 그의 내무반에 신병으로 있을 때에는 군대의 관습에 따라서 나한테 반말을 썼는데, 이때에는 경어를 써서 아주 이상한 기분이 들었다. 일본어는 한국어처럼 경어 동사와 비경어 동사 사이에 서열이 서너 개 있어서 세계에서도 희귀한 언어이다. 한국어와 일본어는 알타이(Altai)어족에 속하지만, 같은 어족에 속하는 몽고말이나, 만주말이나, 터키말에는 이런 어법이 별로 없다. 그러므로 나는 일본어가 조선어의 한 갈래라는 설에 동의한다. 그런데 유감이지만 많은 일본 언어학자들은 정치성을 띠거나 한국어를 잘 모르면서도 이 설을 극히 반대한다.

나는 이번에도 그의 내무반에 있었을 때처럼 그에게 경어를 썼다.

"여기까지라니요? 누구를 기다리시나요?"

"예, 오늘 귀국한다는 것을 알고 오후에 휴가를 얻어서 여기 나와서 히로하라 소위님을 기다리고 있었습니다."

"그러실 필요가 없었는데요. 그렇지만 참 고맙고 반갑습니다."

"예, 저도요."

"그럼, 너무 오래 기다리셨겠구만요."

"아니오. 시내를 돌아다니다가 배가 들어올 시간 조금 전에 와서 기다렸어요."

"그거 너무 감사합니다. 그런데 무슨 일이 있어서 저를 보려고 오셨습니까?"

"이젠 소위님이 머지않아 조선으로 돌아가실 것 같아서 뵙고 싶어서 왔어요."

"아이구, 대단히 감사합니다. 원대에 있을 때에는 너무 신세를 많이 졌습니다."

"뭘요. 소위님이 신병 때에 고생 너무 많이 하였습니다."

"아니오. 제 부족이 많았습니다."

"그런데, 한 가지 부탁을 할 수 있습니까?"

"무엇인데요?"

"그저 간단한 것입니다."

"말씀하세요. 제가 할 만한 것이면 해드리겠습니다."

"아, 그런 것이 아니고요. 소위님이 머지않아 귀국하실 텐데, 돌아 가시면 열심히 일하셔서 훌륭한 조선을 만드십시오. 그리고 조선하고 일본이 좋은 이웃이 되었으면 좋겠습니다."

"물론이지요. 열심히 건국에 이바지해 보겠습니다. 그리고 조선과 일본은 이웃이니까 무슨 일이 있든지 잘 지내야 하지 않겠습니까?"

"그럼요. 그래야지요."

"그런데 여기까지 일부러 나와서 만나 주시고 격려의 말씀을 해 주 셔서 감사합니다. 일생 잊지 않겠습니다."

이렇게 고마운 사람이 또 어디 있겠느냐! 내가 두 중대에서 몇백 명을 접했는데 이런 사람은 없었다. 나 자신도 도저히 그렇게 못할 것 같았다. 나이도 나보다 훨씬 많았고, 소학교 교원생활도 몇 해 했고, 또 내가 신병 때에 내무반장으로 돌보아 주던 분이, 내가 소위가 되었 다고 먼저 경례를 붙이고, 말도 신병 때에는 나한테 반말을 썼는데 이제는 깍듯이 경어만 썼다. 그리고 멀리 걸어나와서 건국 잘하라고 격려를 해주다니! 얼마나 고마운 분인지 나는 지금도 그를 때때로 감 사하게 생각하고 잊을 수가 없다. 일본에도 그런 훌륭한 사고방식을 가지고 생활하는 사람도 있다는 것을 잊을 수가 없다. 다시 말하지만, 잘못된 국수주의 위정자와 그들을 지지하는 파벌들 외에는 이런 존경 할 만한 사람이 있다는 것을 또 알게 되었다.

나는 그가 그처럼 부탁한 훌륭한 조선 건국에 이바지 못하고 일찍 미국에 와 버려서 매우 죄송하다고 생각한다. 나는 미국에 와서 학위를 세 개 받고, 인연이 있어서 한국어와 한국을 포함한 동양문화와 역사 등을 45년 동안 1만 5천여 명에게 강의해 왔고, 또 그들의 교육을 돌봤으므로, 나는 내 나름대로 간접적으로 한국에 공헌한 점이 없지도 않다고 생각한다. 그래서 오노우에 병장이 진심으로 한 부탁을 전적으로 저버렸다고는 생각하지 않는다. 또 몇 사람의 주선으로 1990년에 노태우 대통령에게 이런 노력이 인정되어 국민포장을 받아 너욱 그런 생각이 든다. 그 후 내가 은퇴할 때에 미국 클린턴 대통령에게서도 감사장을 받았다. 나는 그런 관계로 한국에 있는 사람보다 한국 공부를 더 많이 했다고 생각이 된다. 또 한국에 대한 강의를 거의 매일 하다시피 했다. 어느 점에 있어서는 내가 한국 연구를 누구보다도 더 많이 하고 한국문화와 정세에 관해서 누구보다도 더 많이 외국인에게 강의를 했으니, 이 점에 있어서는 자부심을 가지게 된다.

그러나 유감이지만 한일관계 증진에 기여하라는 오노우에 병장의 부탁은 이행치 못했지만 다른 부탁은 간접적으로나마 어느 정도 했다고 생각이 된다. 여기서 첨부하면 나는 45년 동안 한국어 교육을 했고, 그 동안 동양어부 부장 대행도 가끔 하고, 또 전교의 연구평가부장도 거의 6년 동안 담당하여 일본어과와는 접촉이 많았고, 가능한 한 일본 교수들을 보조해 주었다.

72.
동향의 사병들

　그 동안 장교로 두어 달 지내던 조그만 언덕에 있는 중대를 복잡한 심정으로 떠났다. 물론 조선사병들 15명과 함께였다. 여하간 나는 기쁘고 행복했다. 와카마쓰 부두에 가니 그 곳에는 내가 인솔해 가야 할 다른 중대의 조선사병들도 와 있었다. 그들의 이름을 확인하고 주의사항을 말해 주었다.

　"내가 부산에 닿을 때까지 너희들을 인솔할 임무가 있으니, 주의사항을 몇 가지 말하겠다. 첫째로 절대로 위법행위를 하면 안 되겠다. 경찰에 잡히면 내가 너희들을 구출한다는 보장은 할 수가 없다. 일본이 패전해서 모두 신경이 날카로워져 있으니 더욱 조심해야 한다. 대열에서 벗어 나면 안 되고 그럴 필요가 있을 때에는 꼭 나 아니면 다른 사람에게 말해야 한다."

　나는 우리 사병들이 일본인의 신경을 건드려서 경찰이나 헌병에게 잡혀가는 것을 제일 두려워했다. 그들이 변 일등병처럼 개죽음이야 안하겠지만, 귀국 직전에 조선에 있는 악질경찰 같은 사람에게 잡혀서 오래 고생하는 사람이 생겨서는 안 되겠다고 생각했기 때문이었다.

알고 보니 그 사병들은 모두 강원도 아니면 경기도, 충청도 등 중부 지방에서 온 사람들이었다. 내가 강원도 출신이라는 것을 알고, 또 조선인 소위여서 그런지 모두 반가워하고 협력을 잘 해 주어서 고맙고 퍽 기뻤다.

그들과 신이 나서 환담을 하며 배를 타고 고쿠라로 건너갔다. 이것이 우리가 이 고장을 마지막으로 보는 것이로구나 하는 감상에 젖어들기도 했지만 고대하고 고대하던 고국 귀환의 길에 올라서 그런지 그런 감상은 오래 가지 않았다. 우리는 배를 내려서 고쿠라역으로 걸어갔다. 그 곳에는 조선사람 소위 몇 사람이 조선사병들을 100여 명씩 인솔하고 기차를 기다리고 있었다. 처음에 조선에서 첫 부대에 올 때까지는 조선사람들이 점차 주위에서 줄어져서 섭섭했고 또 처음 경험하는 일이어서 이상하게 느꼈는데, 이제는 점점 조선사람들이 주위에 많아져서 그것이 당연한 것 같았고 반가웠다. 이것을 제2차 세계대전 후 몇 사람이나 경험했을 것인가? 특히 위안부들은 몇 사람이나 살아남아서 이런 기쁨을 경험했을 것인가? 그 수는 아주 적었을 것이다. 이런 생각을 하면 아찔해진다.

우리 장교들은 서로 인사를 하고 시간이 있어서 차를 같이 마셨다. 이야기를 하고 있는 동안에 또 조선사병들의 문제가 거론되었는데, 그들은 고쿠라 지구의 조선계 사병들 때문에 시간을 많이 썼다고 했다. 왜 그런지 임관식 때 만난 최소위는 보이지 않았는데, 그들의 이야기는 전에 최소위가 한 말과 똑같았다. 주로 시내에 나가 술을 먹고 주정을 하고 행패를 부려서 경찰에 끌려간 사람들이 대부분이었고, 그들을 꺼내는 데 힘이 많이 들었다는 것이었다. 우리는 귀국도 하기 전에 한국사회의 나쁜 면을 보는 것 같아서 한심하고 한탄할 수밖에 없었다. 경찰이 그래도 관대하게 대해준 것도 미군 진주 직전이어서 그런 것 같다고 우리끼리 결론을 짓고 있었다.

73.
흰 양복바지!

　우리는 차를 마시고 그 근처를 구경했는데, 나는 하얀 양복바지 하나를 사서 입었다. 지금 생각해도 좀 우스운 꼴이었다. 모자와 상의와 구두는 일본군 복장인데 바지만 하얀 민간인의 복장이었다. 그래도 나는 기분이 퍽 좋았다. 이 때의 나의 심리는 일본군에 대한 반발보다는, 반이라도 민간인이 되었다는 기분을 빨리 만끽하고 싶은 생각이었다. 그 꼴을 보고 다른 소위들도 웃고 부두에 돌아가니까 사병들도 웃었지만, 한 사람도 책하지 않았다.

　그러나 고쿠라역에서 연락을 하고 있던 일본 상사 한 사람은 대단히 기분이 나빴던 모양이었다. 그가 나한테 말을 던졌다.

　"소위님, 그런 것을 입으시면 안됩니다."

　"왜? 불법인가?"

　"소위님은 아직도 일본군의 장교입니다."

그는 따졌다. 그는 물론 나이가 나보다 훨씬 많았다.

"그건 나도 알고 있네."

"그런데 왜 그런 복장을 하고 계십니까?"

"자네는 귀가할 때 무슨 옷을 입나?"

"저는 군복을 입습니다."

"평복을 입고 귀가하는 사람은 없나?"

"더러 있습니다. 많지는 않습니다."

"그럼 나도 이렇게 차리는 것이 불법은 아니잖나?"

"그래도 소위님은 지금 일본군인들을 지휘하고 계십니다."

"그렇지만 일본군이 해산했고, 우리가 다 귀국명령을 받고 돌아가는
길이 아닌가? 말해주는 것은 감사하지만, 우리는 의견이 다르네. 그
래도 나는 이것을 입고 싶네."

"알겠습니다."

그도 나에게 자기 의사를 강요할 수 없다는 것을 알았는지 그 이상
말을 하지 않았다. 내가 일본인 장교가 아니니까 그가 그런 말을 나한
테 하는구나 하는 생각도 나서 불쾌했으나 오래가지 않았다. 또 내가
고립된 상황이 아니고 주위에 조선사병들이 많이 있어서 든든했다.
나는 그런 복장으로 춘천까지 갔는데, 이 사람 외에는 나의 복장에
관해서 시비하는 사람은 한 사람도 없었다.

74.
내가 그놈을 죽이려고 했는데

하카타역에서 하차를 하고, 하카타 항구 부두까지 사병들을 인솔하였다. 내 짐은 사병들이 번갈아 지고 갔다. 젊은 사병들의 표정은 밝은데다가 귀국의 기쁨에 젖어 있어서 인솔하기도 쉬웠고 나의 마음도 든든했다. 그 중 한 사람만 빼고는 문제를 일으키지 않았다.

큰일은 아니었지만 잠시 화나게 한 일이 생겼다. 이것은 예기치도 않았고 미처 생각도 못한 일이었다. 부두에 닿으니까 저녁 때가 되었고, 일본 연락장교가 하는 말이, 배는 그 다음날 아침 10시쯤에 있으니 부두에서 그 날 밤을 새워야 한다는 것이었다. 그 곳에는 아무것도 없는 살풍경한 부두였고 밤에는 꽤 추워서 우리는 화가 났지만 항의했자 소용도 없을 것으로 생각했다. 우리는 귀국의 기쁨에 젖어 있었으므로 큰 불평들은 없었다. 거기에는 1,000 명쯤의 조선장병들이 운집해 있었고, 우리는 웅성거리며 기분이 좋아서, 아는 사람이든 모르는 사람이든 붙들고 이야기를 했다.

조금 있으니까 해가 져서 어두워졌고 9월 말이어서 밤에는 꽤 추웠다. 우리는 부둣가의 좀 넓은 광장에 불을 피워서 식사준비를 하고 있었다. 그런데 식사준비와 차를 끓이는 데 쓰도록 보급된 나무나 숯이 많이 부족했다. 식사준비나 차를 끓이지 않는 사병들도 불을 피워 추위를 달래고 싶었다.

피울 만한 나무가 모자라니까 사병들은 부두에 있는 창고 벽의 나무 판자를 뜯어서 불을 피우고 있었다. 그 중에 군용창고도 있었다고 하는데, 우리는 그것을 그 때 몰랐고, 아무도 그것에 대해 말해 주지도 않았다.

이 당시 한 일본 헌병 소위가 나타났다. 그는 우리 사병들이 창고 벽의 판자를 뜯어서 불을 때는 것을 보고 노발대발하고, 나무조각을 나르던 조선 일등병 한 명을 잡아서 몇 가지 물어보더니 어디론지 끌어가고 있었다. 나는 그 것을 그대로 둘 수가 없어서 그들을 쫓아갔다.

"여보세요. 이 일등병이 아무것도 모르고 추우니까 저지른 일이니 놓아 주시지요."

"그건 안 됩니다."

"왜요?"

"군법을 위반했습니다."

"뭐요?"

"군용창고를 파손했으니까요."

"그런 창고가 여기 있는지 몰랐는데요."

"예, 있어요."

"그건 일본군을 해치려고 한 것이 아니잖소. 추우니까 군용창고인줄 모르고 저지른 일이니 용서하시지요."

나는 사정하는 수밖에 없다고 생각했다. 군용창고를 파손한 것이 사실이니까 그 길밖에 없었다. 그 죄가 얼마나 중한 것인지는 몰라도, 끌려가면 간단히 수습될 일이 아닌 것 같았다. 또 그 소위를 가만히 보니까 악인 같지도 않고, 이 사병이 너무 못되게 구니까 혼을 내주려고 하는 것 같았다. 나는 그 일등병을 보고 일본말로 권했다.

"네기 잘못했으니까 빌어!"

"아니오, 제가 뭣을 잘못했어요? 안 빌겠습니다."

"빌어!"

"안 빌겠습니다."

일본 헌병 소위가 말했다.

"나마이키나야쓰, 이코!(건방진 놈, 가자!)"

그리고 그 조선 일등병을 끌고 가기 시작했다. 그러니까 그 일등병은 아무 기색도 하지 않고 천연스럽게 따라가고 있었다. 나는 흥분하지 않을 수가 없었다. 나는 그들을 쫓아가서 그 일등병을 보고 소리를 크게 질렀다.

"너는 내가 사과하라고 했는데, 왜 말을 안 들어!"

나는 그의 이름조차 몰랐고 지금까지도 모른다. 이 사람이 꽤 놀란 것 같았다. 온순하게 보이고 흰 양복바지를 입은 사람이 악을 쓰고 큰 소리를 지르니까 좀 당황한 모양이었다. 나는 다시 소리쳤다.

"사과하지 못해? 당장 해!"

그 일본 헌병 소위도 좀 놀란 듯했다. 그 일등병이 나한테 물었다.

"명령입니까?"

"그래, 명령이다!"

"명령이면 할 수 없습니다. 하겠습니다."

"명령이니까 당장 해!"

그는 형식적으로 일본 소위에게 사과했다. 그 사병이 하는 일본말이 서툴러서 일본 소위는 그가 형식적으로 사과하는 것을 모르는 것 같았다. 나는 좋은 순간이라고 생각하고 그 소위에게 빨리 말했다.

"이 사병이 이렇게 사과를 하니 좀 봐주시오. 이제부터는 내가 잘 감시하고 책임을 지리다."

그 일본 소위는 조금 생각하더니 그 일등병을 보고 한 마디 훈계를 했다.

"다시 그런 짓을 하면 용서 못해!"

그리고 그는 가 버렸다. 나는 돌아서서 그 일등병을 맞보고 말했다.

"끌려가면 어떻게 되는지 알지?"

"어떻게 되긴요."

"답답하네. 네가 죽도록 맞던지 영창신세를 단단히 져야 하지 않아? 좀 생각을 해 봐! 이 사람아!"

나는 아직 화가 풀리지 않았었다. 그랬더니 이 사람이 뜻하지도 않은 말을 퉁명스럽게 했다.

"소위님은 공연히 방해를 놓으세요."

"방해?"

"예. 으슥한 곳에 가다가 죽여 버리려고 했어요."

나는 깜짝 놀랐다. 그러니까 이 사람이 사과도 안하고, 그 일본 소위를 천연스럽게 따라가고 있었던 것이다. 나는 이런 사람이 있으리라고는 전혀 생각하지 못했던 것이다.

"그렇지만 이 사람아. 생각을 좀 해 봐! 자네가 그 소위를 죽이면 어떻게 되겠나?"

"어떻게 되긴 무엇이 어떻게 돼요. 우리는 내일 아침에 떠나는데요."

"우리는 떠나지만, 우리 뒤에 오는 사람들을 학대할 게 아닌가?"

"학대해야 얼마나 하겠어요."

"그래도 그렇지. 조금이라고 해를 끼치면 안 되잖아!"

"알겠습니다. 여하간 일본사람들은 지금 미군을 무서워하고 있지 않
습니까?"

"그렇기는 하다."

나는 동의하지 않을 수 없었다. 그는 목포에서 보통학교를 마치고
장사를 하다가 입대했다고 하며, 또 자기가 일본군대에 있으면서 호강
을 했다고 한다. 참 놀라운 사람이었다. 군대에 있으면서 호강을 하다
니! 그것도 일본군대에서! 그는 갖은 수단을 써서 공용(公用)으로 자주
외출도 하고, 일본여자를 하나 사귀어서 살림을 1년 이상 차리고 있었
으며, 생활비는 암거래를 해서 벌었다고 한다. 암시장 거래를 했기 때
문에 없는 것이 없었다고 한다. 중대에서도 귀한 물건들을 상납하니까
외출을 잘 시켜 주더라는 것이었다. 그 사람의 창의력과 생활력에 나
는 혀를 차고 말았다.

75.
여관에서 회향의 주연

　그 날 주위에 나처럼 조선사병들을 인솔해 가는 소위가 몇 명 있었는데, 근처의 여관에 가서 쉬기로 했다. 지금 한국에는 여러 등급의 호텔이 있고 그 아래로 장이니, 여관이니, 여인숙이니 있지만, 그 때에는 호텔이라는 말은 영어니까 쓰지도 않았고, 장이라는 칭호는 별로 없었다.

　우리가 들어간 여관은 꽤 크고 깨끗했다. 지금 일본에서는 전통적 여관 외에는 조추(여자 종업원)가 없는데, 그 때 일본여관에는 조추가 있었다. 젊은 조선장교들끼리 모였으니 가만히 있을 리가 없었다. 곧 주연이 벌어졌다. 이 조추들도 와서 술을 따르고 희롱을 부렸다. 나는 조추와 한자리에서 술을 처음 하는 일이어서 어색했으나, 술이 좀 들어가니까 같이 마시고 희롱하는 흉내도 낼 수 있었다. 다른 장교들은 경험이 있는지 처음부터 서슴지 않고 잘들 놀았다. 우리는 술을 많이 마시면서 여러가지 대화를 하고 있었는데, 술을 많이 마셔본 경험이 없는 나는 어느 사이에 나가 떨어져서 세상 모르고 자고 있었다. 그것도 몇 시인지 알지도 못했고, 그런 일은 난생 처음이었다. 다른 장교와 조추들이 나를 보고 꽤 웃었을 것이다. 물론 나는 그 때까지 그런 경험은 없었는데, 그 이튿날 아침에 머리가 조금 멍하고 기분이 좋지 않았다.

76.
나 혼자 남았다

　여관 밖이 밝아지고 내가 자던 방이 훤해졌다. 나는 머리가 아프고 정신이 멍했다. 후에 미국에 와서 어느 잡지에서 읽었는데, 서양사람들은 술을 많이 마시면 혈관이 커져서 기분이 좋아지는데, 동양사람들은 그 반대로 술을 많이 마시면 혈관이 좁아져서 머리가 아프고 기분이 나빠진다고 했다. 나는 물론 그 때에는 그런 것도 몰랐고, 술을 전날 밤에 많이 마셔서 당연한 일로만 생각하고 있었다.

　일어나니 방 안에는 아무도 없고, 밖에서는 일을 안 하는지 온 여관이 조용했다. 벽의 시계를 보니 8시가 조금 지났다. 정신을 차리고 여기저기를 보았으나 조선 소위들은 보이지 않았고 그들의 군화도 보이지 않았다. 참 이상하다고 생각하고 카운터에 내려가 보았더니, 남자 종업원인 일본남자가 혼자 앉아서 신문을 보고 있었다.

　"다들 어디 갔어요?"

"누구요? 아아, 조선장교들이요?"

"예."

"벌써 떠나셨는데요."

"떠나요? 나를 남겨두고?"

"하이(예)."

"그럼, 계산은 하고요?"

"아니오."

"내가 해야 해요?"

"그럼요!"

나는 그가 숙박비와 주연비를 받지 않고 그들을 보냈을 리가 없다고 생각했다. 그러나 그가 받고도 안 받았다고 하는지를 확인할 수도 없었다. 또 내 몫만 낸 다고 할 수도 있지만, 조센진(조선놈)이라고 욕할까봐 그럴 수도 없었다.

"그게 얼마지요?"

"250엔입니다."

"숙박비하고 술 값을 포함한 것인가요?"

"하이(예)."

나는 숙박비와 술값을 지불하고 부랴부랴 부두로 달려갔다.

77.
우리는 먼저 가요!

부두로 뛰어가 보니 그 소위들은 보이지도 않고 내가 인솔하고 온 사병들도 보이지 않았다. 물론 내 짐도 온데간데가 없었다. 어이없이 그냥 거기 서 있으니까 한 사병이 나한테 말했다.

"소위님 병사들을 찾고 계시나요?"

"그런데"

"그들은요 먼저 조선에서 들어온 배를 타고 떠났어요."

"조선에서 온 배? 너 농담이냐?"

"아니오. 아침에 조그만 배가 들어왔어요."

"언제 떠났지?"

"조금 전에요."

"어디서?"

"바로 저기요."

필경 그들은 부두에 있는 사병들에게, 나를 보면 자기네들은 먼저 떠난다고 말해달라고 부탁했으리라고 생각했다. 뛰어서 선착장으로 가보니 조그만 배 하나가 태극기를 달고 부산쪽으로 통통거리며 가고 있었다. 나는 태극기에 관해서는 그 때까지 말은 많이 들었지만 본 일이 없었다. 처음 보는 태극기, 그것도 일본 하카타항에서 독립하는 고국으로 돌아가는 마당에서 보는 인상과 감상은 말로 표현할 수가 없었다. 일본해상에 휘날리는 태극기! 그것을 내가 살아 있는 동안에 볼 수 있으리라고는 꿈도 못 꾸던 일인데, 그것이 극적으로 내 눈앞에 전개되고 있지 않은가! 이런 순간을 경험한 동포는 몇명이나 있겠는가? 나는 자랑스럽기도 하고 내가 일본에 와서 유사상 처음 보는 장관들을 다시 그려보며, 나의 기이한 운명을 또 생각해 보지 않을 수 없었다. 독립투사들이 한반도에서 그토록 마음껏 휘날리고 싶어하던 바로 그 태극기가 아니던가! 그런데 이 태극기를 지금 남한에서만 사용하고 있으니 이 또한 한반도의 비극이다.

그 배는 소리를 지르면 알아들을 만한 거리에 있었다. 나는 손을 흔들며 소리쳤다. 그러나 그 배는 나 한 사람을 위해서 뱃머리를 돌리지 않았다. 내 소리를 듣고 내가 인솔하던 사람들이 소리쳤다.

"죄송합니다. 우리는 먼저 가요!"

"짐은 여기 있어요. 부산 가서 드릴께요!"

"부산에서 어떻게 만나? 잘들 가라!"

부산 가서 어떻게 만난다는 말인가? 장교들이 왜 그랬는지 잘 모르겠는데, 여관에서 일본도를 다 모아 한 부대에 넣어서 나한테 맡겼다. 부산에 가서 나눠 가지기로 했는데, 아쉬운 것은 다른 짐보다 그것이었다. 싸구려 일본도이지만 기념으로 일생 잘 간직하고 싶었다. 그러나 하늘은 왜 그런지 그것을 허용하지 않았다. 그것이 허영심도 아닐 터인데. 다른 사병들이 있는 데로 다시 가보니 거기서 부두지역을 관할하고 있던 소좌가 나를 보고 말했다.

"히로하라 소위지요?"

"예. 그런데요?"

"인솔병이 없다지요?"

"없는데요."

"여기 한 100명 있는데 인솔장교가 없으니 인솔해 가시지요."

"예. 그러지요."

미리 떠난 소위들이 그 연락장교에게 자기들은 내가 인솔하던 사병들을 데리고 간다고 말한 것 같았다. 내가 반대할 입장도 아니고 또 배를 타고 부산까지 가면 끝나는 일인데 마다 할 이유도 없었다.

그 사병들하고 이야기를 해보니까 모두 전라도 출신이었다. 기왕이면 동향 사람이 좋았을 텐데 하는 생각도 들었지만 그것도 오래 가지 않았다. 모두 젊고 순진하고, 또 전라도 사투리가 구수해서 곧 친해지게 되었다.

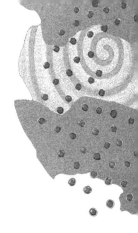

78.
너희들은 왜 일본인들을 학대했느냐

아침 10시가 좀 지나서 연락선 같은 배가 들어왔다. 부산에서 온 것이었다. 밤에 출발해서 들어 온 것이 분명했다. 우리는 어떤 사람들이 그 배를 타고 왔는지 궁금했다. 그 배에서 내리는 사람들은 모두 일본사람들이었다. 모두 침울한 표정을 하고, 옷차림도 남루하고, 가지고 오는 짐도 별로 없는 것 같았다. 옷만 평민이지 꼭 패잔병들 같은 인상을 주었다. 불쌍한 인간들이라는 냄새를 풍기는 침울한 모습이었다. 그들은 일본의 조선 농민착취기관인 동양척식회사에게 내몰려서 함경도의 산악지대로 가는 가련한 전라도의 농민들 같기도 했다.

내 가까이 있던 연락장교로 보이는 일본 중위 한 사람이 나한테 달려왔다. 장교끼리는 반말을 잘 안하는 관습인데, 그 때 그는 흥분해서 반말로 소리질렀다.

"저 사람들을 봐!"

"왜요?"

"불쌍하지 않아?"

그는 배에서 내리는 일본사람들을 보라고 손가락질을 했다. 그래서 내가 대답했다.

"예. 모두 불쌍하게 보입니다."

"너희들은 인간들이냐?"

"무슨 말씀입니까?"

"왜 일본사람들을 저렇게 해서 보내느냐?"

"뭐, 모두 자연 그렇게 됐겠지요."

"자연?"

"모두 학대를 받았을 리가 있겠어요?"

"도니가쿠 게시카란!(여하간 못됐어!)"

"너무 그렇게 생각하시면 안됩니다."

거기서 그 사람한테 과거 몇십 년 동안 학대받은 것은 조선사람이며, 일제가 기만적 수단을 써서 1910년에 조선을 자기들의 식민지로 만든 후에 조선사람을 노예화하고 착취한 조선의 식민역사를 역설할 자리도 아니어서 그만 말을 끊었다.

그러나 나는 미안한 생각은 없었다. 사실 나는 조선에 있는 일본사람들을 불쌍히 여기거나 가련하게 생각한 일은 한 번도 없었다. 인간은 인간없이 못 사는데, 인간처럼 서로 많이 해치고 착취하는 동물은 없으니 인간 자체가 불쌍한 것이다. 나는 이렇게 또 철학적으로 되어버렸다. 문명한 20세기라고 하지만 역사상 인간이 수억 명의 인간을 살상한 것은 20세기이니, 인간은 희망이 없는 동물이라는 생각을 다시 해보았다.

79.
지긋지긋한 일본이여, 잘 살아라!

　드디어 우리 1,000여 명은 일본사람들이 타고 온 연락선을 탔다. 나는 아침부터 아무것도 안 먹었지만 그래도 뱃멀미를 할 것 같았다. 나는 결국 멀미로 꽤 고생을 했지만, 천국에 온 것 같은 기분이었다. 거의 2년 만에 주위에 동족만이 있는 것이 다른 세상 같기도 하고 꿈같기도 했다. '꿈이면 깨지 마소서' 하는 생각까지 들 지경이었다.

　많은 사람들이 갑판에 올라가서 멀어져 가는 하카타만의 풍경을 바라보고 있었다. 자연은 어디 가든 아름다운데, 인간들이 잘 살기 위해서 그것을 개척한다는 궤변을 늘어놓으며 망치는 일이 많으니, 이 점에 있어서도 인간은 어찌할 수 없는 존재이다.

　나는 조선에서는 일본사람들을 많이 접촉했고 일본에 와서는 매일 일본사람들만 접촉했는데, 일본사회도 인간의 사회에 불과하다는 결론을 내리지 않을 수 없었다. 좋은 사람도 많고 나쁜 사람도 많은 사회, 마음 좁은 사람이 많지만 인사가 깍듯하고 근면성 있고 공부를 많이 하는 사회, 좀 특징이 있기는 하지만 결국에는 인간이 사는 사회라는 것을 느끼지 않을 수 없었다. 좋던 나쁘던 일본도 한 인간사회이고, 특수한 개성을 가지고 있다는 것은 놀라운 일이 아니었다. 다른 사회보다 다른 점은 나쁜 위정자와 못된 국수주의자가 많은 것이었다. 좋은 위정자가 나와 좋은 정치를 하기를 바랄 뿐이었다. 일본이 잘되고 바른 길을 걸어야 이웃도 평화롭고 간접적으로나마 서로 얻는 것이 있을 것이 아닌가!

나는 갑판에서 풍경을 즐기면서도, 일본에서의 거의 2년 동안의 생활이 주마등처럼 머리에 나타나는 것을 어찌할 수가 없었다. 좋은 기억이 날 때에는 기분이 좋았지만, 나쁜 추억은 나를 몹시 우울하게 만들었다. 나쁜 추억이 대부분이어서 그 주마등을 끄고 싶어도 끌 수가 없었다. 신병시절에 얻어맞던 일, 몰매를 맞던 일, 가네코후보생하고 격투하던 일, 고사포학교에서 니시무라 교관한테 검도를 하면서 많이 맞던 일, 기총소사를 받고 죽을 뻔한 일, 함포 융단사격을 받을 때의 사경을 직면한 일 등, 그 밖에 여러가지 좋지 못한 기억이 좋은 추억보다 너무도 많았다. 그 반면에 나를 뒤에서 옹호해 준 중대장, 소대장, 대대장, 오노우에 병장 등 좋은 사람도 몇몇 있었다.

패전해서 사기가 떨어지고, 수백만 명의 인명을 잃고, 국토가 초토화한 일본을 뒤에 두고 떠나는 우리는 복잡한 심정으로 멀어지는 일본을 갑판에서 바라보며, 일본에 대한 감상을 털어놓았다. 우리의 감상은 대동소이했다. 종합적으로 보면 지긋지긋한 일본이었다. 그러나 나는,

"지긋지긋한 일본이여, 제발 망하소서"

라는 마음 대신

　"지긋지긋한 일본이지만, 앞으로 잘 사시오"

라는 말을 마음속으로 하면서 해협을 건너기 시작했다.

　이런저런 생각을 하며 일본이 멀어져 가고 시야에서 벗어질 때까지 모두 갑판에서 일본의 마지막 모습을 바라보고 있었다. 모두 인간의 사회인데 전통과 토속사상과 터무니없는 종교의 지배를 그토록 받을 수가 있을까? 복잡하고 미묘하고 모순 덩어리의 인간들을 다시 생각하며 인간의 앞날을 우려하지 않을 수가 없었다. 나는 그 때,

　"조선을 이것으로부터 구해주소서!"

라는 생각에 젖어 있었다.

　이때에 나는 속으로 맹세한 일이 있었다. 나는 무슨 일이 있어도 살륙무기를 다시는 쥐지 않겠다는 것이었다. 그리고 또 남을 해치지 않겠다는 것이었다. 나는 그 때에 무슨 확고한 종교심이 있어서 그런 것도 아니고, 인간이 인간을 어떤 형식으로든 죽이거나 착취하거나 해쳐서는 안 된다는 신념이 굳어졌기 때문이었다. 그 때부터 지금까지 나는 그 맹세를 어긴 일이 없어서 다행이다. 귀국한 학병 중 많은 이들이 남한과 북한의 군대에 들어갔다고 하는데, 나는 나의 결심을 끝까지 지켰다.

80.
부산항에서의 환영

　그 날은 날씨도 유별나게 맑고 좋았다. 한반도의 가을이니 천고마비의 날씨일 수밖에! 하카타 항구를 떠난 후 여덟 시간쯤 되어서 저녁이 가까울 때에 배는 부산항에 들어갔다. 모두가 갑판에 올라가서 눈앞에 나타나는 고국의 첫 풍경을 만끽하고 있었다. 부산항은 전에 두어 번 보았지만 바다쪽으로부터 보이는 풍경은 언제든지 무척 아름다웠다. 그러나 말할 것도 없이 그 날의 풍경은 더욱 아름다웠고, 마치 우리들을 두 팔로 포옹하며 영접하는 것 같았다. 우리는 모두 배가 너무 늦은 것 같이 느꼈고, 상륙을 초조하게 기다리고 있었다.

　배가 드디어 부두에 닿았다. 우리는 부두에 환영객들이 많이 나와 있을 줄로 알았는데, 아무도 없고 조용해서 웬일인가 하고 실망했다. 우리는 짐을 들고 부두의 기차역 같은 곳으로 나갔다. 그 곳에 수십 명의 부인들이 우리를 환영하기 위해서 서 있었다.

우리는 너무 기뻐서 그 곳으로 달려갔다. 그 부인들은 물론 모두 조선사람들이었고 남자들은 극소수밖에 없었다. 다른 남자들은 모두 일하느라고 바빴을 것이다. 그 부인들은 조선 각도(道)의 기를 들고 서 있었다.

나는 강원도라고 쓴 곳에 달려가서 인사를 하고 환영해서 감사하다고 말하고 조그만 선물을 하나 받은 뒤 이야기를 좀 하다가 그 곳에서 나왔다. 서울로 가는 기차는 그 이튿날까지 없어서 그 부인들이 가르쳐 준 여관을 하나 찾아 갔다. 인솔해 온 사병들은 전라도라고 쓴 곳으로 간 다음에는, 다시 보지도 못하고 작별의 인사를 할 사이도 없었다.

여관에 들어갔을 때에는 벌써 저녁 때였다. 저녁식사를 여관에서 하고 싶지도 않아서 식당을 하나 찾아갔다. 거기서 일본에서 막 돌아왔다는 사병을 한 사람 만났다. 그러나 그는 내가 하카타까지 인솔해 온 강원도 지방의 젊은이가 아니었다. 그는 아침에 태극기를 단 한국 배를 타고 온 사람이라고 하고 후회를 많이 하고 있었다. 그들은 부산에 빨리 갈 것 같아서 한국에서 온 조그만 배를 하카타에서 우리보다 먼저 탔는데, 배가 작아서 퍽 불편했고 멀미를 많이 했으며, 또 부산에 닿은 것도 우리보다 좀 늦었다고 하면서 후회를 많이 하고 있었다. 그것도 그럴 듯했다. 그렇지만 나로서는 뱃멀미를 하던 부산에 늦게 오던 간에 하카타에서 태극기를 단 배를 타고 일본을 떠나는 멋에 그 배를 꼭 탔을 것이다.

나는 아는 사람도 없고 갈 만한 곳도 모르고 피로하기도 해서, 그냥 여관에 돌아가서 쉬기로 했다. 방에 들어와 조금 있는데 누군가 문을 두드려서 나가 보니까 주인 아주머니였다. 그 아주머니가 말한다.

"이 짐을 누가 두고 갔어요."

"무엇인데요?"

"짐 세 개인데요."

"그게 제 꺼래요?"

"히로하라 소위님의 것이라고 하던데요."

"그래요?"

"선생님이 그분이지요?"

"그런데요."

"자, 여기 있습니다."

내 일본 이름이 귀국했는데 또 나오니 기분이 좋지 않았다. 나는 조선 이름으로 등록했으나, 웬일인지 창씨한 이름도 쓰라고 해서 두 이름으로 등록을 했다. 나는 짐은 모두 잃은 것으로 생각하고 있었는데, 먼저 사병들이 어떻게 내가 있는 여관을 알아냈으며, 또 왜 내 짐을 가지고 도망하지 않았는지 몰랐다. 내 짐을 맡은 사람들은 강원도 출신들이었다. 그러니까 필경은 동향사람 생각을 많이 해 주었을 것이며, 또 강원도라고 쓴 기를 들고 우리를 환영하던 부인들이 말한 여관들을 찾은 것으로 생각했다. 그들이 내 짐을 나한테 안 가지고 와도 무관했을 터인데 찾아줘서 고마웠으며, 세상에는 나쁜 사람보다 좋은 사람들이 많다는 것을 또 느끼게 되었다. 그 때에 나도 남에게 잘해 줘야 한다고 하는 마음을 굳히게 됐다. 여하간 내 짐이 나를 찾아왔으니 좋은 징조라고 생각했다. 사실 그 후의 내 반 세기의 생애는 그렇게 나쁘지 않았다.

그래서 나는 부산에 도착해서 사병들에게 물품을 나눠 주겠다는 계획도 수포로 돌아갔다. 그러나 내가 일생 기념품으로 간직하고 싶었던 일본도는 없었다. 하카타의 여관에서 모아서 싼 일본도 짐 보따리는 어떻게 되었는지 알 길이 없었다. 사병들이 화가 나서 일본도들을 모두 해협에 던졌는지도 모르겠다.

81.
기차 안에서의 환전

다음 날 아침에 일찍 잠이 깼다. 기분이 참 이상했다. 엄하고 심한 단체생활과 규칙적 생활을 거의 2년간 하다가, 여관방에서 혼자 자유인으로 일어나니 딴 세상에 온 것 같았고 외로움도 느꼈다. 인간은 과연 환경 동물, 즉 사회적 동물이로구나 하는 것을 느꼈다.

서울로 가는 기차를 탔다. 조선사람이 많았고, 일본사람들도 좀 있었다. 일본인들은 물론 풀이 죽어서 자기네끼리 조용히 말하고 있었다. 그들의 도도하던 과거의 풍채와는 큰 대조였다. 그 대신 조선사람들은 기가 충천해서 큰 소리로 환담을 하고 소란했다.

그 일본인 중의 한 사람이 일본돈으로 환전하는 것이 쉽지 않다고 불평하고 있는 것을 엿들었다. 나는 짐을 가지고 은행을 찾아다니는 것도 번거로워서 불평하던 일본사람을 보고 3,000엔을 환전할 수 있느냐고 물었다. 그는 다른 일본인들과 상의하더니 되겠다고 해서 좋은 환율로 수중의 돈을 다 바꿨다. 군정 하의 조선돈은 '원'이었고, 한국 정부가 세워진 후에 '원'은 일제강점기하에 쓰던 것이어서 '환'으로 바꿨다. 그러나 그 한자가 일반인들이 사용하기에 너무 어려워서 몇해 후에 다시 '원'으로 환원되었다. 이 환에 해당하는 한자가 지금은 컴퓨터에도 없어서 그것을 보여줄 수가 없지만, 그 한자가 쓰기에도 쉬운 글자가 아니었다.

이처럼 니는 기차 안에서 일본돈을 마지막으로 보았다. 니는 어릴 때부터 그 때까지 일본돈만 썼는데 그 기차 안에서 일본돈과 작별했다. 3, 40년 후에 일본을 학회관계로 방문할 때까지 일본돈을 다시 또 보지 못했다. 영어에서는 귀찮은 일이 없어지거나 해결되어서 속이 편하고 시원하다는 뜻을 'Good riddance!(굿 리던스!)'라는 말을 쓴다. 그 때 그런 기분도 들었지만 좀 섭섭한 기분도 들었다는 것을 고백한다.

82.
달라진 서울역전의 모습

    기차가 서울역에 도착했다. 나를 맞아 주는 사람은 한 사람도 없었다. 부산에서는 아주머니들의 환영을 받았으나, 서울에는 그런 사람이 한 사람도 없어서 기분이 이상하고 쓸쓸하였다. 해방과 동시에 조선은 남북으로 갈라져서 부모님과 연락이 잘 되지 않았다. 부산에 와서 비로소 나의 고향이자 부모님이 작은 도자기공장을 경영하시던 강원도 양구군이 북한으로 들어간 것 같다는 말을 들었다. 나의 그 때의 실망은 한탄에 가까웠다. 하필이면 나의 고향이 38선에서 몇 십리도 떨어지지 않은 북한이라니! 나는 미리 편지를 몇 장 띄웠지만 소용이 없었다. 결국 나는 혼자서 양구를 찾아가야 한다는 것을 그제서야 알았다. 귀국 직후부터 이것이 무슨 꼴이냐! 그러나 양구가 경계선에서 멀지 않다는 것이 조금은 위안이 되었다.

    서울역 앞에는 빌딩이나 광장은 달라진 것이 없었지만, 지나가는 사람들의 옷차림과 그들의 표정이 퍽 달라졌다. 전에는 군복 같은 카키색 옷이 많이 보였는데, 이제는 한복도 많이 보이고, 흰 옷을 입은 사람들이 많았다. 나는 전에 카키색 옷을 하도 많이 봐서 이 광경이 좀 이상하게 보였다.

서울역 광장 주위에는 건물들 여기저기에 일제 때에는 보지도 못하던 좌익과 우익의 선전 현수막이 붙어 있었고, 늘 길에 보이던 교통순경도 잘 보이지 않았다. 어딘가 모르게 불안감을 주는 환경으로 변한 것 같았다. 그 후의 한국역사가 그것을 증명해 주었다. 내 예감이 적중한 것이다. 내가 15년 전에 경북대학교의 세미나에 가서, 재미교포로서 보는 동북아 사정을 말해 달라고 해서 갔는데, 그 때 그 대학 캠퍼스를 돌아보고 크게 놀랐다. 한국의 국립대학교인 그 대학의 모든 건물 벽에, 좌경 또는 공산주의적 선동 벽보가 많이 붙어 있어서 충격을 받고, 불안을 느끼면서, 기분이 좋지 않았다. 좌익분자들은 그러면서도 50년 동안 남한에는 자유가 없다고 온 세계에 선전하고 데모를 하지 않았는가?

그런데 이런 벽보와 현수막들을 국립대학교 건물에 공공연하게 몇십 개를 걸어 놓고 있지 않은가! 나는 이런 어리석은 짓을 남한에서 허락하리라고는 생각도 못했었다. 그보다 더 놀란 것은 그 대학건물 벽에 한국정부를 지지하는 벽보와 현수막은 하나도 보이지 않는 것이었다. 듣기에는 좌익계 학생들이 너무 과격해서 정부에서는 폭력을 쓰지 않으면 그런 학생들을 통제하기 힘들어서 그렇다는 것이었다. 또 학원 신성론이 있어서 정부도 경찰력을 쓰기 힘들다는 것이었다.

이런 몰상식한 행패를 보다 못해 공권력을 사용하면, 그것이 텔레비전을 통해 온 세계에 방영되어, 한국의 평이 땅에 떨어지는 것이었다.

외국 방송사들은 그것이 북한 간첩들과 그 괴뢰들의 조작이라는 것은 한 마디도 하지 않는다. 미국의 언론도 한심한 것이 하나 둘이 아니다. 이란의 왕은 호메이니만 못하고, 쿠바의 카스트로는 그저 농촌개혁자에 지나지 않으니, 어쩌니 하며 이상한 보도를 많이 해왔다. 여하간 이런 것은 공정한 보도가 아니다. 이른바 민주주의를 외치는 학생들이 학교당국 또는 기타 다른 의견을 전혀 무시하는 것이다. 이런 학생들이 남한의 정권을 장악하면 역사상 최악의 전제독재정치를 감행할 것이라는 생각을 하니 한심스럽기 짝이 없었다.

그들은 사실 북한의 정책을 찬양하고 있었다. 이런 일이 어찌 한국에서 일어날 수 있다는 말인가! 그들은 왜 인류역사상 제일 악독한 독재주의국가이고 폐쇄된 사회인 북한에 관해서는 한 마디도 하지 않는가? 역사상 북한의 악질 독재자 같은 사람들은 없었다. 공산주의자들은 자기들은 백성의 해방과 생활수준 향상을 위해서 일한다고 하나, 결과는 늘 정반대이다.

여하간 나는 1945년 그 날 서울역 부근의 건물에 붙은 선전기치들을 보고 앞날이 암담하다는 것을 느꼈다. 우익 선전물보다 좌익 선전물이 훨씬 많았다. 그러나 그 때에는 우익 선전물이 좀 섞여 있었다.

나는 큰 짐이 셋이 있었지만 부산부터 들어 주는 사람도 없어서, 내가 끌고다녀야 했는데, 그것도 그리 쉬운 일이 아니었다. 끙끙대고 짐을 서울역 앞에 끌어다 놓고 그 근처의 광경이 달라진 것을 보고 있다가, 짐 있던 곳을 돌아다 보니까 잠깐 사이에 짐 하나가 없어졌다. 그 때에는 옷이나 비누가 아주 귀할 때여서 한 짐만 있어도 돈벌이를 잘할 수 있었을 것이다. 셋 중의 하나만 없어진 것도 다행으로 생각했다. 조선사회에 대한 실망이 커졌다. 서로 속이고 훔치고 남을 무리하

게 뜯어먹는 사회가 되어서는 안 될 터인데, 하며 여러번 한 숨을 쉬었
다. 내 개인적으로 보면 고국에 기쁨으로 돌아오는 나한테 처음부터
찬물을 끼얹고 저주하는 것이 아닌가 하는 생각까지 들었다. 그러나
나는 그 때 한국의 경제상황을 보고 마음을 달랬다. 수십년 동안 일본
의 착취와 1930년대부터 태평양전쟁 때까지 일본의 악랄한 만행 때문
에 조선은 경제적으로도 도탄에 빠져 있어서 너무 가난했다. 그리고
선진국에도 도둑과 강도들이 많이 있지 않은가?

83.
다시는 총칼을 들지 않겠다!

택시도 많지 않을 때였다. 나는 몇 십분 후에 겨우 택시를 잡아 짐을 가지고 성동역으로 갔다. 춘천 가는 기동차는 거기서 타야 했다. 택시를 타고 성동역에 가보니 사람들 옷차림 외에는 달라진 것이 하나도 없었다. 내가 시내에서 하숙을 하면서 경성고등상업학교에 등교할 때에는 꼭 이 기동차를 이용해야 했다.

그 때 성동역 동쪽에는 집이 많지 않았지만, 안암동쪽으로는 집들이 많았고, 잘 만든 큰 제방이 있었다. 그리고 겨울을 제외한 세 철에는 나무와 풀이 푸르고 아름다운 풍경을 자아내고 있었다. 지금은 그 모든 것이 서울 시내로 편입되었기 때문에 그 때의 전원풍경은 도저히 상상도 하지 못하게 되었다.

성동역에도 아무도 나를 맞아 주는 사람이 없었다. 역 앞에 부인 두 분이 책상을 내놓고 군대에 갔다 오는 사람들을 등록하고 있었다.

그것은 관청에서 하는 줄 알았더니 그것도 아니었다. 나는 지금까지도 누가 무슨 목적으로 그 등록을 하고 있었는지 알 길이 없다. 그들은 그저 참고로 하는 일이라고만 했다. 속으로 '할 일도 없지!' 하면서 떠나려고 할 때에 한 부인이 물었다.

"군대에 다시 입대하시지 않겠어요?"

나는 또 속으로 '참, 할 일들도 없지!' 하고 생각하면서 대답했다.

"나는 이후 설대로 총칼을 들지 않겠습니다. 일본군에 있는 동안에 그렇게 결심했어요."

라고 했더니 대화가 좀더 길어졌다. 그러나 나는 확고한 결심이 변치 않을 것이라는 점을 분명히 말하면서, 나는 인간이 인간을 살육하는 것은 절대로 반대를 하며 이제는 그런 일에 참여하지 않겠다고 나의 결심을 강조했다. 그리고 그들이 무엇을 적는지 궁금해서 물어보았다. 그러나 말해 주지 않았다. 나는 좀 이상하다고 생각했으나, 별로 큰 관심도 없어서 속히 그 곳을 떠났다.

나는 후에 일본군에서 귀환한 장병들이 미군정하의 국방경비대에 가입하고, 그 후에 한국군에 들어가서 그 창설에 크게 공헌하였고, 또 한국전에서도 큰 공을 세웠다고 하는 말을 들어서 마음이 흐뭇하다. 학병 출신 중에 장군과 제독이 된 사람들도 꽤 있다는 말을 들었는데, 나는 그들이 조금도 부럽지가 않았다. 그들은 자랑스럽고 장한 사람들이지만, 나는 맹세한 일이 있어서 그들 가운데 끼고 싶은 생각이 조금도 없었다. 권유와 요청이 많이 있었으나 군대에는 발을 들여놓지 않았다. 솔직히 말해서 내가 한국전쟁 때에 한국에 있었으면, 이 맹세가 어떻게 되었을른지 의문이다. 다행인지 불행인지 모르지만, 나는 한국 전쟁이 일어나기 전에 미국에 왔다.

84.
나는 산을 타고 갈 터이니
너는 강변으로 가라!

　성동역에서 기동차를 탄 지 한 시간쯤 후에 춘천에 도착했다. 택시가 많지 않아서 한 대 잡는데 시간이 많이 걸렸다. 기다리는 동안 여기저기 돌아다보았다. 거리나 상점들은 하나도 달라지지 않아서 나를 환영하는 듯했고, 나도 잘 돌아왔다고 인사하고 싶은 심정이었다.

　춘천에 오기까지 소련군이 진주했다는 말은 들었지만 어디까지 왔는지, 또 남한에 진주했다는 미군과 무슨 협정을 맺었는지, 그리고 어디까지가 남한이고 어디까지가 북한인지 알 수가 없었다. 몇 사람에게 물어봤으나 모두 잘 몰랐다. 미군과 소련군이 진주한 지 두어 달쯤밖에 안 되었고 거의 무정부상태여서 그것도 무리가 아니었다. 미군과 소련군이 경계선을 어디에 어떻게 그었는지 아는 사람도 별로 없는 것 같았다. 더욱 어려운 일은 미군과 소련군이 정치적으로 한반도에 관해서 무엇을 하고 있는지 모르는 일이었다. 두 나라가 통일된 한반도를 원한다고 하면서도 서로 자기쪽 입장만 주장해서, 한반도의 통일은 오리무중이었다. 춘천에 와서 비로소 양구가 북한으로 들어갔다는 것을 확실히 알게 되었지만, 해방 직후여서 38선이라는 것을 아는 사람도 많지 않은 것 같았다.

그래서 나는 조선사람들이 한반도의 운명을 모르는 것을 탓할 수 없었다. 그 반면 나는 한반도의 반이 소련군의 점령하에 있다는 것이 불안하고 좋지 않다는 예감을 금할 수가 없었다. 우리의 백성들은 거의 모두 소련 또는 소련인에 대해서는 모르고, 그저 후진국이나 미개인들로 생각하고 있었다. 우리는 자연 모르는 것이 많아 미국인들보다 소련인들을 더 무서워하고 있었다. 우리들은 미국인들을 잘 알지는 못했지만, 그래도 수백 명의 미선교사들과 그 제자들한테 미국과 미국인들에 관해서 많이 들었고, 또 조선에서 그 선교사들이 교회, 병원, 학교, 고아원과 기타 사회시설을 많이 창설하고, 우리를 도와 준 것을 알고 있었다.

그런데 서양에서 온 선교사들은 조선에 있는 일본인들한테는 선교를 안 했는지, 또는 못했는지 모르겠지만, 나는 선교사들이 조선의 일본인들에게도 선교를 했어야 했다고 생각한다. 조선 선교 역사에서는 이것을 왜 거론하지 않는지 모르겠다. 선교사들이 조선에 있는 일본인들에게 복음을 전했으면 우리 고국의 형편이 아주 달라졌을는지도 모른다. 여하간 나의 고향을 소련군이 점령하고 있다니 아무래도 불길한 감을 금할 수 없었다. 나만 그런 것이 아니고 내가 좀 말을 해본 사람들은 다 소련인들이 미개인들이라고 생각하고 있었으며, 미지의 소련인에 대한 불안이 미군에 대한 것보다 훨씬 더 컸다. 그래서 나는 고향에 가는 것이 두려웠다.

다시 말하면 미군도 미지수이지만 선교사에 관한 말을 많이 듣고, 그들이 우리 독립운동가들을 간접적으로나마 많이 도와줬다는 것을 알아서 그것을 매우 감사하게 생각했고, 그래서 미군이 그렇게 두렵지는 않았지만, 소련인은 아주 전혀 미지수였다. 게다가 나를 위시해서 일제강점기에 고등교육을 좀 받은 사람들은 영어를 많이 배우고 영어 원서도 읽었기 때문에, 영미에 대해서는 친근감이 생기는 것이 보통이었다. 그래서 그런지 일본은 우리의 영어교육을 최소한으로 줄이고 있었다. 일본에서도 소련어는 몇 개의 외국어전문학교나 대학교를 제외하고는 금물이었다.

제대 후에도 여러 번 경험했지만, 우리가 배우는 외국어가 그 말을 사용하는 사람들에게 대한 친근감을 자연 심어 준다는 것을 알게 됐으며, 또 이것이 너무 과소평가되고 있는 것이 아닌가 하는 생각을 할 때가 많았다. 여기서 참고적으로 말하면, 일본은 조선사람들의 해외활동에 제동을 걸기 위해서 한반도에는 관립외국어학교를 하나도 세우지 않았다. 나는 조선사람을 위한 외국어학교를 하나도 허용치 않은 것으로 알고 있다.

나는 소양통에서 봉의산 쪽으로 올라가는 데에 있는 이모님 댁쪽으로 갔다. 그 때에는 소양강으로 나가는 길을 소양통이라고 했는데, 지금도 그런지 모르겠다. 춘천에 닿기 전에 속달로 연락할 시간도 없었고, 또 짐을 끌고 우체국을 찾아갈 수도 없었다. 그 때에는 전보나 장거리전화도 모두 우체국에서 취급하고 있었다. 또 역까지 나오시게 하는 것도 죄송해서 연락을 하지 않았다. 그래서 택시를 타고 혼자서 이모님 댁을 찾아갔다. 문을 두드리니까 이모님이 먼저 나오셨다. 나를 보고 놀라시고 나를 껴안고 내가 돌아오지 못할 줄 알았다고 하시면서 눈물을 흘리셨다. 좀 있으니까 이모부가 직장인 군청에서 돌아오셨고, 사촌들도 학교에서 돌아와서, 떠들썩하게 오랫동안 여러가지 이야기들을 나눴다. 그제서야 꿈이 아니고,

"아아, 내가 이제는 정말 돌아왔구나!"

하는 감을 절실히 느꼈다. 이야기하는 동안에 춘천도 미군의 폭격을 받지 않았고 조선은 폭격의 피해가 별로 없었다는 말도 들었다. 나도 그제서야 그런 것을 알고 서울이나 춘천서 조금도 폭격의 자취를 보지 못한 것이 생각이 났다. 물론 일본과의 대조가 너무 현저해서 참 잘되었다고 생각했다. 후에 안 일이지만 미군은 일본의 교토(京都)와 나라(奈良)는 문화재가 많은 도시라는 이유로 폭격을 안 하고, 조선은 적이 아니니까 폭격을 최소화했다는 말이었다. 물론 소련군은 태평양전쟁이나 대동아전쟁에도 참전 안 하고 있다가, 미국이 8월 7일에 원자탄을 일본에 투하하니까, 8월 10일에 즉시 대일선전포고를 하고, 종전 며칠 전에 북한에 진입했다. 스탈린은 그런 간교하고 교활한 인간이었다.

나는 전에 말한 바와 같이 미지수의 소련군과 공산당을 두려워했다. 공산주의 이론은 좀 알고 있었고, 소련의 절대독재정치가 수백만 명을 숙청했다는 것도 알고 있었다. 그래서 그런 무서운 체제는 멀리하고 싶은 생각이 강해서, 나는 38선 바로 북에 있는 고향에 들어가기를 꺼리고 며칠 이모댁에 있었다. 내가 미국에 와서 알았는데, 스탈린은 1920년대에 우크라이나에서만도 수백만 명의 죄 없는 백성을 굶겨 죽였다는 것이었다. 또 그 후 이것에 관한 책도 나왔다.

이, 삼일 동안 이모부와 여러가지 이야기를 하고 있는 동안에, 나의 심정을 짐작하고 아버님께 연락을 하셨는지, 이틀 후에 별안간 아버님이 나타나셨다. 나는 당황해서 큰절을 올리고 내 심정을 말씀드렸더

니, 아직은 북한에 공산체제가 확고하게 설립되고 있지 않고, 어머님과 동생들이 기다리고 있으니 집에 들어가자고 말씀하셨다. 두서너 번 다음과 같이 대화하던 것이 생각이 난다.

"그 공산당 놈들도 조선사람들이고 또 그들도 인간이 아니냐?"

"글쎄요. 그래도요."

"그 사람들도 인간인데, 같은 핏줄의 사람들한테 그리 가혹하게 굴겠니?"

그 당시에는 그렇게 생각하는 사람들이 의외로 많았다. 나는 자세한 통계는 없지만 이런 생각을 하다가, 공산분자들에 의해서 희생되거나, 도탄에 빠진 사람들이 한반도뿐만 아니라 온 세계에 수억 명이 있으리라고 생각한다.

나도 처음에는 '그들도 인간인데' 라는 생각이 들었지만, 결국에는 그들에 대해 좀 아는 것이 있어서 그런 의견을 철저히 반대하게 되었다. 내가 이북에서 피신해 나오지 않았으면 지금쯤은 그들한테 살해당했을 것이다. 여하간 이북에도 공산체제는 처음 수개월 동안은 확립되지 않아서 공산당의 진상이 나타나지 않았고, 별로 가혹한 정치가 실시되고 있지 않았다. 나는,

'하루 바삐 어머님을 가뵈어야지. 벌써 내가 불효를 하고 있구나!' 하고 즉시 이북으로 가기로 했다. 지금 한국에서는 효도의 미덕이 없어져 간다는데 참 유감천만이다. 미국에 있는 한국 이민들을 보면 부모 모시는 것이 미국사람들보다 나을 것이 없다.

아버님은 말씀하셨다.

"나는 산을 타고 나왔다."

"산은 안전한가요?"

이것은 물론 공산분자들에게 잡히지 않느냐는 말이었다.

"괜찮더라. 산을 모두 지킬 수 있겠니?"

"저도 그럼 산으로 갈까요?"

"너는 강변길로 오려무나. 고향으로 돌아가는 군인들은 문제가 없다더라. 길을 안 가고 개울을 건너가는 사람들은 쏜다더라."

"그럼 짐도 있으니까 그렇게 하겠습니다."

"아니다. 짐은 거의 다 뺏는다더라."

그래서 나는 짐의 대부분을 두고, 배낭에 좀 필요한 물건과 선물을 넣어서 짊어지고, 아버님이 말씀하신 대로 강변길을 통해서 가기로 했다. 춘천에 더 오래 있을 필요도 없었다. 그 이튿날 아침 일찍 인사를 하고 이모님 댁을 떠났다. 양구쪽으로 가는 버스를 타고 경계선에서, 1마일쯤 남쪽에 있는 종점까지 가서 남은 길을 터벅터벅 걷기 시작했다. 지금 사람들은 10리, 20리를 걷는다면 이상하다고 할 것이지만, 그 때의 시골에는 버스도 없어서 여러 곳을 가는 데 걸어가는 것이 불가피했었다.

걸어가는 것은 지루했지만 가을이어서 날씨도 좋았고, 좌우로 나타나는 가을 풍경이 아름다워서 그리 힘들지 않았다. 버스로 여러 번 본 풍경이지만, 걸어가며 보는 풍경은 오래간만에 봐서 그런지 인상적이고 아름다웠다. 지금은 춘천서 양구까지 가는 길의 계곡은 모두 소양강댐 속에 들어갔지만, 그 때에는 소양강댐이 아직 조성되지 않았을 때였다.

85.
아! 당신은 영어를 배워요!

　점심 때쯤 되어 집도 몇 채 없는 조그만 고장의 다리에 도착했다. 경계선에 콘크리트로 된 다리가 있었는데, 이쪽에는 미군이 한 사람 서 있었고, 저쪽에는 소련군 두 사람이 서 있었다. 겁이 날 수밖에 없었다. 돌아가서 산을 탈까 하는 생각도 났지만,

　"남자가 무엇을 그렇게 무서워하느냐?"

라는 생각이 들어서 그냥 계속해서 걸어갔다. 물론 춘천에서 평복으로 갈아입고, 일본에서 돌아오는 군인이 아니고 조선에 있던 사람처럼 행세하려고 했으니까, 일본군인 티는 날 리가 없다고 생각했지만, 그것이 큰 오산이었다.

　조그만 다리에 이르니, 파란 눈의 젊은 미군사병 한 사람이 서 있었다. 나는 그의 파란 눈을 보면서,

　"저런 눈으로 볼 수가 있는가"

하고 속으로 의심했다. 그 미군이 외쳤다.

"Where are you going?(어디 가요?)"

물론 그만한 것은 알아들을 수 있었다. 고등상업학교에서 케인스
(Keynes)의 경제이론을 영어원서로 배운 정도였으니까 이만한 말이야
알아듣지만, 부끄럽게도 회화는 한마디도 제대로 못하는 것이 실정이
었다.

"I go home.(나는 집에 가요.)"

"Where's your home?(당신의 집이 어디요?)"

"Yanggu.(양구)"

그 다음에 뭐라고 떠드는데 알아들을 수가 없었다.

"I don't understand.(나는 알아들을 수 없어요.)"

"Okay.(오케이)"

그리고 미군이 내 짐을 들쳐보았다. 내 배낭에서 영어 회화책을 들
추어내더니 또 말했다.

"Oh, you are learning English?(오, 당신은 영어를 배워요?)"

내가 몇 마디 했는데 그게 영어 같지 않았던 모양인지, 그는 알아듣
지 못한 듯했다. 나는 일본선생들한테서 영어를 배웠기 때문에, 그 일
본선생들이나 그 때의 나의 영어발음은 지금 생각해 봐도 엉터리였다.
일본어는 남양의 여러 언어처럼 모음이 다섯 개밖에 없지만, 영어는
지방에 따라 좀 다르지만 아홉 개쯤 있다. 그리고 일본어는 자음이
영어보다 한 아홉 개쯤 적다. 그래서 일본사람들은 영어발음에 애를
먹는다. 한국어는 지방에 따라 다르지만 여덟이나 열 개의 모음이 있
고, 자음도 일본어보다 한 여덟 개쯤 더 많다. 그래서 일본 선생한테
배운 나의 영어 발음은 조선선생한테 배운 사람들의 발음보다 훨씬

나빴다.

그랬더니 아마 이 미군은 영어책을 가지고 다니는 사람은 처음 보았는지 기쁨을 감추지 못하며 말했다.

"Oh, that's good. You can go.(아, 그거 좋아요. 가도 되요)"

라고 하며 그는 손가락으로 다리 북쪽을 가리키고 그리 가라고 했다. 그 미군이 내가 영어를 공부한다는 것을 기뻐하는 것이 무척 나의 사기를 북돋아 주었다.

그 때에는 물론 강원도 벽촌 중의 벽촌출신이 미국에 와서 학위를 세 개나 따고, 여기서 일생 안이하게 산다는 것은 꿈에도 생각하지 못한 일이었다. 보통학교 2, 3학년 시절에 우리 손씨동네에 손씨가 아닌 장님이 한 사람 살고 있었다. 우리 작은 아이들은 가끔 그 댁에 놀러갔었다. 하루는 그분이 나의 점을 쳐 주었다.

"너는 크면 멀고 먼 나라에 가서 돈도 많이 벌고, 거기 여자한테 장가 갈 거다."

그 때에 마을에서는 '결혼'이라는 말은 별로 쓰지 않았다. 나는 이 사람이 무슨 미친 소리를 하나 하고 귀담아듣지 않았다. 그러나 이제 보니 그 장님이 한 말이 대부분 맞아 들어간 것이다. 구약성서에서는 악귀도 예언을 할 수 있으니까 점쟁이한테 가지 말라고 했다. 영계라는 것은 참 무서운 세상이다.

나는 나의 생애를 돌아다볼 때 숙명론자가 되지 않을 수 없었다고 앞에서 여러 번 말했다. 기독교인이 된 후 성 어거스틴(354~430)이 주장하고 존 칼뱅(1509~1564)이 다시 해석하고 주장한 장로교의 예정론(豫定論)을 믿는 것도 그런 배경이 있었기 때문이라고 생각한다.

여하간 미국에 살다가 오래간만에 고향을 찾았더니 그 곳은 휴전선에서 너무 가까워서, 휴전선 방위에 필요하다고 집들을 모두 허물었다. 그 장님도 어디 갔는지 알 수도 없고 모든 것이 참 섭섭하고 아쉬웠는데, 결국 이것도 모두 우리 손씨의 운명으로 돌릴 수밖에 없었다.

나는 소련인들도 인간들이니까 너무 무리하지는 않겠지 하고, 그 작은 다리를 용기를 내서 건너갔다. 내가 이 다리에서 생각한 것과 같은 생각을 하다가 수많은 사람들이 죽게되리라고는 상상도 못했다.

86.
독약인지 먹어보아라!

　다리를 건너가니까 이상한 군복을 입은 소련군인 두 명이 서 있었다. 나는 그들앞에 섰다. 그들은 나를 쳐다본다. 나는 전에 소련인을 한 사람도 본 일이 없어서 그들이 무섭게 보였다. 그 둘은 아무 말도 안 하고 이상한 눈으로 나만 빤히 쳐다보고 있었다. 한 사람은 눈이 파랗고, 또 한 사람의 눈은 누랬다. 나는 미군을 조금 전에 만났을 때에 생각한 것과 같이,

　"저들이 저런 눈으로 볼 수가 있으니 참 이상하다"
라는 생각이 또 들었다. 동양에서는 까만 눈동자를 좋아하는데, 서양에서는 그것을 좋아하지 않는 고장이 많다.

　여하간 나는 소련말은 한 마디도 못해서 그저 벙어리처럼 서있을 수밖에 없었다. 그들도 조선말을 못하는 것은 뻔했고 또 통역도 없었다. 어떻게 해야 할지 몰라서 계속 그들을 번갈아 쳐다보고 있었다.

나는 그들의 허락을 받아야 고향으로 갈 입장이어서 마음이 조급해졌다. 왜 미군이나 소련군이나 당시에 통역을 거기 세우지 않았는지 알 도리가 없었다. 미국이나 소련에도 조선어를 할 수 있는 사람이 많이 살고 있었으니까 그것이 가능했으리라고 믿는데, 왜 통역을 안 두었는지 알 수가 없었다. 특히 그런 때에 제일선에서 왕래하는 사람들을 조사하고 통제하는 지점에 통역이 없다는 것은 이해하기가 어려웠다.

사람의 버릇은 참 무서운 것이라는 것을 이 때 체험하게 되었다. 내가 너무 어색해서 당황하고 서 있다가, 무의식중에 소련군에게 일본군대식 경례를 붙였다. 즉각 속으로,

"이것 큰일 났구나!"

하고 후회했으나 어찌할 것인가! 이미 엎질러진 물이었다. 조선사람이 평복을 입고 소련군한테 일본식으로 경례를 하다니! 지금 생각해도 가관이었다. 과거 거의 2년 동안 아침저녁으로 내무반 밖에만 나가면 바쁘게 하던 것이 일본군대식 경례이었다. 일본군에서는 이등병은 내무반 밖에서는 일등병에게도 경례를 해야 했다. 또 진급함에 따라 그 반대로 하급사람들한테 경례를 받고 모두 깍듯이 답례해야 했다. 그래서 내무반 밖에만 나가면 종일 경례로 지내다시피 했다. 그 버릇 때문에 나는 당황하고 어쩔 줄 모르다가, 무의식중에 소련군 두 사람에게 일본군대식 경례를 붙였으니 어처구니없는 짓이었다. 지금 생각해도 내 일생 그렇게 어리석은 짓을 한 적이 없다.

그랬더니 그 중의 한 사람이 놀란 듯한 표정을 했다가, 잠깐 싱그레 웃으면서 손짓으로 나를 어디론가 가자고 하며 끌고갔다. 나는 희생의 제물이 될 양처럼 그저 끌려갈 수밖에 없었다. 거기는 집이 많지 않은 한강 서쪽에 있는 곳이었는데, 그는 맨 뒤의 산쪽에 있는 으슥하고

조그마한 집으로 나를 끌고 갔다. 나는 '큰일났구나' 하고 최악의 경우에 대한 각오를 하고 그를 쫓아갔다. 그러나,

"호랑이에게 물려가도 정신만 차리면 산다"

라는 격언을 생각하면서 그를 따라서 그 집으로 들어갔다. 그 집에 들어가니까 두 방 사이에 있는 조그마한 마루에 낡은 책상을 하나 놓고, 소련군 하사관 같은 사람이 조선계 통역 같은 여자하고 앉아 있었다. 나는 이번에는 조심해서 경례를 하지 않았다. 그는 나를 또 빤히 쳐다보기 시작했다. 나는 소련군은 빤히 쳐다보는 훈련을 많이 받았나 하는 생각까지 했다. 옆에 있던 통역이 기어코 입을 열고 나한테 냉정한 목소리로 조선말로 물었다. 조선말을 들으니 좀 마음이 진정되는 것 같았다.

"어디 가요?"

"고향에요."

"고향이 어디요?"

"양구요."

"아, 양구요?"

"예."

"일본군대에서 돌아오는 길이지요?"

"예"

"계급이 무엇이었어요?"

나는 난처했다. 소위라고 해도 좋지 않을 것 같고, 거짓말을 했다가 후에 발각되면 더 나쁠 것 같았다. 거짓말을 해도 그들이 돌아오는 사람들의 배경을 다 조사하지도 못했을 터이지만 나는 속이지 못했다. 왜 속이지 못했는지 모르겠지만, 아마 속이는 것에 익숙하지 못했던

모양이었다. 나는 그 때 매를 맞더라도 먼저 맞는 것이 좋다고 생각하고 대답했다.

"소위였어요."

그랬더니 그들은 또 나를 빤히 쳐다보았다. 나는 빤히 쳐다보는 것이 곤란했다. 그러더니 통역이 내 짐을 들쳐보기 시작했다. 나는 영어책을 가지고 트집을 잡으면 어떻게 하나 하고 걱정이 되었으나 그것에 관해서는 아무말도 없었다. 너 들쳐보더니, 통역이 내 짐 속에 있던 소화제와 물 한잔을 들고 왔다. 나는 이게 또 무슨 일일까 하고 걱정이 됐다. 나는 어려서부터 소화가 잘 안 돼서 소화제를 늘 가지고 다녔다. 통역이 나한테 물었다.

"이것이 무엇이요?"

"소화제예요."

그는 이상한 표정을 해서, 그가 '소화제'라는 말을 이해하지 못한 것 같았다. 그리고 그는 말했다.

"이것을 먹어 봐요!"

나는 그것을 먹어 보라는 이유를 짐작은 했지만 그것을 물어볼 용기도 나지 않았다. 그 다음에는 내 짐에 사탕봉지가 몇 개 있었는데 한 봉지에서 하나씩 꺼내서 나한테 먹어보라고 했다. 물론 나는 하라는 대로 했다. 그리고 그들은 나하고는 아무말도 없이, 자기들끼리 이야기하고 들락날락하며 일을 보는 것 같았다. 두어 시간이 지났다. 나는 그 동안 가만히 앉아 있어야 했다. 참 지루하고도 긴 두 시간이었다. 이윽고 통역이 와서 내 얼굴을 빤히 보더니 말했다.

"이젠 가도 좋아요."

"그게 다예요?"

"예. 이젠 가도 돼요."

"고마워요."

그것이 모두였다. 그 밖에는 아무말도 없었다. 그제서야 나는 그들이 내가 먹고 죽거나 병이 나지 않나 하는 것을 지켜보느라고 소화제와 사탕을 나한테 먹어 보라고 한 것이라고 추측했는데, 그것이 옳았다는 것을 확인했다.

나는 화가 조금 났다. 통역은 분명히 조선사람인데 그렇게 냉정할 수가 없었다. 동족이면 조금이라도 웃을 수도 있고, 어조도 좀 부드러울 수도 있을 듯 했으나 그렇지 않고, 처음부터 끝까지 나를 적군처럼 아주 냉랭하게 대했다. 나는 속으로 생각했다.

"만주나 소련으로 간 동족들은 모두 저 모양으로 되어 버리는가?"

내가 일본군인, 특히 장교여서 내가 싫었을른지 모르지만 동포로서는 너무 냉정했다.

그 후 소련계 사람들이 이북에서 정권을 잡고, 이남파와 연안파, 기타 소련파가 아닌 파들을 숙청한 것을 알게 된 나는 이 때의 나쁜 인상이 더 짙어졌다. 김일성은 만주에서 항일투쟁에서 큰 공헌을 한 것처럼 선전해 왔으나, 그는 만주에서 조금 활동하다가 소련으로 가서 소련군의 하급장교로 있던 사람이었다. 이북에 군복을 입고 들어와 소련군에 발탁되어서 이북의 작은 스탈린이 된 자였다. 나는 공산혁명의 역사를 좀 알고 있어서, 소련군의 제일선 초소에 있던 통역이 더 못마땅했는지도 모른다.

나는 그 후, 당시 소련과 중국을 방문하고 그 곳 동포들과 정을 나누고 온 이후, 한국에서는 외국에서 온 동포들을 얕보고 불친절한 사람들이 의외로 많아서 매번 섭섭한 마음을 금할 수 없다. 이것이 또 한국이 경제적으로 발전함에 따라 악화되는 것 같아서 안타깝다. 놀랍게도 외국인들도 그런 인상을 받았다는 사람이 많으니 참 섭섭하다. 우리는 국제사회에 좋은 인상을 주지 못하고 있다는 것을 자성하고, 그 나쁜 점을 시정하도록 노력해야 할 것이다. 외국인의 호의를 사고 그들이 많이 한국을 방문하기를 바란다면 이것을 유의해야 할 것이다.

여기서 잊을 수 없는 다음 일화를 남기지 않을 수가 없다. 몇 해 전에 한 학회에 참석차 연변에 갔을 때에 연길에서 체험한 일이다. 밤 9시쯤 되어 나는 심심하기도 하고 출출하기도 해서 로비로 내려갔더니, 일본에서 온 한국계 여교수 한 사람하고 한국에서 온 여교수 한 사람이 서 있었다. 심심하니 거리구경이나 하고 식당이 있으면 무엇 좀 먹고 오자고 제안했더니, 쾌히 승락해서 셋이 거리로 나갔다. 거리는 벌써 조용하고 불을 컨 상점이나 건물은 별로 없었는데, 디스코장은 두어 개 환하게 불을 켜놓고 있어 소란했다. 중국에도 이런 데가 있는가 하고 놀랐다. 그러나 들어가고 싶지는 않았다. 한참 가니까 한 중년부인이 우리의 말소리를 들었는지 우리에게 조선말로 말을 건넸다.

"어데로 가세요?"

"그저 산책하고 있어요."

"이 어두운 데서 무엇을 하세요?"

"무엇을 좀 먹고 싶은데요."

"조선음식이요, 중국음식이요?"

"아무 것이나 좋아요. 조선음식이 좋겠지요."

"여기서 멀지 않은 데에 조선음식점이 하나 있는데요."

"아, 그래요? 거길 어떻게 가지요?"

"처음 가시는 분들은 어려울 텐데, 제가 그쪽으로 가는 중이니 안내해 드리지요."

"감사합니다. 그러실 필요는 없는데요."

"제가 그리 가는 길이니까 그저 따라오세요."

"정말 감사합니다."

그 부인은 조선말을 잘해서 우리는 놀랐다. 그를 따라서 얼마를 걸어가니까 조선족 음식점이 하나 있었다. 중국에 있는 사람들은 백의민족을 조선족이라고 부른다. 그 음식점은 크지도 않고 그리 깨끗하지도 않았지만, 한 50세쯤 되어 보이는 부인 두 사람이 우리를 반가이 맞았다. 일을 마치고 문을 닫으려고 했다가 우리 때문에 닫지 않는다고 했다. 우리를 데리고 온 부인은 음식점의 부인들에게 우리를 잘 대접하라고 하고 나갔다. 그 곳의 부인들은 우리하고 이야기를 좀 하다가 주문을 받아 가지고 안으로 들어갔다. 잠시 후에 주문한 것을 준비해 가지고 나왔는데 맛이 기대 이상으로 좋았다. 우리가 맛있게 먹으니까 우리한테 물어 보지도 않고 이것저것 여러가지 더 내왔다. 다 먹을 수도 없었지만 권하는 대로 이것저것 시식을 하고, 내가 계산을 하려고 하니까 돈을 안 받았다. 아무리 내겠다고 해도 받기를 끝까지 거절했다. 나는 이런 일을 당해 본 일이 없어서 당황해서 계산을 하려고 했으나 내가 지고 말았다.

정답게 이야기를 좀더 하다가 일어나 가려고 했더니, 두 부인이 우리가 거절하는데도 멀리 있는 우리 호텔까지 안내해 주었다. 그 때에는 거기서 택시를 잡는 것은 생각도 할 수 없었다. 우리는 거닐면서 그 부인들에게 200만 명쯤 되는 중국에 있는 조선족에 관해서 물어 봤다. 다들 잘 있고 모든 조선족들은 한반도가 남북을 불문하고 잘

되기를 빈다고 했다. 반 시간쯤 해서 호텔에 도착했다.

우리는 그분들을 그냥 돌려보내는 것이 미안해서 로비에 들어가서 이야기나 좀더 하자고 하니까 못 들어간다고 했다. 우리는 그 이유를 잘 몰랐다. 그들은 헤어지면서 우리가 다음 날 몇 시에 떠나느냐고 물어서, 아침 7시 반쯤에 떠난다고 대답했다.

이튿날 아침 일곱시 반쯤 로비로 내려가니까, 정문 밖에 전날 밤에 만난 그 두 부인이 서 있어서 우리는 놀랐다. 들어오라고 두세 번 권하니까 외국사람들을 위한 호텔에 옷을 허술하게 입고는 들어가지 못하게 한다고 했다. 그들의 옷차림이 그리 나쁘지도 않았는데, 중국정부가 외국인 접촉을 엄격히 금하는 것이 아닌가 하는 생각이 들었다. 그래서 우리 셋이 정문 밖에 나가서 만났다. 그랬더니 그분들이 크고 뜨끈뜨끈한 떡 보따리를 건네주었다. 나는 감격하고 감사한 마음이 어떻게 북받쳐 오르는지, 사람들이 없으면 그분들을 껴안고 울었을 것이다. 나도 외국을 다니면서 감상적 인간이 되었기 때문이었다. 나는 이런 분들을 우리 집안을 제외하고는 일생 본 일이 없다.

38선에서 만난 소련군의 통역은 아무리 직업이라지만 비인간적이라고 생각하면서, 짐을 들고 나와서 양구읍을 향해 다시 걷기 시작했다. 나의 고향은 방산면인데, 내가 다니던 방산면의 보통학교는 4학년까지만 있어서, 나머지 5학년과 6학년 첫 학기는 50리 떨어진 양구읍에서 하숙을 하면서 학교를 다녔다. 그 후에는 원산으로 옮겨갔다. 이것만 봐도 일본총독들의 조선인 문맹 정책을 잘 알아볼 수가 있다. 이것과 관련해서도 나는 일본인들이 조선 지식인들을 1948년 8월 18일에 몰살하려고 했던 계획을 생각하지 않을 수 없다.

87.

드디어 집에 돌아왔다!
꿈이냐, 생시냐?

아버님과 나는 양구에서 합류해서 거기서 하룻밤을 잤다. 그 이튿날 아침 하루 한 번 가는 버스를 타고 방산면(方山面) 장평리(長坪里)로 갔다. 거기가 좋던 나쁘던 내 고향이다. 그 때 버스가 있는 것도 다행이라고 생각했다. 그 버스는 어떻게 오래 됐는지 고장이 나지 않는 것이 놀라웠다. 서울에서 자란 나의 처는 한 30년 전에 처음 내 고향을 찾았는데, 너무 산골이어서 다시는 안가겠다고 했는데, 그래도 그 후 나를 따라서 그 산악지대를 몇번 찾아갔다.

부친께서는 태평양전쟁이 끝나기 전에 양덕의 사업을 끝내신 다음, 원산 일을 정리하시고 고향에 돌아오셔서, 조그마한 도자기공장을 경영하고 계셨다. 그 곳은 38선에서 가까운 곳인데 이남에 속했으면 얼마나 좋았을 것인가! 그 반면에 부친께서 38선에서 가까운 양구에 와 계시지 않았으면 내 운명은 지금 보다 훨씬 달라졌을 것은 말할 나위도 없다. 설사 부모님이 원산에 계셨더라도 내가 일본에서 귀국 후, 분명히 원산까지 가서 부모님을 찾아뵈었을 것인데, 그러면 내가 이남으로 빠져 나오지 못했을 가능성도 있다. 그러면 내가 어떻게 되었을까 하는 것을 생각하면 아찔하다. 사실 생각조차 하기 싫다.

집에 들어가니 어머님이 나를 먼저 보시고 크게 놀라시며 나를 껴안고 우셨다. 남동생과 여동생도 집에 있었는데 그들도 무척 반가워했다. 나도 죽지 않고 그 지긋지긋한 일본군에서 무사히 고향에 돌아왔으니 그 이상 고맙고 기쁜 일이 없었다. 그와 동시에 나는,

"이게 꿈인가 생시인가"

하며 몸을 꼬집어서 확인할 정도였다. 조금 후에 내가 어머님한테 말씀했다.

"그거 보세요. 제가 떠날 때에 뭐라고 했어요. 죽지 않고 살아 온다고 그러지 않았어요?"

"네가 그러긴 했지만 그걸 누가 알겠니?"

"제 느낌이 그랬고 또 이상하게도 누가 돌봐 주는 것 같았어요."

"그랬니? 오죽 잘됐니?"

동생들한테 들으니까, 어머님은 내가 떠난 후, 매일 밤중에 냉수 한 대접을 떠서 집 뒤의 조그마한 단 위에 올려놓고, 옥황상제한테 내가 살아 돌아오게 해달라고 정성을 다해서 축원하셨다고 한다. 나는 감격하고 감사해서 눈물이 날 지경이었다. 학병의 어머니로서 몇 분이 그렇게 하셨을 것인가! 나는 어머님께 여러 번 감사의 말씀을 드리고, 가지고 온 돈과 얼마 안 되는 짐을 모두 드렸다. 편지를 자주 올려서 내가 장교로 된 것은 전부터 알고 계셨지만, 전패한 일본군이니까 빈털터리로 돌아올 줄 아신 모양이었다. 일본의 패전 전에는 편지가 제

대로 들어갔지만 그 후에는 그렇지 않았다.

내 고향 동네는 면사무소에서 북쪽으로 5리쯤 떨어져 있었는데, 한국전쟁 후에 북한 간첩들이 침입할 가능성이 있고, 그들이 동네사람들을 해칠 우려도 있어서, 집들을 모두 허물어 버렸다. 물론 내가 귀향했을 때는 전쟁 전이니까 그렇지 않았다. 두 가족만 제외하고는 130호가 모두 손씨 집안이었다. 우리의 많은 친척뿐만 아니고 손씨 아닌 사람들도 모두 내가 살아 돌아온 것을 고마워하고 기뻐했다. 나와 보통학교에 같이 다닌 육촌들이 셋째 오촌댁의 뒷채에서 술파티를 벌여 주었다. 그 때 양조장에서는 쌀로 술을 담근 후에 물을 많이 타서 팔았다. 물을 타지 않으면 퍽 독했다. 서양에서는 술집에서 술을 팔 때에 손님이 원하면 물이나 다른 음료수를 타서 주는데, 그 때 조선에서는 이미 물을 타서 팔았다. 물론 찹쌀로 만든 술은 더욱 강했고 물을 타지 않으면 참 독했다. 그리고 그 찹쌀 술독 위에 말갛게 뜬 술은 무척 강한데, 우리 고향에서는 '동동주'라고 불렀다. 내 짐작에는 아마 '동동' 뜨는 술이라는 말 같은데, 그게 아마 옳을 것이다.

나는 육촌형제들이 파티를 해 준 자리에서 기분이 퍽 좋아서 동동주가 그렇게 센 것도 모르고 많이 마셨다. 머지않아 나도 모르는 사이에 떨어져 버렸다. 그 이튿날 아침에 일어나 보니 나는 다른 오촌의 집 사랑방에 누워 있었다. 누가 나를 부축하여 갔겠지만 이상한 기분이었다. 그래도 나는 살아 돌아와서 우리식으로 사는 것이 참 기쁘고 고마웠다.

내가 두어 주일 동안에 술을 마시고 나가 떨어진 것이 두 번째였다. 나는 1948년 이후 보수적 크리스찬 생활을 하려고 해서 술을 한 잔도 안하니까, 그런 일은 물론 그 후에는 다시 또 없었다.

88.
도자기 한 마차분을 바쳐라!

　어느날 저녁에 아버님 말씀이, 양구읍에 주둔 중인 소련군이 대가를 지불할 테니 도자기 한 마차 분을 보내라고 해서, 정성껏 잘 제조해서 한 마차 가득 실어다 주었더니 소식도 없길래 한 번 가보셨는데 상대도 안해주더라는 것이었다. 그들은 결국 그 대가를 지불하지 않았다. 그 말을 들은 사람들은 흉조라고 할까, 장래에 대한 나쁜 예감을 면치 못하겠다고 했다. 그 후 내가 드린 돈이 다행히 조금은 도움이 된 모양이었다.

　소련군들은 미군과 달라서 처음부터 조선인하고 교제도 하고, 술집에 가서 술도 같이 먹고 놀았다고 한다. 진주 초기이고 선봉대로 왔을 터이니까 그런 것을 통제 안 했던 모양이었다. 또 그들이 지방인들과 섞여서 교제하는 것도 나쁜 일은 아니었다. 소련군은 이북을 떠날 때까지 계속 그랬다고 한다. 그 반면에 그들이 시계니, 반지니,

여러가지 물품을 훔치거나 빼앗은 일이 있다는 말을 들었다. 그들은 물론 이북에서 공산체제를 수립하는 데 역할을 한 것은 자타가 잘 아는 사실이다.

89.
할아버지! 할아버지!

　이 일화는 소련군을 헐뜯으려고 하는 것이 아니고, 재미있는 말이어서 하고자 한다. 양구읍에서 있었던 일이라고 하는데, 이것을 여러 사람들한테 들었으니까 실화인 것 같다.

　소련군과는 달리, 미군들은 처음부터 조선인하고 접촉하는 것을 금했다. 특별 허가를 받으면 가능했으나 그것은 하늘의 별따기였다. 지금도 그럴른지 모른다. 예외도 물론 있지만, 50년 동안 한국에 주둔한 미군은 자기들의 부대나 지아이타운(GI Town)이라는 미군부대 옆에 있는 조그만 동네를 빼 놓고는 부대에서 나와 한국을 구경하거나, 한국사람들과의 접촉을 피해 왔다.

　많은 미국 정치가들과 장군, 그리고 제독이 한국은 미국의 동맹국이라고 한다. 공식적으로는 그렇지만 그들이 한국인을 대하는 태도는 미흡한 점이 많다. 이것은 미선교사들이 수십년 동안 쌓아온 친근감을 많이 감소시켰다. 한국이 미군과 체결하고 있는 한미행정협정을 봐도 얼마나 일방적인가를 알 수 있다. 또 한국인들은 이것을 잘 모르는 것 같다. 여하간 요사이 이것들이 좀 좋아졌다고는 한다.

미국의 언론도 마찬가지다. 1988년 서울올림픽 직전에 어느 방송사가 한국에 취재팀을 보내, 개를 잡아먹는 풍습을 자세히 찍어서 부정적인 어조로 반시간 동안 방영했다. 나는 미국에 살고 있으니까 이것을 직접 보고 분노했다. 그들의 진의를 짐작은 하겠지만 서울올림픽 직전에 세계의 관심이 한국에 집중되어 있을 때에 이런 내용을 방영한 것은 파렴치하기 짝이 없다. 이것은 미국뿐만 아니고 여러 나라에 방영되었을 것이다. 이 방송사는 그런 토픽이 아니라도 얼마든지 세계 사람들이 한국에 관해서 알고 싶어하는 것이 많았을 터인데 그런 짓을 했다. 그들은 한국을 나쁘게 보이려고 계획적으로 한 비열한 행위였다. 왜 그들은 말과 달팽이를 먹는 유럽인의 습관이나, 중국이나 다른 나라에서 뱀을 먹는 풍습 같은 것은 찍어서 방영하지 않는가?

그리고 또 한 TV회사가 1993년 말에 그 해의 기념할 만한 일을 뽑아서 방영했는데, 일본황태자의 결혼식을 아주 환상적이었다고 찬양적인 해설을 하고, 미국에 관해서는 클린턴대통령의 피선을 대대적으로 보여 주었으나, 한국에 관해서는 한국역사상 그 해 처음으로 민주적 선거를 통해 당선된 김영삼대통령에 대해서는 언급도 하지 않고, 그 해의 미스코리아는 그 부모가 미스코리아 선발위원들에게 뇌물을 주어서 뽑혔다는 내용의 보도만 했다. 이들은 비문명인들이 아닐 수 없다. 요즈음에는 한국의 발전상을 알게 되어 많이 나아진 것 같기는 하다.

이런 '한국 때리기(Korea bashing)' 분위기는 미국 전역에 퍼져 있었고, 또 그것이 인기였던 모양이다. 그렇기 때문에 몇해 전에 실시된 세계 각국의 신용도에 관한 갤럽(Gallop) 여론조사에 의하면, 미국사람들은 한국을 월남이나 말레이지아보다도 못하다고 평가했다. 미국인들이 이런 태도를 지속하면 자유진영의 지도국이라고 보기는 어려울 것이다.

그러나 이처럼 외국에 대한 혐오현상은 세계 각처에 있으며 같은 나라 안에서도 많이 있는 일이다. 한국도 예외가 아니다. 이런 일은 인류역사상 늘 각국에 있었던 일이어서 구태여 미국인만 비난할 수가 없다. 그러나 여러 미국인들의 한국인에 관한 편파적인 의견이 많은 것은 사실이다. 한국상품이 미국에 많이 수입되기 시작하자 이것은 많이 나아졌다.

소련군 이야기로 다시 돌아가면, 이 사람들은 조선말을 잘 몰라서 조선사람들하고 의사소통이 잘 되지 않았다고 한다. 술을 같이 먹다가 다투기도 한 모양인데, 조선말로 욕을 할 줄 모르니까 소련말을 조금 아는 사람에게 두어 마디 한국 욕을 가르쳐 달라고 부탁을 했다고 한다. 그러니까 이 한국사람이 좀 생각하다가 소련군이 조선말로 욕을 하면 큰 싸움이 벌어질 것 같아서, 다음과 같이 가르쳐 주었다고 한다.

"할아버지! 할아버지! 라고 하면 되어요."

하루는 두 패가 술을 먹다가 싸움이 벌어질 것 같았다. 조선사람이 훨씬 더 많아서 소련군인들은 열세인데도 화가 나니까 주먹을 들고,

"할아버지! 할아버지!"

라고 외쳤다. 그러니까 조선사람들이 하도 우스워서 모두들 '와'하고 웃음을 터뜨렸다. 소련군인들도 큰 소리로 웃고 모두 화해하고 잔치를 계속했다고 한다. 이런 전화위복이 이남과 이북간에도 전개되어 모든

문제가 하루빨리 해결되었으면 얼마나 좋을 것인가? 그래야 나 같은 사람도 하루 속히 내가 어릴 때에 다닌 보통학교와 상업학교 시절에 지냈던 원산과 그 밖의 몇 군데를 방문할 수 있게 될 것이 아닌가? 딱 한번밖에 보지 못한 대동강과 모란봉도 또다시 보고 싶다. 또 하루 빨리 그렇게 되기를 진심으로 빌며 기다리고 있다.

90.
너의 목을 잘라 버리겠다!

　나는 어려서부터 방학 때에 가끔 가서 지내던 한강상류의 백부님의 벽촌을 찾아가서, 어려서부터 사랑해 주신 백부님과 백모님께 큰절을 올리지 않을 수가 없었다. 나는 그 곳에 가서 등산을 하고 천렵을 하면서 지냈을 뿐만 아니라 내가 원산에 가서 학교를 다닐 때에 '원산역 사건'에 관련된 동창생들의 고래회(鯨會)사건에 관련될까봐 피해서 갔고, 서울서 학교 다닐 때에 사상 문제에 관련될 까봐 피신해 가서 1년을 보낸 곳도 거기였다.

　또 나는 어려서부터 나를 친아들처럼 사랑해 주시고 물심양면으로 도와주신 백부모님을 찾아뵙지 않을리가 없었다. 일본군에 가서 갖은 고생을 하고 온 나는 더욱 기쁜 마음과 감사하는 마음으로 가서 인사를 올리는 것이 당연한 것으로 생각했다.

　귀향한 두어 주일 후에 백부님 마을을 향해서 도보여행을 떠났다.

한 시간쯤 걸어서 천미리(千尾里)에 도달했다. 천미리는 지금의 평화의 댐 동쪽 높은 산 속에 있는 조그만 마을이다. 내 고향인 방산에서 백부님이 계신 곳에 가려면 그 곳을 넘어가는 것이 지름길이었다. 그 곳에는 그 때 평화의 댐은 물론 없었고 호랑이가 출몰한다는 높고 험한 고개를 넘어야 했다. 다행히 나는 그 고개를 여러 번 넘었지만 호랑이는 한 번도 본 일이 없었다. 물론 호랑이는 나를 혹시 보았을른지는 모르겠다.

그 고개를 넘어 한강상류로 내려가서 강을 따라 북쪽으로 올라가기 시작했다. 늦가을 천고마비의 날씨여서 북한강 유역의 풍경은 절경이었다. 하늘과 강의 푸른색은 짙고, 산은 단풍으로 덮이고, 인가와 사람들이 별로 없는 자연 중의 자연이었다. 나는 정서적인 사람이기는 하지만 여러가지 이유로 정서생활을 못하고 있을 때여서 만족할 만한 시가 나오지 않는 것이 안타까웠다.

서너 시간 후에 조그만 백부님의 마을에 다다랐다. 내가 들어가니까 모두들 놀라셨다. 백부모님은 내가 죽지 않고 살아 귀향한 것을 무척 기뻐하시며, 나를 전보다 몇 배 반가워하셨다. 나는 그 때 직장이 있는 것도 아니고, 적당한 직장이 나를 기다리는 것도 아니어서, 거기서 양조장 일을 도와드리면서 한 서너 주일 지내기로 했다. 이번에도 거기서 쉬면서 시골 정서를 잘 즐겼다.

그런데 거기서 하루 이틀 지내고 있는데, 마을 사람들한테서 기대치 않은 말을 들었다. 만주와 이북이라고 불리는 곳에서 일본으로 가는 일본 피난민들이 지나간다는 것이었다. 어떤 일본인들은 조선사람들의 보복이 무서워 산을 타고 가다가 10월 말인데도 동사하는 사람이 있다는 것이었다. 강을 타고 오는 사람들은 동사는 안 하지만 식량이 부족해서 고생을 꽤 한다고 했다. 그들은 조선사람에게 시계나 옷 같은 것을 주고 먹을 것을 좀 얻어 가지고 남하한다고 했다. 그들 중에는 내가 존경하는 다나카 선생, 신키 교수, 오노우에 병장처럼 훌륭한 사람들도 있을 터이니, 그들을 일괄적으로 취급할 수는 없었다. 그렇다고 누가 악질이었고, 누가 아닌지, 단시간 내에 알아낼 수도 없었다. 그래서 마을사람들은 측은한 거지같은 그들을 인정상 조금씩 도와서 보냈다.

그런데 2, 3일 후에 동장과 동민들이 나한테 와서, 못된 일본사람이 한 명이 있으니 어떻게 하면 좋겠느냐고 상의했다. 나의 배경을 보고 그들은 나를 그들의 지도자로 생각하고 있는 모양이었다. 그들 중에는 내가 출정하기 전에 나를 위해서 술잔치를 베풀어 준 사람들도 있었다.

"왜놈 한 놈이 아주 고약한데 어떻게 할까요?"

"왜요?"

"그놈이 어떻게 거만한지 아무말도 안하고 대꾸도 안해요."

"거만한지 어떻게 알아요?"

"그놈의 얼굴과 태도를 보면 알아요."

"그래 말을 안해요?"

"예, 한 마디도 안해요."

"그럼 내가 가서 말해 보지요."

그 동네 사람들 중에는 일본말을 좀 배워서 쉬운 말을 하는 사람이 몇 명 있는 모양이었다. 나는 곧 강가로 나가 봤다. 거기 가보니 일본인 치고는 키가 조금 크고 홀쭉한 35세쯤 돼 보이는 놈이 바위 위에 앉아 있었다. 내가 이것저것 물어봤지만 오만한 표정으로 일절 대답을 하지 않았다. 나는 격분해서 마을사람들한테 그를 백부님 양조장의 한 방에 감금하라고 했다. 그 놈을 감금한 후에 나는 그를 다시 만나서 말을 해 보려고 했다.

"어디서 오시오?"

"……"

"직업이 무엇이었소?"

"……"

"며칠째 여행을 하고 있소?"

"……"

"먹을 것은 있소?"

"……"

"혼자 오는 것이오?"

"……"

"왜 말을 안하는 거요?"

"……"

나는 이것저것 물어 봤으나 그는 끝끝내 아무말도 안 하고 대답을 피했다. 나는 그를 하루 더 유치하기로 하고 먹을 것을 주었다. 그 다음 날 그 놈하고 말을 다시 해봤으나 마찬가지로 입을 열지 않았다. 나는 화가 복받쳐 오르는 것을 억지로 참고 위협을 해봤다.

"너 같은 놈은 헌병 아니면 악질 순사이었음이 틀림없다. 그렇지 않아?"

그러나 그는 한 마디도 없었다. 얼굴에도 아무 반응도 없었다. 나는 화를 억제 못하고 소리쳤다.

"너는 그런 놈에 틀림이 없으니까, 네가 해명하지 않으면 너의 목을 잘라 버리겠다!"

"……"

"알았어?"

"……"

"내가 내일까지 기다릴 터이니 잘 생각해 봐!"

"……"

일본인들은 역사적으로 일본도로 사람을 많이 죽여서, 목을 자르겠다는 위협을 많이 하니까 나도 그런 말을 써 봤다.

그 이튿날 아침에 다시 그를 만나 봤으나 역시 대답이 없었다. 또 하루 기다리기로 했다. 그러나 다음 날도 마찬가지였다. 마을 사람들이 와서 묻는다.

"저 놈을 어떻게 할까요?"

"글쎄, 어떻게 할까요?"

"죽여 버릴까요? 죽이고 끝내 버리지요."

"글쎄 나도 죽이고 싶지만, 누가 죽일 거요?"

"……"

이렇게 물어 보니까 한 사람도 나서는 사람이 없었다. 나도 물론 사람을 죽여 본 경험도 없고, 또 죄상도 모르면서 인간을 죽일 만용도 없었다. 나는 그놈이 큰 죄를 졌어도 한 인간으로서 그를 죽이지 못했을 것이다.

"그러면 어떻게 하면 좋겠소?"

"글쎄요……"

"그놈의 죄상도 모르고 죽일 수도 없지 않소!"

나는 그들을 타이를 수밖에 없었다. 나의 오랜 경험에 의하면 어느 사람과도 말다툼을 하면 안 되고, 잘 상의하거나 좋은 말로 타이르면

말을 잘 듣는 것으로 알고있다. 그 때의 형편으로서는 타이를 수밖에 없었다.

"우리가 싫다고 그저 죽일 수는 없지 않소."

"그렇긴 허구먼요."

"나는 그 놈을 죽일 수 없으니 말씀들 해 보시지요."

"글쎄요"

"그 녀석을 한없이 감금해 둘 수도 없지 않소. 또 그 놈 한 놈을 죽였다고 큰일을 하는 것도 아니고. 그럼 이렇게 합시다. 내가 잘 타일러서 보내기로 합시다."

그 사람들은 서로 상의하더니 내 의견에 동의했다.

"그렇게 하는 것이 좋겠어요."

모두 보통학교 정도의 교육도 못 받은 비교적 젊은 사람들이었다. 그 때에 시골에는 4년제의 보통학교가 한 면에 하나쯤밖에 없었다. 나는 그 사람들이 몰상식하게 나오면 어떻게 하나 하고 속으로 걱정을 했지만, 그들도 상식이 충분히 있다는 것을 다시 알게 되었다. 물론 그들하고 방학에 거기 쉬러 갔을 때마다 만나서 말을 많이 해 봤으니까 그들이 몰상식하지 않다는 것은 알고 있었으나, 이런 못된 일본인을 취급할 경우에 그들이 어떻게 나오나 하고 걱정이 안 되는 것도 아니었다.

나는 그 이튿날 그 일본인하고 대화를 하려고 했으나 이전 모양으로 아무 반응도 없었다. 나는 그가 듣던 안 듣던 말하지 않을 수 없었다. 나는 그에게 조선인도 일본인과 똑같은 인간이고, 인간이 인간을 착취하고 학대하는 것은 정당치 못한데, 일본인들은 한반도와 만주에서 거의 반세기 동안 무력으로 제압 통치하고, 말못할 학살·학대·착취를 반복했다는 것을 설명해 주었다. 그리고 일본이 조선에서 한 그런 나쁜 짓은 상상 이상으로 많다는 것도 강조하고, 그것이 나쁘다는 것을 모르는 무지막지한 자가 있을 것이지만, 결국 역사가 그들이 잘못되었다는 것을 증명해 줄 것이라는 것도 역설하고 끝을 맺었다. 그렇게 말하고 나니까 내 속이 좀 시원해졌다. 그러나 그의 얼굴에는 아무 반응도 없어서 그가 그것을 잘 알아들었는지 알 수가 없었다.

그리고 그에게 먹을 것을 조금 주어서 석방했다. 그는 먹을 것을 주었더니 고마운 눈치였지만 끝까지 고맙다는 말을 못하고 떠났다. 그의 성격과 인생관이 얼마나 왜곡된 것인지를 알 수 있었다. 그가 그 후 인생관을 정리하고 일생을 뜻있게 보내기를 기원할 뿐이었다.

나는 그 후 열흘쯤 더 머물다가 집으로 돌아왔다. 나는 그 곳을 다시 돌아가 보지 못했다. 백부님의 가족은 뿔뿔이 흩어졌지만, 나는 다시 가보고 싶다. 그렇지만 북한 정부가 폐쇄정책을 유지하는 한 갈 수가 없다. 백부님은 그 후 이남으로 오셨지만, 왜 가족을 데리고 오시지 않고 혼자 남으로 내려오셨는지 알 수 없다. 내가 미국에 있다가 한국을 처음으로 방문하기 전에 돌아가셔서 그 이유를 잘 모른다. 백부님는 이남에 오셔서 노년에 다시 결혼하고 가정을 이루어 아이들도 셋을 보셨다.

91.
작업반장 돕던 사람
밑에서 일하라!

북한정부의 체제는 서서히 설립되기 시작했다. 문등(文登)이라는 우리 고향에서 멀지 않은 곳에 있는 광산에서 반장으로 일하던 사람이 방산면의 면장이 되고, 그를 돕던 사람이 무슨 과장으로 일한다는 소문이 돌고 있었다. 조그만 고장이니까 그 소문이 틀림없었을 것이다.

김성(金城)에서 돌아와서 도자기공장의 일을 조금씩 도우면서 쉬고 있는데, 어느날 면사무소에서 일하는 사람이 우리 집에 와서 나한테 말도 하지 않고 아버님한테 말씀드렸다.

"아드님이 면사무소의 김과장을 도와 일을 좀 해주시지요."

"김과장이 누군데요?"

"호적같은 서류를 취급하는 분이에요."

"아, 그래요? 예, 그러라고 하지요. 그런데 그 아이도 일본군에 가서 고생을 오래 하고 돌아왔으니 쉴 시간을 좀 더 주는 것이 어떨까요?"

"그러지요. 아드님께 그렇게 말씀해 주세요."

"예. 그렇게 말해 보겠습니다."

왜 그 사람이 밤에 와서 아버님하고 말을 하고 갔는지 모르겠지만, 하라는 것을 거절하면 어떻게 될른지 잘 아시는 터이어서, 아버지는 거절은 못하시고 그렇게 하시겠다고 대답하시고 그를 돌려보내셨다. 이 일에 관해서 아버님은 밤새도록 곰곰이 생각하셨을 것이다. 다음날 아버님이 나한테 말씀하셨다.

"야, 면사무소에서 어젯밤에 사람이 와서, 너보고 김과장하고 일해 달라더라."

"그 사람이 누군데요?"

"호적 같은 서류를 취급하는 모양이더라. 그 사람은 또 문등 광산에 서 반장 노릇을 하던 사람이라고들 하더라."

"공부는 좀 했나요?"

"보통학교는 나왔을 거 아니냐? 그렇지 않으면 그런 일을 하겠니?"

"면장도 문등광산에서 반장이던 사람이라고들 하던데요."

"나도 그런 소문을 들었다."

"죄송합니다. 저는 그런 사람들하고는 일 못하겠습니다."

"그럼 어떻게 하겠니?"

"생각해 보겠습니다."

"빨리 결정해서 나한테 알려 다오."

"예. 그러겠습니다."

아버님에게서 그 말을 듣고 오래 기다릴 필요도 없었다. 나는 바빠 졌다. 나는 공산독재체제가 어떤 것인지 조금은 알고 있어서, 그 시골

구석 광산에서 반장하던 사람들 아래에서 일할 수는 없다고 생각했다. 그래서 이남으로 내려올 각오를 했다. 그 날 오후 나는 아버님께 나의 의도를 말씀 드리고 내가 이남으로 피신해도 좋다는 허락을 받았다. 부모님은 도자기공장을 처리할 길이 없고, 버리고 가기도 어려워서 이남에 가는 것을 보류하시고, 사태가 어떻게 되어 가는지 보시겠다고 말씀하셨다. 나는 가족을 그냥 두고 나만 도망하는 것이 죄송하고 불안해서 그런 말씀을 드렸더니, 아버님 말씀도 여러 사람이 하는 말과 비슷했다.

"그놈들도 사람들이지, 설마 재산을 마구 뺏고 사람을 함부로 죽일 리가 있겠니?"

그러시고 또 한마디 붙이셨다.

"나야 부자도 아니고, 지식인도 아니고, 시골구석에서 조그만 공장을 하나 하고 있을 뿐인데, 우리한테 손을 댈려구?"

이런 생각을 하는 사람이 퍽 많았는데, 그렇게 생각하고 이북에 남아 있다가 희생된 사람들이 뜻밖에 많았다. 그것이 큰 오산이라는 것은 그 후의 역사가 잘 증명해 주었다. 내가 월남한 후에 아버님은 산을 타고 춘천에 몇번 나오셨는데, 공산정부가 기어코 공장을 빼앗고, 아버님을 공장 경영자로 임명했다고 하셨다. 그래서 이북에 남아 있던 식구와 친척들은 둘째 오촌가족들을 제외하고, 북한공산군 남침시에 죽을 고생을 하며 이남으로 내려왔다. 남동생이 후에 말한 바에 의하면, 한국전쟁 중에 아버님과 동생의 온 가족이 모든 것을 포기하고 월남할 때에, 모두가 며칠 굶은 일도 있었고, 여동생이 행방불명이 되기도 하고, 별의 별 고생을 많이 당했다고 한다. 전쟁 후에 우리 가족도 몇 백만명의 피난민처럼 맨주먹으로 다시 살림을 시작해야 했다. 여동생은 다행히도 그 후에 대구에 살아 있다는 것을 알게 되었다.

92.
고향을 떠나다

　그래서 나는 수일 내에 월남할 준비를 서둘렀다. 우리 손씨 문중에 나한테는 오촌이 되는 만석꾼 부농형제가 세 분 계셨다. 만석꾼이라고 했지만 적어도 1년에 몇천 석의 수확은 있는 듯하고, 여러 면에 전답을 가지고 계셨다. 그 중의 셋째 오촌은 좀 견문이 있는 분이어서, 전답을 서둘러 처분하시고, 이미 이남으로 전가족이 이주하셨다. 첫째 오촌과 둘째 오촌은 이남으로 이주하기를 거절하셨다.

　"그놈들도 인간인데 우리를 망치겠느냐, 죽이겠느냐? 우리가 무슨 죄를 졌느냐?"

　그래서 나는 그분들한테 다시 의견을 드렸으나 또 거절당했다. 그러던 중 공산당이 편성한 보안서가 사람들을 보내서 오촌들의 집을 뒤지고, 한 달쯤 먹을 음식물과 의복 몇 벌씩을 내놓고, 모두 봉한 뒤 낙인을 찍고 갔다는 것이었다. 이것 때문에 큰 오촌은 변심하시고 이남으로 이주하기로 결심하셨다. 그리고 이남으로 갈 준비를 시작했지만, 가운데 오촌은 그래도 남아 계시겠다고 하시며, 큰 기와집에서 작은 초가집으로 이사하시고 이남으로 이주하는 것을 끝까지 거절하셨다.

나는 첫째 오촌을 모시고 이남으로 넘어가기로 결심을 한 후에, 부모님 외에는 아무한테도 말하지 않고 준비를 서둘렀다. 다만 내가 떠난 다음에 생길 일에 관해서 아버님은 밤새도록 곰곰이 생각하셨을 것이다. 나는 부모님께 피해가 오지나 않을까 하는 고민이 있었지만, 아버님께서는 별로 큰일이 없을 터이니 하루 빨리 이남으로 가라고 말씀하셨다. 그렇다고 걱정이 안 되실 리가 없었다.

큰 오촌의 여남은 식솔과 부농의 살림세간을 이전한다는 것은 쉬운 일이 아니었다. 식구만 해도 열 명이 넘었다. 짐꾼 한 삼십 명을 선정하고 그들을 함구시킨다는 것은 용이한 일이 아니었다. 버릴 것은 다 버렸는데도 짐이 많았다. 그러나 모두가 이 일을 2, 3일 안에 잘 해냈다.

어느 늦은 가을, 새벽도 되기 전에 나는 부모님과 동생들에게 작별 인사를 하고 집을 나섰다. 나는 일본군대에 들어갈 때와는 달라서, 그 후 어머님을 몇 번밖에 못 뵙는 것이라는 것을 알 도리가 없었고 어머님도 모르셨다. 어머님하고 나는 내가 학병으로 끌려갈 때에는, 내가 죽지 않고 돌아온다는 예감이 있었다. 그러나 어머님이나 나도 이번에는 이것에 대해서는 아무 예감도 없었다. 나를 위해 오래 고생하시고 내가 입대 후, 거의 2년 동안 하루도 빼지 않고 한밤중에, 내가 죽지 않고 살아오기를 옥황상제에게 정성을 올리신 어머님을, 그 후 몇 번밖에 못 뵙는다는 예감도 없었다는 것이 이상할 정도였다. 나는 미국에 와 있어서 어머님이 뇌일혈로 별안간 돌아가시는 바람에, 임종도 지키지 못한 한이 항상 마음 한구석에 슬프게 맺혀 있다. 누우신 지

2, 3일 후에 돌아가셔서 그 전에 귀국을 할 수가 없었다. 어머님은 돌아가시는 순간까지 내 이름을 부르셨다고 한다. 이것이 내 마음에 일생 묻혀 있다.

93.
아이구! 허리가 빠질 뻔했다!

이렇게 나는 어머님을 마지막으로 뵙고 고향을 떠났다. 나는 새벽 일찍 일어나서 큰 오촌 10여 명의 가솔과 약 30명의 짐꾼들과 함께 30여년 동안 보지 못할 고향을 떠났다. 고향을 다시 보리라고는 믿었지만 이렇게 오래 못 보리라고는 생각도 못했다. 고국이 그리 오래 분단되리라고는 아무도 생각지 못했었다. 그리고 내가 태어난 마을은 휴전선에서 너무 가까워서 한국군이 무장간첩들이 숨어 들까봐 집들을 모두 헐어 버렸으니, 사실 고향을 다시 못 본 격이다.

큰 오촌은 내가 일본군에서 소위였다는 것을 아시고, 육촌들이 있는데도 나에게 일행을 지휘할 것을 무언 중에 맡기신 것처럼, 매사 나에게 의견을 물으셨다. 50여 명을 지휘해서 50리쯤을 은밀히 이동하는 것은, 내가 군대에서 돌아온 지 얼마 안 되어 그런지 어렵게 느끼지 않았다.

방산면을 벗어나서 화천댐으로 향해 갔다. 그 때에는 소양댐은 없어도 화천댐은 이미 구축되어 있었다. 약 50여 명이 새벽이라 할지라도 농촌에서 남의 눈에 뜨이지 않게 여행한다는 것은 용이한 일이 아니었다. 서너 사람씩을 10분 간격을 두고 출발시키는 데에만 두어 시간이 걸렸다. 나는 맨 마지막 그룹하고 같이 걸어서, 방산면 서쪽에 있는 높은 고개를 넘어, 화천댐 부근에 가서 합세했다. 한 사람도 짐을 가지고 도망한 사람은 없었다. 그 때로서는 그런 짐을 가지고 도망해도 아무런 제재도 할 수 없었다. 다시 말하지만 이 세상에는 선인들이 악인보다 압도적으로 더 많다는 것을 또 느꼈다. 우리는 조그마한 배 몇 척을 미리 약속해 두었는데 다행히 모두 우리를 기다리고 있었다. 우리는 배를 나누어 타고 간격을 두고 댐을 건너기 시작했다. 늦가을 대낮의 호수는 우리의 마음을 모르는 듯 아름답기만 했다. 우리는 그런 것을 감상할 겨를도 없었다.

지나가는 배 두어 척에 탄 사람들이 우리를 수상한 눈치로 보아서 경계를 해야 하겠다고 생각하고, 호수 서쪽에 배를 대고 모두 산 중턱 숲 속에서 밤이 될 때까지 숨어서 쉬기로 했다. 멀리 지나가는 사람들이 가끔 있었지만 우리가 숨어 있는 것은 알아채지 못하는 것 같았다. 우리는 밤이 되어 컴컴할 때까지 거기서 쉬다가 이번에는 모두 함께 줄을 지어서 산을 오르기 시작했다. 우리는 무슨 일이 있으면 모두 힘을 합해서 이북의 국경 경비대원을 제압한다는 각오가 돼 있었다. 우리는 서서히 높은 산을 묵묵히 올라갔다. 꼭 할말이 있으면 속삭이기로 하고 이것을 모두 잘 지켰다. 기어코 우리는 산 정상에 올라서서 큰 안도의 숨을 쉬었다. 한 5리쯤 가면 남한으로 들어갈 수 있는 지점에 다다랐다.

그런데 웬일인가? 이 때 멀리서 두어 사람이 걸어오는 발자국 소리가 들려오지 않는가! 이 경계선에 이북 경비대원이 있다는 소문도 듣고 있었다. 우리는 가까이 오는 발자국 소리가 꼭 그들의 것으로만 생각이 되었다. 서로 말은 안 했어도 모두 그렇게 생각하고 망연자실 주저앉고 말았다. 조금 있더니 그 사람들이 가까이 왔다. 무슨 일이 있으면 그들을 힘으로 제압하겠다는 각오와 상의가 되어 있어서, 나는 일어서려고 했는데 이상하게 도저히 일어날 수가 없었다. 큰 오촌 외의 몇 사람도 일어나지 못했다. 나는 크게 놀라거나 아주 무서운 것을 직면하면 허리가 빠진다는 말이, 우리말에 있고 일본말에도 있는 것을 알고 있었는데, 그 때 비로소 그것을 경험했다. 일본군에서 몇 주일 전에 돌아온 놈, 그것도 소위로 돌아왔다는 놈이 그렇게 형편없는 상태에 빠져서, 매우 부끄러웠지만, 나도 인간이니 어찌할 도리가 없었다.

　　다행히 그 사람들이 아주 가까이 왔을 때에 어둠 속이지만 자세히 보니까, 이남에서 물건을 사가지고 가는 장사꾼들이었다. 그들은 아무 말도 하지 않고 지나갔다. 우리는 그 때서야 겨우 안도의 숨을 쉬고 그 자리에서 일어서서 조금 쉬었다. 우리는 사기를 회복하고 약 5리를 더 걸어서 이남 땅으로 발을 들여놓았다. 그 때의 기분이라는 것은 월남한 수백만 명의 동포가 경험했을 것이다. 그러나 나로서는 잊을 수 없고, 지금도 그 때의 기분을 어제 일처럼 생생하게 기억한다. 억압적 분위기가 가득 찬 사회에서 빠져 나와, 좋든 나쁘든 자유의 공기를 처음 호흡하는 쾌감과 해방된 기분은 이루 형용할 수가 없었다. 이것은 경험한 사람이 아니면 잘 느끼지 못할 것이다.

　　그러나 뒤에 두고 온 부모님, 동생, 친척들을 생각하면 우울하고 불안하였으며, 그분들의 안전과 평안을 항상 마음으로 빌 수 밖에 없었다. 후에 듣기로는 공산당원들이 내 아버님한테 와서 왜 아들을 이남으로 보냈느냐고 책망하기 시작했지만, 아버님이 강경하게 잡아떼셨다고 한다.

"내가 아들이 무슨 생각을 하는지 다 알지도 못하고, 또 그 아이가 이남에 간다는 것은 입밖에도 내지 않아서, 나는 아무것도 모르고 있었소."

그러자 공산당원들도 그 후 아무말도 없더라는 것이었다. 그 때만 해도 북한정부의 초창기였고, 사람들의 의견과 눈치를 조금은 유의할 때여서 큰일이 없었다고 짐작한다. 그래도 내가 그 때 그들의 큰 적은 아니었으니까 별로 문제로 삼지는 않은 모양이었다.

우리는 거기서 잘 수도 없어서, 한 시간쯤 더 걸어서 조금 큰 마을에 닿았다. 그 곳에 여관이 두어 개 있었는데, 우리는 두 그룹으로 나누어 숙박했다. 거기서 해방된 감회를 오래 이야기하고 자유를 만끽하면서 하룻밤을 잘 보냈다.

그 후에 들은 일인데 큰 오촌이 월남한 후, 북에 남아 있던 둘째 오촌은 작은 초가집으로 강제이주되었고, 식량은 조금만 남기고 그 밖의 자산은 모두 압수당했다는 것이었다. 그래도 둘째 오촌은 이북에 그냥 남아 계셨다. 그런데 내가 잠시 춘천서 미군통역일을 하고 있는데, 별안간 아주머님을 동반하시고 둘째 오촌이 춘천에 나타나셨다. 아주머님은 임신중이었는데 시골사람들이 태아를 분만시킬 수가 없으니까, 춘천까지 오셔서 나의 도움을 청하시는 것이었다. 나는 미군의관에게 부탁해서 분만을 시켰는데, 그 태아가 자궁 속에서 이미 죽어 있어서 고생을 하셨던 것이다.

이런 일도 있고 해서 내가 이남에 오셔서 사시라고 설득하였으나 그 오촌은 끝끝내 내 말을 듣지 않으셨다. 슬프게도 그 오촌, 아주머니 그리고 그 집안의 나의 육촌 형제들이 모두 1년 안에 죽고 말았다. 나는 지금도 왜 그 오촌이 월남하지 않고, 온 집안이 1년 내에 죽게 하였는지 이해할 수가 없다. 나는 그분들이 1년 내에 전염병으로 모두 돌아가시지 않았나 추측하지만, 그것을 확인할 길이 없다.

94.
남한생활의 시작

    나는 고향에서 150리쯤 되는 춘천에 도착했다. 이번에는 외삼촌댁에 갔더니, 나를 환영하면서 같이 있으라고 하여 거기서 신세를 지게되었다. 취직을 하려고 여기저기 아는 사람 모르는 사람한테 일자리를 알아 봐 달라고 부탁을 해놓았다. 춘천에 여러 번 와 봤지만 오래 묵은 일이 없어서 낯이 설었다. 하루는 춘천시와 춘성군을 관리하고 있는 춘성군정청에서 좀 보자고 연락이 왔다. 가보니까 접대원이, 그 기관의 군정관이 통역이 필요하다고 알려주었다. 나로서는 문법과 책에 나오는 어휘는 어느 정도 자신이 있었지만 회화와 발음은 전혀 자신이 없었다. 또 미국 사람들의 일상생활에 쓰는 어휘나 회화는 아주 자신이 없었다. 그래서 그런 이야기를 하고 있는데, 어디선지 통역 한 사람이 나타나서 나하고 같이 그 군정관의 방으로 들어가서 군정관과 말을 하기 시작했다. 그 군정관이 나한테 말을 붙였다.

"나는 윌슨(Wilson). 소령이요."

"저는 손종영입니다."

"영어를 좀 해요?"

"회화는 잘 못합니다."

"어느 학교에서 영어를 배웠소?"

"원산상업학교와 경성고등상업학교에서요."

그랬더니 이씨라는 동역관이 놀랐다.

"나도 고상 출신인데요!"

"아, 그러세요. 반갑습니다. 잘 지도해 주십시오."

나는 그자리에서 채용되었다. 그 통역의 동창이라고 하니까 그 군정관이 두 말없이 나를 당장 자기 통역으로 채용하였다. 그러나 문제는 나의 회화능력이었다. 이 선배는 어디서 회화연습을 했는지 강원도 군정관의 통역으로 활약을 잘하고 있었다.

통역은 자주 할 필요가 없어서 어렵지 않았다. 처음에는 잘못 알아 들으면 우리는 서로 종이조각에 써서 통역을 했다. 나는 일을 하지않 는 시간이 많아서 윌슨소령의 부하사병들과 이야기를 하면서 시간을 보냈다. 그들도 하는 일이 많지 않아서, 나하고 이야기를 하면서 나의 영어를 고쳐 주었다. 아마 윌슨소령이 그렇게 하라고 지시했을 것이 다. 한 달쯤 해서 나는 일본선생들한테서 배운 틀린 발음을 거의 고쳤 다. 나는 학교 다닐 때에 외국어를 좋아해서 성적이 늘 우수했었다. 그래서 나는 발음 교정은 물론, 일에 필요한 영어를 빨리 배워서 한 달쯤 후부터는 통역을 제대로 하게 되었다. 이렇게 나의 남한에서의 생활은 예상하지 않던 형식으로 시작되었다. 나는 속으로,

"오, 나의 운명이어! 이번에는 좋은 것이요, 나쁜 것이요?"

하면서, 그 생활을 잘해 나가기로 했다.

한 오 개월 통역을 하다가 나는 싫증이 나기 시작했다. 그 때는 아직 한국정부가 수립되기 전이어서 그런지, 미군들의 조선사람들에게 대한 태도가 내 마음에 들지 않았고, 또 군정관한테 와서 거짓 신청을 하고 돈을 버는 사람들이 있는 것을 보고, 이런 사회도 있구나 하고 정이 떨어지기 시작했다. 그러나 정직한 사람이 부정직한 사람들보다 훨씬 많았다는 것을 덧붙인다.

내가 대우도 괜찮던 통역을 그만두게 된 동기도 내 마음의 문제였다. 하루는 미군사병 한 사람이 지프차를 몰다가 조선어린이 한 명을 치어 죽였는데, 아무 처벌도 없이 그를 그냥 서울로 올려 보냈다. 그 때 이것이 미군과 조선인간에 나쁜 감정을 자아냈으나 어쩔 도리가 없었다. 나는 직접 통역을 한 것도 아니지만 이 일에 충격을 받고 통역을 그만두기로 결심했다. 그랬더니 마음이 좀 후련해졌다.

그 후 얼마 안 되어서 강원고등중학교에서 영어교사를 구하고 있다는 소식을 들었다. 나는 즉시 그 학교에 가서 함인섭 교장에게 면회를 청했다. 그랬더니 함 교장이 필기시험을 보라고 해서, 그가 주는 농업경제에 관한 원서의 두 페이지를 번역했다. 나는 고등상업학교에서 경제에 관한 원서를 배워서 그것을 번역하는 것이 그리 어렵지 않았다. 함 교장은 내가 번역한 것을 보고 그 자리에서 나를 영어교사로 채용했다. 그가 도쿄농대 출신이라는 것을 그 후에 알았다. 그러나 나는 그분이 영어시험을 본 다음에 채용한 것이 제도가 아닌 것 같고, 나를 깔본 것 같아서 오래 기분이 나빴다. 내가 시험에 합격한 것이 다행이었는지 모르겠다.

이래서 나는 짧은 시일의 통역생활을 청산하고, 영어교사 생활을 시작했다. 그 때에는 고등학교과정이 새로 생겼을 때여서 고등학교라는 칭호를 중학교에 붙였기 때문에 이름을 모두 고등중학교라고 했다. 춘천농업학교가 강원고등중학교로 승격되었고, 그 후 춘천농대로 승격되었다. 후에 다시 강원대학교로 승격되었는데, 이것은 모두 함인섭 선생이 이룬 일이며 그분의 공적이 매우 컸다. 그분은 후에 농림부장관까지 지낸 분이니까 그 성명을 아는 사람들이 많을 것이다. 이리하여 나의 영어교사생활은 그 해 가을에 시작되었다. 내 기억에는 그때에는 미국식으로 새학년이 9월에 시작되었다.

95.
나의 하느님을 만나다!

　그 때 춘천에는 미군의 채플린(종군 목사)을 도와 주는 최라는 중학생이 있었지만, 춘천에서 통역을 할 수 있는 사람은 나의 선배 이씨와 나 이외에는 없다는 소문이 돌고 있었던 모양이었다. 그 때에는 군대의 목사를 '종군 목사'라고 불렀고 후에는 간략하게 '군목'이라고도 했다. 미선교사들이 수십년 동안 쌓아 온 대미 우호감도 미군의 진주로 미국인도 보통인간에 지나지 않는다는 것을 알게 되면서 줄어들게 되었다. 차이가 있다면 그들이 우리를 매우 차별한다는 것이었다. 생각하면 일본인도 마찬가지였는데, 선교사들 때문에 미국인에 대한 기대가 너무 컸는지도 모른다.

　내가 미국에 와서 한반도에서 돌아온 선교사들의 강연을 몇번 들었는데, 조선사람은 가난하다든가 더럽다든가 하는 좋지 않은 말을 많이 들어서, 그들에 대한 나의 존경심은 더욱 줄어들었다. 그들이 청중들이 듣고 싶어하는 말을 하느라고 한 말인지는 모르겠지만, 나로서는 받아들이기가 어려웠다. 귀환한 미 군목들도 일본에 관해서는 좋은 말을 많이 하면서도 한국에 관해서는 나쁘게 말하는 일이 많았다. 나는 그런 사람들이 어찌 하느님의 종이라고 자칭할 수 있는지 알 수가 없었다. 그리고 한국에 주둔했다가 돌아온 미국인이 수백만 명이 되는데 그 대부분이 한국에 대해서 좋게 말하는 것을 들은 일이 별로 없었다. 물론 예외가 있지만 그것은 극히 적었다.

여하간 강원고등중학교에 미군이나 미국인 손님이 오면 다른 영어교사들은 어디론가 사라져 버리고, 내가 늘 교장 아니면 교무주임의 통역을 해야 했다. 수만 명 시민들이 사는 춘천에 중등학교가 네 개밖에 없어서 미군들이 주로 행정을 돌본다는 이유로 두어 달에 한 번씩은 왔다. 어느 날 뉴욕대학교에서 교육학을 가르친다는 교수도 찾아왔다. 사실 그 때에 강원도 전체에 중등학교가 모두 합해서 10곳도 되지 않았으니 놀라운 일이었다.

그래서 그런지 하루는 내가 통역생활을 할 때에 안면이 있던 미군부대의 군목이 별안간 찾아왔다. 우리는 다음 같은 대화를 했다.

"내가 통역이 필요한데 좀 도와줄 수 있어요?"

"그러세요? 제가 할 수 있는 일이에요?"

"할 수 있으리라고 믿는데요."

"언제 어디서요?"

그가 나의 고등상업학교 선배인 이씨도 접촉했겠지만, 그는 결혼을 한 사람이어서 시간이 나지 않았을 것이다. 그러니까 소문을 듣고 나를 찾은 것이라고 짐작했다. 나는 한 번만 하는 통역일인 줄 알았는데, 그게 아니고 계속 해달라는 것이었다.

"아니요. 한 번이 아닌데요."

"그래요? 그럼 무엇을 하시려는데요?"

"학생들의 성경공부 그룹을 만들고 싶은데 도와 주시지요."

"저는 크리스찬이 아닌데요."

"아니래도 좋아요. 그저 통역만 하면 돼요."

"얼마나 자주 하는 것이지요?"

"일주일에 한 번쯤이요."

"그럼 해 볼까요?"

"그런데요"

"예?"

"봉급은 없어요."

"좋습니다."

나는 영어연습을 할 기회가 생긴 것을 고맙게 생각하고 그 일을 보수 없이 시작했다. 나는 그 때 독신이었으므로 그런 시간을 내는 것은 어렵지 않았다. 그러나 나는 그 성경공부반에 통역만 하러 갔다. 성경반은 주로 그 채플린의 부인이 맡아서 가르쳤는데, 그 부인이 서글서글하고 외향성이어서 학생들이 곧 그를 따랐다. 그 여자는 매번 성경을 열심히 가르쳤다. 그래서 그런지 학생 수도 50명쯤 될 때도 있었는데 어쩌다가 군목 자신이 가르칠 때도 있었다.

나는 매주 한 번, 또는 두 번씩 그 성경반의 통역을 했는데, 어떤 때에는 두 시간쯤 할 때도 있었다. 또 초청을 받고 미군기지에 들어가서 성경공부도 하고, 파티에 참석도 하면서 학교와는 다른 재미를 꽤보았다. 물론 그 때 통역을 할 때에 잘못한 것도 한두 번이 아니어서 부끄럽게 생각하고 있다.

하루는 채플린 부부가 절을 본 일이 없다고 해서, 춘천 근방에 있는 절에 그 사람들의 지프차를 같이 타고 가서 안내했다. 나는 그들에게 내가 불교신자라는 것을 다시 말하고, 아는 것도 별로 없지만 아는 데까지 설명을 해 주었다. 조선에서는 불교가 고려시대(918~1392)에 성했지만 조선시대에는 불교를 탄압해서 대부분의 절들이 산으로 갔다는 것도 설명해 주고, 또 잘 알지도 못하면서 부처에 관해 설명도 하고, 부처의 앞에 가서 경배를 하고 불공에 잠여도 했다. 그래서 그들의 기대에 크게 어긋났을 것이고, 그들이 매우 실망했으리라고 짐작했다. 그러나 사실 나는 독실한 불교신자는 아니고, 1년에 한번 절에 갈까말까 하는 것이 고작이었다. 평시에도 불교에 관해서는 관심도 별로 없었지만 기독교를 믿는다는 것은 생각도 못했었다. 군목한테 미안하니까 크리스찬이 된다는 것은 말도 되지 않았다. 그 때의 한국사람들 대부분은 잘 알지도 못하면서 불교와 유교의 교리를 전통적으로 지키면서 생활하는 것 같았다. 죽은 사람에 관해서는 불교의 습관을 따르고, 현세의 생활에 관해서는 유교의 풍습을 지키는 것 같았다.

시간이 흘러 가을과 겨울이 가고 1948년의 이른 봄이 돌아왔다. 하루는 성경반에 가서 통역을 하고 있는데, 학생들이 박재봉 목사라는 부흥사가 멀지 않아 춘천장로교회에 와서 일주일간 부흥회를 한다고 말하면서, 그 부흥사는 성신이 아주 충만한 분이고 신유의 은사를 받아서, 그분이 기도하는 병자는 모두 낫는다는 소문이 돌고 있다고 말했다. 채플린 부부도 그 말을 듣고 나한테 한번 가보라고 권했다. 나는 왜 그런지 호기심이 생겨서 처음부터 끝까지 지켜보기로 결심했다.

나는 신유로 병이 낫는 것을 본 일이 없어서, 학생들이 말하는 것을 믿을 수도 없었고 호기심이 꽤 컸다. 나는 그가 마술사처럼 속임수를 쓰는 것이 아닌가 하는 생각까지 했었다. 그 때에는 병원에 출입하는 사람을 환자라고 하고, 그저 집에서 앓는 사람은 병자라고 했다. 나는 그 때 독신이었으니까 직장 말고는 오가는 것이 물론 자유로왔다.

그 교회는 한 60명쯤 들어갈 만한 작은 교회였다. 지금에 비하면 당시의 기독교의 교세가 얼마나 약했는지 알 수가 있다. 그 때 춘천에 는 그런 교회가 서너 개밖에 없었다. 지금 춘천에는 거리마다 교회가 하나씩 있는 것 같다. 한국 전체로 보면 지금 4천 5백만 인구의 30%가 크리스찬이라니 놀랄 수밖에 없다. 한국전쟁 후 한국의 경제부흥이 기적이라고 하는데, 한국의 기독교부흥은 선교역사의 기적이라고들 말하고 있다. 지금 한국은 활발한 기독교국가로 변했다. 한국은 현재 세계 각국이 해외에 반출하는 성경의 60% 이상을 수출하고 있고, 오대 륙에 선교사를 파견하고 있다.

미국사람들은 자기들이 보낸 선교사들의 선교사업이 이같이 결실을 맺었는데도 이런 사실을 아는 사람이 많지 않다. 그리고 세계에서 제 일 큰 교회가 한국에 있고, 그 교인수가 거의 백만 명에 가깝다는 것도 모르고 있다. 이런 급격한 발전은 미군이 한국에 반세기나 주둔하고 있는 것이 간접적으로 큰 역할을 했다고 믿는다. 그들의 덕택에 한국 에 종교자유가 있다고 보아도 과언이 아닐 것이다.

여하간 그 때는 이른 봄이어서 저녁이면 꽤 추웠다. 그래서 그 교회 에 갔더니 창문은 모두 꼭꼭 닫혀 있었고, 사람들은 장판 위에 앉아서 예배를 보는 것이었다. 지금 한국의 교회들은 서양식으로 의자 위에 앉아 예배를 드리지만, 그 때에는 온돌식으로 만든 교회가 많았다. 나 는 아는 사람도 없어서, 뒤에 앉아서 빌려주는 찬송가책을 받아 들고, 찬송가를 부를 때에는 흉내만 내고 있어야 했다. 찬송가 몇 개는 성경반에서 학생들이 영어로 부르던 것이어서 곡이 귀에 익어 도움이 되었다. 이상하게도 군목의 성경반 학생은 한 명도 보이지 않았다.

　그 곳에는 내가 보기에도 여러 병자들이 와서 열심히 예배를 보고 기도를 올리고 있었다. 다리를 저는 사람도 있었다. 나는 저런 사람들이 어떻게 모두 나을까 하는 의심을 하지 않을 수가 없었다. 첫날에는 병자를 위한 기도가 없었고, 예배와 다른 기도가 있었다. 이 모든 것이 교회에 가 본 일이 없는 나에게는 모두 생소했다. 이런 일이 엿새 동안 계속되었다. 병자를 위한 기도가 마지막 날에 있다는 말을 듣고 매일 부흥회에 갔다. 1주일 동안 병자들은 한 사람도 체념한 사람이 없는 것 같았다. 마지막 날은 일요일이었다. 저녁 예배에 조금 일찍 갔더니 사람들이 내 뒤로 많이 와서, 나는 뒤에 있다가 조금씩 밀려서 포위되다시피 앉아 있었다. 그 날 병자를 위한 기도가 있다고 해서 나처럼 구경 온 사람들도 있었을 것이다. 물론 예배당이 꽉 찼다. 그 때에는 '교회'보다 주로 '예배당'이라는 말을 쓰고 있었다.

　병자와 그 주위에 있는 사람들은 더 열심히 기도를 올리고 있었다. 어떤 사람들은 예배가 시작되기 한 시간쯤 전에 와서 기도를 하고 있었다고 했다. 담임목사의 설교가 끝나자, 박재봉 부흥사가 병자를 위해서 기도를 한다고 했다. 나는 병자를 한 사람씩 단상에 올라오라고 해서 기도를 해주는 줄 알았더니 그것이 아니고, 부흥사가 단상에서 모든 병자를 위해서 한 번만 기도를 한다고 했다. 그럴 수도 있겠다 하고 나도 고개를 좀 숙이고 기도를 듣기 시작했다. 그러는 동안에 이상한 생각이 들기 시작했다.

　"저 사람들은 병의 치유를 위해서 저렇게 열성을 다해서 예배를 보고 기도를 올리고들 있는데, 나는 크리스찬도 아닌데 그들을 구경을

하러 여기 들어와 이러고 있으니, 이게 무슨 꼴이냐! 사실은 내가
큰 죄인이 아니냐?"

라는 생각이 들었다. 나는 승려와 불교도들이 죄 이야기를 많이 해서
죄가 무엇인지는 알고 있었다. 그래서 나는 절이던 예배당이던 성스로
운 전당이라는 것은 믿었다. 나는 과거에 본 어느 전당보다 이 교회가
더욱 성스러운 기운에 찼다고 생각했다. 내가 이런 생각을 하고 있는
데 별안간 참 기이한 일이 일어났다. 날씨가 추워서 창문은 모두 꼭꼭
닫혀 있고 구석에는 난로를 피어 놓았는데, 웬 찬바람이 내 가슴을
'확' 스치고 지나갔다. 하도 이상해서 다시 돌아보니까 창문은 모두 잘
닫혀 있고 내 주위에는 사람들이 꽉 차 있었다.

　나는 계속해서 부흥사의 뜨거운 기도를 듣고 있었다. 곧 병자를 위
한 기도는 끝났다. 그 순간 병자들은 모두 나았다고 일어나서 춤을
추며 떠들썩했다. 다리를 절던 사람도 나았다고 하며 뛰고 있었다. 도
저히 나는 내 눈을 믿을 수 없었다. 이것이 기적이 아니면 무엇이 기적
이냐! 나는 참 이상한 것도 보았구나 하고 교회를 나왔지만, 내가 1주
일 동안 지켜본 병자들이 나았다는 것은 내 눈으로 보고도 믿어지지가
않았다. 그러나 참으로 기분이 좋은 일이었고 감탄하여 마지않았다.

　그런데 또 이상한 일이 일어났다. 내가 어려서부터 위장병이 있어서
침도 맞고 한약도 많이 먹었지만 낫지를 않아서, 나는 일생 그 증세를
지니고 살다가 죽을 것으로 체념하고 있었다. 그런데 그것이 다음날
싹 없어지고, 내 기분이 그렇게 좋을 수가 없었다. 그 다음 날도 그랬고,
또 그 다음 날도 그랬다. 나는 원래 영계의 존재와 힘을 믿고 있었지만,
불교는 사실 잘 모르고 믿지도 않았던 사람이었다. 그래서 나를 고쳐
주신 하느님과 그의 이름으로 기도 올린 하느님의 독생자 예수님을

믿는 것은 부처를 배반한다는 기분도 들지 않았다. 사실 부처는 우주의 진리를 이해하지 않으면 열반(涅槃)에 가지 못한다고 하지만 그것이 무엇이고 어떻게 하면 거기 갈 수 있는지 구체적으로 잘 가르쳐 주지도 못하고 있다고 생각하는 사람이 많다. 그래서 나는 예수님의 은혜를 체험했으므로 예수님과 하느님을 믿는 것이 당연하다고 생각하고 믿기로 결심했다. 아니, 하느님께서 나를 그렇게 만드신 것이 아니겠는가!

이래서 어려서부터 숙명론자인 나는 칼빈(Calvin)과 같은 믿음과 예정론을 믿으며, 나의 천로역정(Pilgrim's Progress)이 시작되었다. 서너 달 후에 나는 기회가 있어서 미국 유학의 길에 오르게 되었다. 그것도 내가 힘써 뚫은 것도 아니고 그것을 위해서 한 번도 기도를 한 일도 없었다. 이것이 하느님의 뜻이 아니면 무엇일 것인가?

유학을 가게 되니 집은 이북에 있었으므로 거기서 돈이 올 리는 없었고, 춘천에서의 교사봉급이 약소해서 저축한 것도 별로 없었다. 학생들이 걷어준 돈도 옷 준비하는 데 모두 써 버렸다. 1948년 7월 3일 미국으로 떠날 때에는 수중에 25달러밖에 없었다. 그래서 채플린(군목)의 소개로 미 수송선을 타고 선원의 조수로 깊은 뱃속의 선창에서 멀미를 하면서 일을 하여, 이윽고 7월 말에 미국에 도착했다.

미국에 온 이후 성령을 배척하면 용서를 받지 못한다는 그 죄는 범하지 않았지만, 인간으로서 그 밖의 여러가지 죄를 많이 졌다. 그러나 미국에서도 내가 춘천에서 경험한 기적과 비슷한 것을 여러 번 목격하고 경험해서 크리스찬으로서의 믿음이 점차 굳어졌다. 나는 지금도 독실한 크리스찬이 되도록 계속 노력을 하고 있다.

96.
미국으로 떠나다!

　내가 미국에 가게 된 것은 우연이었고 운이 좋아서였다. 앞에서도 말했지만 나는 이것을 위해서 기도한 일도 없고, 미국인에게 아부한 일도 없었다. 나는 고등중학교 영어교사 일에 만족하고 있었다. 그러나 이것이 하느님의 뜻이 아니면 무엇이겠는가! 유학은 채플린이 모두 알선해 주었다. 그는 내가 좋은 목사가 되기를 바랐는데, 그것은 하느님의 뜻이 아니었던 것 같다.

　나는 7월 3일에 미국으로 떠났는데, 떠나기 2주일 전인 6월 22일 밤에 지은 졸시를 지금까지 간직하고 있는 것이 발견되어 다음에 싣는다.

- 봉선화(鳳仙花)

지나간 옛날
봉선화 꽃 필 때
사촌누님 손톱은 빨갰고
큰어머님 눈에는 눈물이 고였더니
봉선화 꽃 지니
누님은 시집가고
큰어머님은 귀동자를 얻어
정원의 달빛은 고이 밝았더라

개구리 울 때
나는 다시 집을 떠나
타관에 방랑할 때에
봉선화 꽃이 다시 그리웠더니

이제 다시 개구리 울 때
무엇을 바라보고 또
어데로 가려고 하느뇨
그러나 봉선화는 길이 피이소

97.
너는 돈을 돌려받았느냐

　나는 잊기 어려운 일 또 하나를 말하고 싶다. 나는 배에서 좋은 미국 사람들을 여러 사람 만났는데, 그들도 내가 미국유학을 위해서 배에서 일하고 있다는 것을 알고 나를 좋게 생각하는 것 같았다. 그 중의 한 사람이 배의 통신사였다.

　그는 내가 통틀어 25달러밖에 없다는 것을 알고 걱정을 많이 하고 있었다. 지금은 커피 한 잔에 1달러 이상 하지만, 그 때에는 5센트이었으니까 당시 25달러의 가치는 지금의 800달러에 해당된다. 물론 그것이 오래 갈 돈은 아니었다. 그리고 뱃사람들이 공부하는 데에 파커만년필이 도움이 될 것이라고 해서 배에서 한 세트를 7달러에 샀다. 그 때에는 볼펜 같은 것도 없고 만년필밖에 없었는데, 그것이 그리 싸지 않았다.

　이 통신사가 지갑을 배의 회계사에게 맡기라고 해서 그렇게 했다.

나는 그 때까지도 영수증이라는 것은 취급해 본 일이 없어서 그것을 받아 두지 않았다. 배가 호놀룰루에 닿았을 때에 나는 상륙해서 구경을 하고 싶었다. 그런데 내가 배의 회계사한테 내 지갑을 돌려달라고 했더니, 자기는 그런 돈을 모른다고 했다. 나는 기가 막혔지만 영수증이 없으니까 어찌할 도리가 없었다.

통신사에게 그 말을 했더니 그도 어이없어 했지만 그도 별수가 없었다. 조금 후에 그가 나한테 와서 같이 상륙하자고 했다. 나는 돈이 한푼도 없으니까 같이 갈 수가 없다고 했더니 걱정 말라고 해서 같이 나갔다. 호놀룰루에 가서 같이 구경을 했는데, 그가 교통비와 음료수 값을 모두 냈다. 나는 감사했지만 그것을 갚을 수가 없었다. 내가 걱정을 하고 있으니까 잊어버리라고 해서 매우 고마웠다.

배에 돌아가서 다시 일을 하면서 샌프란시스코를 향해 갔다. 배가 아름다운 금문교를 지나서 샌프란시스코 부두 가까이에 정박했을 때에, 배의 회계사가 빙그레 웃으면서 18불이 든 나의 지갑을 돌려주었다. 그제서야 그가 호놀룰루에서 왜 내 지갑을 모른다고 그랬는지 알 수가 있었고, 그의 후의가 참 고마웠다. 그래서 나는 감사하다는 말을 그에게 되풀이했다.

나는 갑판에서 통신사를 만났다. 그는 나한테 걱정스러운 눈치로 물었다.

"지갑을 돌려받지 않았어?"

"아니요."

"뭐? 받지 못했어?"

"아니오."

그는 꽤 흥분했다.

"정말 받지 못했어?"

"아니오"

그러니까 그는 매우 흥분해서 그 회계사를 찾으러 간다고 했다. 나는 그가 왜 그러는지 몰라서 놀라기도 하고 초조하기도 했다. 그래서 내가 다시 말했다.

"그럴 필요 없어요."

"왜? 돈을 돌려받아야지!"

"지갑을 받았어요."

"그래? 그럼 왜 세 번이나 노(No)라고 했어?"

"오오……"

그제서야 부정적으로 된 질문에 대답할 때에는, 동양어는 서양어와는 달라서 '예'나 '아니오'라고만 하면 뜻이 서양어의 정반대라는 것이 머리에 떠올랐다. 서양식으로는 질문이 긍정적이건 아니건,

"예, 받았어요"

"아니오, 안 받았어요"

라고 하는데, '예'나 '아니요'로만 대답하면 되니까, 동양어로 보면 정반대의 의미로 받아들여진다. 반면에 동양식은 질문이 긍정문이면 바로 위와 같지만, 질문이 부정문이면,

"아니오, 받았어요"

"예, 안 받았어요"

인데 '예'와 '아니오'로만 대답해도 되지만, 서양어와는 정반대 의미로 들리게 된다. 이것을 터득하고 자유롭게 쓰는 것이 쉽지가 않고 시간이 꽤 걸린다. '예'와 '아니오'를 가지고 이 지경이니 외국어라는 것은 참 어려운 것이다. 내가 일하고 있던 학교의 베트남어 교수 한 사람이

법정에서 '예'와 '아니오'를 동양식으로 써서 감옥신세를 질 뻔했다. 그리고 나는 일본 와카마쓰에서 말을 한 마디 잘못해서 내가 조선사람이라는 정체를 한국계 여종업원이 알게 된 일화도 지금까지 머리에 떠오른다.

동시에 나는 벌써 좋은 미국사람을 몇 사람 만났다는 것에 놀라고 고마웠다. 그 후 나는 좋은 사람들과 나쁜 사람들을 많이 만났다. 제일 나쁘다고 생각되는 사람은 위선적인 사람들이다. 미국사회에 관해서도 일본과 같이 좋고 나쁜 인간들이 많이 모여 사는 사회라는 것을 후에 체험했다.

98.
너는 이민국 유치장으로 가야 한다!

　우리가 탄 미군 수송선이 아름다운 금문교 가까이에 정박했을 때에, 우리는 갑판에 올라가서 샌프란시스코만의 아름다운 풍경을 즐기고 있었다. 우리는 왜 배가 부두로 가지 않는지 몰랐는데, 곧 이민국 직원들이 올라와서 외국인에게 신고 용지를 주면서 필요사항을 써 넣으라고 했다. 한 란에는 어느 군대든지 군대경험이 있으면 기입하게 돼 있었다. 나는 쓰지 않을까 하다가 거짓을 싫어했고, 또 크리스찬으로서 거짓말을 하는 것은 더 나쁘다고 생각했다. 그래서 일본군대에 있었다고 서류에 써 넣었다. 좀 있으니까 이민국 직원이 나한테 와서 자기 소개를 하고, 나의 일본군대의 경력에 관해서 조사하기 시작했다. 나는 학병이었고 자원하지 않았다고 말했다. 그는 나한테 물었다.

　"자원하지 않았다는 것을 증명할 수 있는 서류가 있어요?"

　"없는데요."

"누구한테 편지 할 수 없어요?"

"누구한테 해요? 해도 시간이 걸릴 텐데."

"그렇다면 우리는 당신을 우리 유치장에 넣을 수밖에 없어요."

"그게 어딘데요."

"우리 이민국의 건물 안에 있어요."

이 때에 나는 기독교의 교리를 잘 몰라서, 또 운명론을 생각하고, 모두 운명에 맡길 수밖에 없다고 생각했다. 이 때 한국에서 돌아오는 미군대령 한 사람이 나의 곤경을 보고 도와주려고 했다.

"나는 조선에 있다가 오는 장교인데, 학병에 관해서도 잘 알아요. 모두 일본정부가 강제로 끌고 간 거예요. 예외가 별로 없어요."

"말씀만 가지고는 안 돼요. 우리가 승인할 수 있는 정부기관에서 쓴 것이 있어야 해요."

"그것을 어떻게 구해요? 내가 쓸 수 없어요?"

"대령님은 한국정부의 직원이 아니잖아요?"

"그러면 어떻게 하면 좋아요?"

"그건 이분의 문제지요."

그 대령의 아는 미선교사가 지나가다가 나를 도우려고 했으나, 미선교사의 말이나 진술서도 받지 않는다고 했다. 나는 놀라지 않을 수가 없었다. 미국은 기독교국가이니까 미국정부도 목사나 선교사의 말을 받아들일 것으로 생각했었는데 그것이 아니었다.

나는 남한에 있는 미군정의 어느 부인이 그런 서류를 만들어 줄른지 모르겠다고 했다. 이민국 직원은 그렇다면 나를 추방해야 하는데, 그 동안 이민국의 유치장에 넣어야 한다고 했다. 조금 후에 그 미군대령을 만났는데 그가 나보고 말했다.

"왜 일본군에 있었다고 썼어요?"

"감추기가 싫었는데요."

"아무 것도 쓰지 않았어야 하는데. 큰일 나지 않았어요?"

그 대령이 나를 도우려고 하는 말이지만 그런 말을 해서 놀랐다. 그러나 그가 나를 걱정하고 있다는 것을 알고 좀 위안이 되었다.

그 날 오후 이민국 직원 한 사람이 부두에서 멀지 않은 이민국 건물 13층에 있는 이민국 유치장에 나를 끌고 갔다. 그 방에는 유럽사람 두 명이 있었고, 좁은 방과 작은 거실 같은 데로부터 밖에는 못 나가게 했다. 듣기에는 그 건물의 여러 층을 이민국 유치장으로 쓰고 있으며, 구류되고 있는 사람들이 수백 명이 된다고 했다. 그 곳에는 백인부부가 있는데 벌써 몇 해가 되었다고 하고, 또 여기에서 딸을 낳았다는 것이었다. 또 노르웨이사람이 한 명 있는데 신분 확인이 안 되어서 4년정도 구류되어 있다는 말을 들었다. 그는 공산분자가 아니라는 것을 증명해야 하는데 그것이 쉽지 않다고 했다. 그래서 그는 그 좁은 곳에 그렇게 오래 구류되고 있으니, 참 이상한 세상도 있다고 생각했다.

나는 미국 통제하에 있는 사회를 처음 보았는데, 나에게는 그것이 참 이상히 여겨졌다. 이것이 미국이면 나는 한국으로 돌아가도 좋다고 생각했다. 나는 그 후 크리스찬으로서 나뿐만 아니고 그 건물 안에 있는 사람들을 위해서 진지한 기도를 올렸다. 이 나라에 어찌 이런 건물이 있을 수가 있는가 하고 여러 번 생각해 보았다. 그리고 나는 거기서 얼마나 오래 신세를 져야 하는가 하고 걱정도 했다.

저녁식사 후에 천주교의 수녀 한 사람이 와서 나하고 잠깐 이야기를 하고, 아무 일도 없을 것이라고 말하고 가버렸다. 나는 무엇이든 도움이 필요한데, 그는 나에게 별로 관심을 보이지 않아서 조금 화가 났다.

그 다음에 개신교 목사가 한 사람 와서 도와주려고 했으나 소용이 없었다. 그래서 나는 여러 사람 들이 꿈꾸는 천국 같은 자유의 나라, '샹그리라' 같다고들 말하는 나라에 상륙하는 것은 체념하고, 그저 거기 있는 사람들처럼 너무 오래 구류되어 있지 않기를 하느님께 빌었다.

　다음 날 아침에 나는 몇 층 아래에 있는 검사관한테 끌려갔다. 나는 어디 가는지도 몰라서 평상복을 입은 채로 한 직원을 따라 내려갔다. 그 때에는 무슨 공식적인 일을 하려면 꼭 넥타이를 매야 할 때였다. 나는 이민국 직원은 모두 검사관인 줄 알았는데 그게 아니고, 내가 만나러 간 사람이 정식 검사관이었다. 그는 나의 배경에 대해서 간단히 물은 후, 다음과 같이 말했다.

　"서류를 가지고 있어요?"

　"무슨 서류요?"

　"미국에 입국하는 서류요."

　"위에 제 방에 있는데요."

　"가서 가지고 와요."

　"지금이요?"

　"예, 갔다가 바로 곧 내려와요."

　그래서 나는 내 방으로 올라가서 신사복에 넥타이를 매고, 서류를 가지고 그 검사관한테 내려갔다. 그는 내가 신사복에 넥타이도 잘 매고 내려온 것을 보고 놀란 듯했다. 조금 이야기를 한 후에 그는 나한테 물었다.

　"당신은 크리스찬이지요?"

　"예, 저는 겨우 한 3개월 전에 크리스찬이 됐어요."

　"그럼 이 바이블(성경)에 손을 대고 일본군에 자원 안 했다는 것을 맹세할 수 있어요?"

그의 책상 위에 성경이 하나 있었다. 나는 곧 대답했다.

"물론 할 수 있습니다."

그러니까 그는 나한테 맹세를 시키지도 않고 말했다.

"그럼 이 유치장에서 나가도 돼요."

"그래요? 언제요?"

"원하면 당장이라도 좋아요."

"정말 대단히 감사합니다."

그 때 나는 기독교가 아직도 미국에 살아 있고 중요하다는 것을 깨달았다. 얼마 전까지 나는 이것을 의심하고 있었던 것이다.

99.
나의 조국과 이민 온 나라여,
만수무강하소서!

나는 이처럼 1948년에 고국을 떠났는데, 그것이 어제 같다는 말은 너무 상투적이지만, 어제 일처럼 기억에 생생하다. 그 후 나는 거의 반 세기나 미국에서 살고 있다. 미국에 온 후에도 앞에 기록한 내용 못지않게 일화가 많다. 그것을 모두 여기서 피력할 수도 없어서, 이 기회에 내가 1992년에 한국정신문화연구원에 가서 발표한 결론을 여기에 싣고 싶다. 이것은 이민 온 분들의 공통된 감정이라고 믿고 여러분의 좋은 참고가 되기 바란다.

우리 이민들은 조국을 버리고 백의민족을 배반한 사람들이라는 비난을 들을 때가 있다. 그러나 내가 미국에 있으면서 여러 사람들을 보았는데, 이 비난은 근거가 없다는 것을 확언할 수 있다. 나는 정치범 외에 그런 사람이 있으면 예외라는 것을 거의 반 세기 동안의 경험과 관찰에 입각해서 서슴치 않고 주장할 수 있다. 고구을 비하하는 말을 하는 사람들은 정치적으로 미숙하거나 못된 반정부 선동가들이다. 내가 보기에는 그들이 진짜 반역자들이다. 다른 나라에서 온 이민들을 보아도 마찬가지이다.

미구의 사회학자들은, 1세 이민들은 20%밖에 동화 못하고, 2세는 동화율이 50%밖에 안 되며, 오직 3세가 되어야 거의 100% 문화적으로 동화 된다고 한다. 그 후에도 앞에서 언급한 바와 같이 직장이나 사회적으로 중간 쯤밖에 못 올라가며, 백인들이 직접, 간접으로 우리는 이질적 인종이고 자기들의 사회권 내에 들어갈 수 없다는 것을 간접적으로 상기시켜 준다. 그래서 우리는 더욱 우리 보금자리를 돌아보게 된다. 여하간 보금자리를 찾지않는 동물은 많지 않을 것이다.

나는 또 전서구(homing pigeon)나 부머랭(boomerang)이라는 것을 가끔 이것과 관련해서 생각하며, 또 알렉스 헤일리 라는 미구 흑인이 쓴 미구사람들이 많이 읽은 책 '뿌리(Roots)'를 생각도 한다. 캐나다의 한 학자는 다년 간 연구한 후에, 인간은 자랄 때에 먹던 음식을 먹어야 건강하고 더 오래 산다는 결론을 내렸다.

또 Corea(코리아)라는 이름을 가진 이탈리아계 사람들이 있는데 내가 만난 적이 있다. 그들은 자기들의 조상이 코리아(Korea)에서 왔다는 것을 알고 있다고 한다. 이들의 조상은 16세기 임진왜란 때에 한 이탈리아 신부를 따라간 동포의 후손들이다. 여기서 참고적으로 말하면, 한구이나 조선을 영어에서는 늘 'Korea'라고 쓰지만, 프랑스어를 위시해서 모든 로망스어에서는 'Corea'라고 쓴다. 'Korea'라고 쓰면 올림픽대회를 위시해서 모든 구제적 행사에서, 한구인들이 일본인 뒤를 따라 나오기 때문에 나로서는 기분 나쁘게 느낀 일이 한두 번이 아니다. 이것은 일본정부가 거의 1세기 반 전에 여러 길을 통해서 구제단체가 'Korea'를 쓰도록 만들었다는 말도 있으니, 빨리 'Corea'를 쓰도록 고쳐야 할 것이다.

13세기에 중구에 왔다간 '마르꼬 폴로(Marco Polo)'라는 이탈리아 사람이 'Corea'라고 썼는데, 그것이 후에 영어에서는 'Korea'로 되었다. 그러나 영어 사전에는 'Corea'가 'Korea'의 다른 형이라고 기록되어 있는데, 지금은 영이로 쓴 글에서는 'Corea'가 아주 보이지 않는다. 나는 이 'Korea'라는 철자에 관해서도 한구정부에 강하게 호소한다. 한구정부는 마땅히 'Corea'를 구제적으로 채택하도록 진력해야 할 것이다.

여하간 우리는 우리의 피와 보금자리를 잊을 수도 없고 버릴 수도 없다. 미구의 사회학자들과 미래학자들은 500년 후에 미구에는 육신적으로나 문화적으로 완전히 동화된 단일민족이 살게 되며, 여자의 체중도 350파운드(약 160kg)가 넘을 것이라고 한다. 그렇게 되면 보금자리를 찾지 않을 것 같은데, 그럴 때가 올지 안 올지는 모르겠지만, 우리는 뿌리를 찾는 인간성을 탈피하지 못할 것이다.

이민으로서 과격분자를 제외하고 조구의 쇠퇴나 망구을 원하는 사람을 나는 본 일이 없다. 그것은 조구이 흥하면 우리도 간접적으로 혜택을 받는다는 현금주의보다는, 백의민족의 피와 피부가 본능적으로 우리를 그렇게 만드는 것이다. 그러므로 우리는 다른 나라에서 온 이민들처럼 언제나 고구과 내가 선택한 미구이 천추만세 건재하고 더욱 번영하기를 진심으로 기원하여 마지 않는다.

● 저자 소개 ●

孫鍾英(John Y. Sohn)　　　1923.11.14 출생

1944	경성고등상업학교 졸업
1944~45	일본군 학병으로 징집됨
1946	주한미군 통역
1946~48	강원고등중학교 영어 교사
1948~49	Missouri주 Central Bible Institute 재학
1951	California주 Southern California Bible College 졸업
1951	미국방외국어대학 한국어과 취직
1953	동대학 한국어 교과서 편찬계 임명됨
1956	Michigan 대학교 하계언어학강좌 수강
1957~79	미국방외국어대학 한국어과장
1962~64	Indiana 대학교 한국어과 창설
1965	동대학교에서 언어학 M.A.학위를 받음
1966~67	Indiana 대학교 언어학 박사과정 수료
1969~70	University of California-Berkeley: 박사학위 받기 전 연구
1973	Indiana 대학교에서 언어학 박사 학위를 받음
	국방외국어대학 연구평가부장
1988~96	미국방외국어대학 한국어과장
1996년말	미국방외국어대학에서 45년 근무 후 퇴임

저서와 논문	미국방외국어대학 교과서 20여권 편찬
	학술지에 여러 논문 발표

수상	미국방외국어대학 재직중 많은 표창을 받음
	1990년 노태우 대통령에게서 국민포장을 받음
	1997년 미국방외국어대학에서 은퇴시 클린턴 대통령에게서 표창장을 받음